4차 산업혁명과 조세

유민총서

21

4차 산업혁명과 조세

| 김영순 지음 |

홍진기법률연구재단

머리말

로봇의 어원은 체코어로 '로보타(robota)'이다. 이는 '노동'을 의미한다. 인간은 노동을 통해 자아를 실현하기도 하지만, 오랫동안 노동을 대체해 줄 기계를 개발하여 온 것도 사실이다. 온갖 잡다한 집안 일, 정원 가꾸기, 아이 돌보기, 같이 놀아주기 등 인공지능 로봇이 모든 궂은 일을 대신한다. 로봇공학 발전의 마지막 관문인 감정이 있는 로봇, 드디어 '데이비드'가 탄생한다. 2001년에 개봉한 영화 《AI》의 내용이다. 영화에서는 먼 미래에나 가능한 인류의 모습이라고 하지만, 그렇게 먼 미래는 아닌 것 같다. 현재도 집안에서 청소하는 로봇, AI 스피커, 식당에서 서빙하는 로봇, 수술 로봇, 물류 로봇 등을 볼 수 있다. 광의의 로봇이라고 할 수 있는 무인 자동차와 드론도 상용화되고 있다.

레이 커즈와일(Ray Kurzweil)은 기술 혁신의 속도는 가속의 법칙이 적용된다고 한다. 현재는 10년마다 두 배씩 증가하지만, 앞으로 더 빠른 속도로 가속될 수 있다. 기술이 발전함에 따라 활용할 수 있는 자원량이 증가하고 비용 효율도 높아지므로 정보기술은 기하급수적인 속도로 증가한다고 한다. 2040년대는 인공지능이 인간의 지능보다 무려 10배 이상 뛰어난 성능을 발휘할 것으로 예측한다. 요컨대, 우리가 예측하는 미래는 우리가 예상하는 것만큼 멀지 않다는 것이다.

자동차를 타 본 사람은 다시는 우마차나 인력거를 타지 않는다. 한 번 편안함의 맛을 본 인간은 결코 그 이전의 상태로 되돌아 갈 수 없다. 코로나19로 인해 전 세계적으로 비대면 일상이 확산되었다. 상거래와 교육, 각

종 서비스 분야에서 디지털경제 규모가 급속도로 성장하면서 디지털 플랫
폼 기업의 수익도 급증하였다. 온라인 플랫폼을 통한 공유경제와 맞춤형
경제도 확대되었다. 경제와 금융이 중앙집중 방식에서 개인 간 P2P 방식으
로 전환되고 있다. 화폐 경제마저도 비트코인으로 대표되는 암호화폐가 등
장하면서 중앙은행의 패권이 위협받고 있다. 암호화폐는 블록체인 기술을
기반 기술로 하는데, 블록체인 기술은 스마트 계약도 가능하게 한다. 이는
계약 조건을 미리 코딩해 두고, 나중에 조건이 성취되면 계약 내용이 자동
으로 이행되도록 하는 자동화 계약 시스템이다. 스마트 계약이 기술적으로
업그레이드되면 수많은 중개 서비스가 불필요해지고, 계약법 관계는 새로
운 국면으로 접어들 것이다. 탄소 중립을 위해 전기차와 자율주행차 시장
도 확대되고 있다. 이제 자동차는 더 이상 기계가 아니라 인공지능 컴퓨터
로 변신한다. 그럼으로써 수많은 데이터를 수집하고, 다른 자동차 및 사물
들과 통신을 통해 인간의 편의를 증진시킨다. 이를 위해 IoT 기술과 5G 기
술이 빠른 속도로 개발되고 있다. 각종 서비스 분야와 의료 분야, 물류 분
야 등에서 이미 존재하는 인공지능 로봇 기술이 더 정교하고 세밀해질 것
이다.

이런 변화들이 3차 산업혁명의 연장인지, 4차 산업혁명인지 논란이 있
다. 하지만 분명한 것은 기술 혁신이 특이점(singularity)을 향해 가고 있다
는 사실이다. 그리고 기술의 진보는 멈추지 않을 것이라는 점이다.

우리의 모든 생활방식은 4차 산업혁명의 기술 혁신과 더불어 변화하고
있다. 당연히 경제 구조도 바뀌고 있다. 이런 변화는 결국 조세제도에도 영
향을 미친다. 하지만 많은 부분은 현재의 조세체계로도 대응이 가능할 것
으로 보인다. 이 책은 4차 산업혁명으로 인한 경제구조의 변화에 대해 현
재의 조세체계로 대응할 수 있는 부분은 언급하지 않았다. 앞으로 대응해

야 할 부분만 다루고 있다. 크게 네 부분으로 구분할 수 있다. 제1장에서는 4차 산업혁명의 내용과 기술 혁신이 경제에 미치는 영향을 서술하였다. 제2장에서는 1장의 내용을 토대로 4차 산업혁명으로 변화하는 경제 구조가 조세에 미치는 영향을 개괄적으로 살펴보았다. 제3장에서는 4차 산업혁명의 핵심 기술의 발전을 지원하기 위한 세제지원 방향을, 제4장에서는 앞으로 세무 행정의 방향에 대해 짚어 보았다. 세무행정기관은 전통적으로 세무조사와 징세기관에 머물렀다. 그러나 앞으로 인공지능과 빅데이터, 블록체인 기술을 도입하여 성실신고 지원기관으로 변모해야 할 것이다. 제5장에서는 디지털경제의 확대가 조세에 미치는 영향을 살펴보았다. 대표적으로 OECD에서 논의하고 있는 디지털세(Pillar 1, Pillar 2)를 상세히 검토하고, 디지털 플랫폼에 기반한 국외 사업자의 부가가치세와 데이터세도 다룬다. 제6장에서는 4차 산업혁명에 따라 새롭게 등장하는 신종 세원에 대한 대응을 살펴본다. 구체적으로 암호화폐와 NFTs, 로봇세를 다룬다.

이 책에서 다루는 주제는 그 내용과 범위가 굉장히 광범위하다. 각 주제마다 많은 연구자들의 선행연구가 있다. 선행 연구를 검토하고, 그동안 저자가 발표했던 몇 편의 논문을 수정하여 이 책을 집필하게 되었다.

책을 발간할 수 있도록 지원해 준 홍진기법률연구재단에 감사드린다.

목 차

머리말

약 어 정 리

국제조세조정에 관한 법률 → 국조법

상속세 및 증여세법 → 상증세법

조세특례제한법 → 조특법

지능형 로봇 개발 및 보급 촉진법 → 지능형 로봇법

지방세특례제한법 → 지특법

특정 금융정보거래의 보고 및 이용 등에 관한 법률 → 특정금융정보법

과세기반잠식과 소득이전(Base Erosion and Profit Shifting) → BEPS

경제협력개발기구(Organisation for Economic Co-operation and Development) → OECD

제1장

4차 산업혁명의 물결

I. 4차 산업혁명의 시대

기술혁신은 경제와 사회구조를 변화시켜 왔다. 토인비(Toynbee)는 기술혁신의 과정을 산업혁명이라고 하였다. 산업혁명은 인류 역사에서 기술혁신과 그에 수반해 일어난 사회·경제구조의 변혁, 즉 어떤 기술이 일시적으로 관심을 받다가 사라지는 것이 아니라 관련 기술들이 연쇄적으로 발전해 경제 및 사회구조를 바꾸는 변혁이 일어나는 것으로 정의할 수 있다.[1] 이런 면에서 보면 인류는 현재 네 번째의 산업혁명에 직면하였다.

1만 년 전 농업혁명으로 농업 생산성이 향상되자 잉여의 부가 창출되었다. 인류는 이를 교환하면서 정착 생활을 통해 문명을 이루어냈다. 18세기 중엽 인간의 노동력이 기계의 힘으로 옮겨가는 기술혁신과 사회경제적 변화가 일어났다. 1760~1840년 사이에 철도와 증기기관의 발명으로 생산성이 크게 향상된 것을 1차 산업혁명으로 본다. 19세기 말에서 20세기 초까지 이어진 전기와 생산 조립 공정의 출현으로 대량생산이 가능해진 것을 2차 산업혁명이라 부른다. 3차 산업혁명은 제레미 리프킨(Jeremy Rifkin)이 사용한 말로 인터넷 커뮤니케이션 기술과 재생 가능한 에너지의 결합으로 보고 있다. 좀 더 세부적으로 말하자면, 1960년대에 반도체와 메인프레임 컴퓨팅, 1970년대와 1980년대에 PC(personal computing), 1990년대에 인터넷의 발달이 주도하였다. 그리고 오늘의 시대를 4차 산업혁명의 시작점이라고 설명한다.[2] 4차 산업혁명은 2016년 World Economic Forum(WEF)에서

---

1) 오문균·유대승, "4차 산업혁명에 대한 소고", 한국통신학회 학술대회논문집, 2022. 11. (https://journal-home.s3.ap-northeast-2.amazonaws.com/site/2022f/abs/AEDIN-0129.pdf).
2) 클라우스 슈밥, 「클라우스 슈밥의 제4차 산업혁명」, 새로운 현재, 2016.

클라우스 슈밥(Klaus Schwab) 등이 제의한 것이다. 기존의 IT 혁명을 넘어 기술 발전이 물리학과 생물학 등의 경계를 넘어 융합되는 기술혁명을 총체적으로 일컫는다. 기술의 융합과 새로운 산업 플랫폼을 통한 경제활동이라는 특징을 갖는다. 한편 제레미 리프킨은 2016년 1월 다보스 포럼이 개최되기 직전에 허핑턴 포스트에 기고한 논평에서 4차 산업혁명은 정보만 있고 기반 시설과 관련 없는 "가상의 마케팅 용어"에 불과하다고 비판하였다. 3차 산업혁명의 대표는 디지털이며, 현재 진행형이라고 한다. 3차 산업혁명의 증거는 새로운 의사소통, 에너지, 운송수단인데, 4차 산업혁명의 내용과 크게 다르지 않다고 본 것이다.

현재의 상황을 3차 산업혁명으로 보건 4차 산업혁명으로 보건, 인류는 중요한 기술 혁신과 그로 인한 사회, 경제, 환경의 변화에 직면해있는 것은 사실이다.

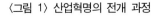

〈그림 1〉 산업혁명의 전개 과정

4차 산업혁명의 핵심은 인공지능, 로봇공학, 사물인터넷, 무인 운송 수단(자율 주행차, 무인항공기), 3D 프린팅, 나노기술 등에서 나타나고 있는 새로운 기술혁신이다. 인공지능(Artificial Intelligence, AI)은 인간의 학습 능력, 추론 능력, 지각 능력을 인공적으로 구현하려는 컴퓨터 과학의 세부 분야 중 하나이다. 지능을 갖춘 컴퓨터 시스템이며, 인간의 지능을 기계 등에 인공적으로 구현한 것이다. 사물인터넷(Internet of Things, IoT)은 각종 사물에 센서와 통신 기능을 내장하여 인터넷에 연결하는 기술. 즉, 무선 통신을 통해 각종 사물을 연결하는 기술을 의미한다. 여기서 사물이란 가전제품, 모바일 장비, 웨어러블 디바이스 등 다양한 내장형 시스템이 된다. 사물과 인간뿐만 아니라 사물 상호 간에도 다양한 플랫폼을 기반으로 연결이 되는 기술이다.

앞으로의 사회는 물리학, 생물학, 디지털 세계 등이 빅데이터를 통해 통합될 것이다. 혁신기술은 정치, 경제, 산업, 사회 등 모든 분야에 영향을 미치게 될 것이다. 이런 점에서 산업혁명이라고 할 만하다. 혁신의 범위뿐만 아니라 혁신의 속도도 혁명적일 것이다. 4차 산업혁명의 특징으로는 초고속성, 초연결성, 세계화, 공유경제를 들 수 있다. 정보의 전달과 습득이 예전과 비교도 안 될 정도로 빨라진다. 인간과 사물뿐만 아니다. 사물과 사물도 IoT를 통해 연결성이 강화된다. 이런 특성으로 인해 세계 어느 곳에서든 정보의 접속이 쉬워져서 세계화가 더 빨라질 것이다. 또한 소유의 관념도 바뀌고 있다. 예전에는 소유권이라고 하면 배타적 지배권을 의미했다. 그러나 점차 사용 또는 수익의 개념으로 분화되면서 공유경제가 활성화될 것으로 예측한다.

Ⅱ. 기술 혁신이 경제에 미치는 영향

4차 산업혁명의 핵심 방향은 디지털로의 통합이라고 할 수 있다. 정보의 디지털화가 급속도로 이루어지고 빅데이터가 구축되고 있다. 이로 인해 거래가 디지털 플랫폼 중심으로 옮겨가고, 단순한 소비자에 불과하였던 개인이 공급자의 위상까지 갖게 된다.

1. 블록체인(Block Chain)과 스마트 계약(Smart Contract)

4차 산업혁명의 기반 기술 중 하나는 분산원장 방식의 블록체인이다. 금융이나 화폐는 지금까지 중앙집중 방식이었다. 중앙은행이나 정부가 관리·

감독하는 시스템이었다. 그런데 금융시장의 위기를 겪으면서 중앙집중 방식의 한계와 문제점이 드러났다. 이에 대한 대안으로 제시된 것이 분산형 시스템 방식이다. 대표적으로 2008년 10월 사토시 나카모토라는 가명을 쓰는 프로그래머가 블록체인과 비트코인을 개발하여, 2009년 1월 프로그램 소스를 배포하였다. 이것은 중앙은행없이 전 세계적 범위에서 P2P 방식으로 개인들 간에 자유롭게 송금 등의 금융거래를 할 수 있게 설계되어 있다. 개인들 간의 개별 거래는 암호화된 후에 한 덩이로 묶여서 하나의 블록을 형성한다. 블록은 네트워크에 참가한 각 노드에 분산 저장된다. 한 블록은 Body, Header, Block Hash로 이루어진다. Block Hash의 암호값은 다음 블록의 Header로 들어가면서 모든 블록은 체인처럼 연결된다. 개별 거래를 암호화할 때 개인키가 생성되고 이를 기초로 공개키가 설정된다. 그러나 공개키에서 개인키를 복호화하는 것은 불가능하다. 따라서 누구도 임의로 수정할 수 없고, 삭제할 수 없으며, 단지 결과를 열람할 수만 있다. 블록체인은 기본적으로 신뢰할 수 없는 현실 세계에 대한 대안으로 등장한 것이다. 네트워크에 참여한 여러 사람에 의해 거래의 생성이나 변경 기록이 공유되므로 신뢰성이 강하게 보장된다. 각 블록이 생성되기 위해서는 작업증명(Proof of Work, PoW)이 필요하다. 작업증명은 블록 Header의 Nonce 값을 찾는 과정이다. 이 값을 빨리 찾기 위해서는 고성능의 컴퓨터가 필요하다. 이 값을 찾으면 블록이 완성되는 데, 이를 '채굴(mining)'이라고 한다. 채굴에 대한 대가로 주어지는 것이 비트코인이라는 암호화폐이다.

2015년 7월 비탈릭 부테린(Vitalik Buterin)은 스마트 계약 플랫폼인 이더리움(Ethereum) 개발에 성공하여 블록체인 2.0의 서비스를 시작하였다. 이는 기존의 블록체인 기술을 활용하여 인간이 상상할 수 있는 모든 종류의 계약을 자동으로 실행할 수 있는 스마트 계약 플랫폼이다. 스마트 계약은 중개인 없이 개인 간에 원하는 계약을 체결할 수 있도록 해주는 디지털 전자계약이다. 솔리디티(solidity)라는 프로그래밍 언어를 사용하여 계약 기간이나 금액, 조건 등을 미리 코딩해 두면, 부동산 거래, 중고 자동차 거래, 무역 거래 등 어떠한 종류의 계약도 자동으로 실행되도록 만들 수 있다.

블록체인 기술과 이를 이용한 스마트 계약은 개인 간의 거래는 물론 기업이나 정부에서도 도입하고 있다. 온두라스, 영국령 맨섬 같은 곳은 정부에서 블록체인 기술을 적용하여 토지 등기나 기업 등록 시스템을 운영하고 있다.3) 최근 엘살바도르는 비트코인을 법정화폐로 인정하겠다고 발표한 바 있다. 중장기적으로 거래 전반에 블록체인 기술이 도입된다면 거래 비용이 감소하면서 신뢰성이 확보될 수 있을 것으로 전망한다.

2. 디지털 플랫폼 중심의 경제

디지털의 가속화는 경제도 디지털 중심으로 바꾸고 있다. 쇼핑, 교육, 금융 등의 서비스 제공이 온라인을 통해 활성화됨으로써 경제의 국경이 사라지고 있다. 디지털경제는 인터넷, 정보통신 등의 디지털 기술을 기반으로 한 데이터와 네트워크 중심의 비즈니스로 구성된 경제체계라고 할 수 있다. 주로 인터넷을 통한 활동에 집중되는데, 이 중에서도 특히 디지털 플랫폼 집중화가 심화되고 있다. 디지털 플랫폼은 온라인에서 생산·소비·유통이 이루어지는 장소를 말한다. 수많은 디지털 플랫폼 중에서 소수의 디지털 플랫폼이 시장을 지배하는 효과를 '플랫폼 효과(platform effect)'라고 한다. 이는 네트워크 효과와 결합하여 잠금(lock-in) 효과를 발생시켜 매출을 극대화한다. '네트워크 효과'는 미국 경제학자 하비 라이벤스타인(Harvey Leibenstein)이 소개한 개념이다. 제품이나 서비스 자체 품질보다는 얼마나 많은 사람이 사용하고 있느냐가 더 중요하다는 것이다. 이는 특정 상품에 대한 특정인의 수요가 주위 사람들에게 영향을 미쳐 그 상품을 선택하는 사람들이 증가하는 효과이다.

---

3) 뉴시안, "[4차 산업혁명을 묻다] ⑪ 블록체인, 생활을 바꾸다", 2018. 2. 12. (http://www.newsian.co.kr/news/articleView.html?idxno=30136).

　　디지털 플랫폼을 소유하고 있는 기업은 네트워크 효과를 통해 거대한 부를 획득할 수 있다. 대표적인 플랫폼 사업 모델은 온라인 광고, 앱스토어, 클라우드컴퓨팅, 전자상거래 등이다. 현재 구글, 아마존, 애플, 메타 등이 이렇게 성장한 기업들이다. PWC에서 2022년 5월에 발표한 "Global Top 100 companies - by market capitalisation" 자료에 따르면, 세계 20대 기업 안에 기술(Technology) 기업이 7개나 있으며 테슬라까지 포함하면 8개에 이른다.

〈표 1〉 세계 100대 다국적기업 중 20위

Rank	Company Name	Location	Sector	Rank +/- (vs 2021)	Market capitali sation	Rank	Mar capi sati
1	APPLE INC	United States	Technology	0	2,850	1	2,
2	MICROSOFT CORP	United States	Technology	1	2,311	3	1,
3	SAUDI ARABIAN OI	Saudi Arabia	Energy	-1	2,298	2	1,
4	ALPHABET INC	United States	Technology	1	1,842	5	1,
5	AMAZON.COM INC	United States	Consumer Discretionary	-1	1,659	4	1,
6	TESLA INC	United States	Consumer Discretionary	2	1,114	8	
7	BERKSHIRE HATHAWAY	United States	Financials	3	780	10	
8	NVIDIA CORP	United States	Technology	16	685	24	
9	META PLATFORMS	United States	Technology	-3	605	6	
10	TSMC	Taiwan	Technology	1	541	11	
11	VISA INC	United States	Industrials	1	480	12	
12	UNITEDHEALTH GRP	United States	Health Care	7	480	19	
13	JOHNSON&JOHNSON	United States	Health Care	1	466	14	
14	TENCENT	Mainland China	Technology	-7	459	7	
15	WALMART INC	United States	Consumer Discretionary	2	410	17	
16	JPMORGAN CHASE	United States	Financials	-3	403	13	
17	NESTLE SA	Switzerland	Consumer Staples	9	367	26	
18	PROCTER & GAMBLE	United States	Consumer Staples	5	366	23	
19	LVMH MOET HENNESSY	France	Consumer Discretionary	1	363	20	
20	EXXON MOBIL CORP	United States	Energy	15	350	35	

※ 출처: PWC, "Global Top 100 companies - by market capitalisation", 2022. 5.

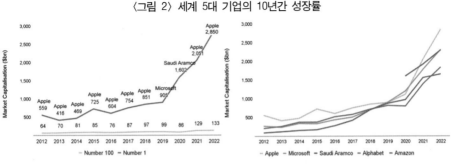

〈그림 2〉 세계 5대 기업의 10년간 성장률

※ 출처: PWC, "Global Top 100 companies - by market capitalisation", 2022. 5.

그런데 이 기업들의 성장률이 놀랄만하다. 2012년부터 2022년까지 10년 간의 추이를 살펴보면, 상위 5개 기업 중 4개 기업이 기술기업이었다. 그리 고 최상위 그룹과 하위 그룹 간에 격차가 10년간 더 커졌다고 한다.

3. 개인의 위상 변화

한편 시장에 참여하는 개인의 역할도 변하고 있다. 개인이 단순한 노동 자나 소비자에 머물지 않고 콘텐츠를 생산하고 물품을 공급하는 공급자의 역할을 하게 된 것이다. 예를 들어, 아프리카TV의 BJ를 비롯하여 유튜버, 웹툰 작가, 이모티콘 디자이너 등 개인이 콘텐츠를 생산하는 신종 직업이 인기를 끌고 있다. 개인은 1인 사업자로 새로운 부가가치를 창출한다.

한편 디지털 플랫폼 내에서 개인은 검색 내용과 구매내용, 댓글 등을 통 해 많은 디지털 발자국을 남긴다. 이런 데이터들은 공급자들이 맞춤형 서 비스를 제공하고 광고를 하는 데에 결정적으로 중요한 역할을 한다. 플랫 폼 기업은 이 정보를 수집하여 판매를 하거나 광고를 유치하여 막대한 수 익을 창출할 수 있다. 하지만 정작 데이터 제공자이자 데이터의 주인인 개인에게는 어떤 보상도 주어지지 않는다. 대량의 데이터는 단순한 데이터의 총합의 아니라 새로운 의미와 가치를 생성한다. 이를 빅데이터라고 하는데 빅데이터는 새로운 가치를 창출하는 면에서 미래사회의 '원유(oil)'에 비유된다. 따라서 원 데이터의 주인인 개인의 데이터 결정권 혹은 데이터 주권이 중요한 화두로 등장하게 된다.

4. 공유경제

공유경제 혹은 주문형 경제(on-demand ecomomy)는 기존의 소유 개념을 사용 또는 수익의 개념으로 바꾼다. 공유경제에서 소비자는 재화나 서비스를 굳이 소유하지 않고, 필요한 때만 대여해서 사용할 수 있다. 한편 공급자는 잉여 소유물을 이용하여 수익을 창출할 수 있는 이점이 있다. 이를 중개하는 디지털 플랫폼이 등장하면서 스마트폰으로 쉽게 플랫폼에 접근하여 재화나 서비스를 거래할 수 있게 되었다.

공유경제는 숙박이나 차량 등의 공유에서부터 사무실, 식당 등의 전문적인 서비스 분야까지 확대되고 있다. 공유경제는 5가지 분야로 구분할 수 있다. 에어비앤비(Airbnb)와 같은 숙박과 주택, 우버(Uber)와 같은 차량 또는 승차 등 교통, 태스크래빗(TaskRabbit)과 같은 노동력 기반, 렌딩클럽(LendingClub)과 같은 협력금융 등 분야이다.

공유경제 하에서 사적 영역과 업무 영역이 서로 중첩되어 있어 구분이 쉽지 않은 특징이 있다. 또한 공급자는 사업자의 지위를 갖지만 소득이 많지 않고, 오히려 중개하는 디지털 플랫폼의 수익이 크다.

III. 4차 산업혁명의 그늘

4차 산업혁명에 따른 혁신적인 변화에 대한 기대 못지않게 우울한 면도 없지 않다. 아직도 세계인구의 17%인 약 13억 명은 전기를 사용할 수 없는 곳에서 생활하고 있다. 또한 세계인구 중 약 40억 명은 인터넷을 사용할 수 없다. 2차나 3차 산업혁명의 혜택도 누리지 못하고 있는 이들에게 4차 산업혁명은 어떤 의미를 가지게 될까.

기술혁신을 거듭하면서 국가 간에 경제적, 문화적 격차뿐만 아니라 한 사회 내에서 개인 간의 격차도 더 커질 것이다. 혁신적인 기술을 가진 사람과 투자자들은 최대의 수혜자가 될 것이다. 기술 혁신은 단순 노동을 기계가 대체하면서 실업자들이 대량으로 생길 수 있다. 프레리와 오스본(Frey and Osborne)은 전체 일자리 중 약 47%가 자동화 기계로 대체될 확률이 70% 이상인 고위험군에 속한다고 본다.[4] Frey and Osborne의 연구 방법을 이용하여 국내 노동시장을 분석하면, 한국의 직업 중 약 63%가 고위험군이라는 연구결과가 있다.[5] 다른 국내 연구에 따르면 우리나라 전체 일자리의 43~57%가 고용 대체 가능성이 큰 고위험군에 속하는 것으로 분석하기도 한다.[6]

한편 새로운 분야의 직업이 나타나고 있다. 플랫폼 경제가 확대되면서 배달서비스 등 다양한 플랫폼 사업자를 통한 개인의 노동시장 참여가 증가할 것이다. 이들은 근로자라기보다는 자영업자에 가깝다. 저소득 자영업자가 증가할 확률이 높다. 이와 같은 노동시장의 분화가 심화되면서, 불평등과 사회적 긴장감이 심화될 수 있다.[7] 중장기적으로는 고용 규모에 대한

---

4) Carl Frey, Michael. Osborne, "The Future of Employment: How Susceptible Are Jobs to Computerisation?", Oxford Martin School Working Paper, 2013.
5) 김석원, "Changes in future jobs", 2016 SPRI Spring Conference, 소프트웨어정책연구소, 2016. 3. 8.
6) 김세움, 「기술진보에 따른 노동시장 변화와 대응」, 한국노동연구원, 2015.

고민보다는 노동시장에서의 격차 확대에 대한 대응이 더 중요하다.

디지털 정보 격차가 점점 커지는 것이 사회 문제가 될 수도 있다. 2020년 과학기술정보통신부의 디지털 정보 격차 실태조사에 따르면 4대 정보 취약 계층의 정보화 수준은 전년 대비 약 3% 상승하였으며, 일반 국민의 72.7%에 해당한다. 2014년부터 2020년까지 정보 취약 계층의 전반적인 정보화 수준은 지속적으로 상승하고 있지만, 장애인, 농어민, 고령층은 일반 국민과의 격차가 여전히 크다고 한다. 정보 격차는 개인 삶의 질에 영향을 미칠 수밖에 없다. 식당이나 커피점에서 키오스크로 주문하고, 금융도 온라인 뱅킹이 되면서 삶의 여러 부문에 걸쳐 정보 소외가 사회적 소외를 가져올 수 있다.

Ⅳ. 우리나라의 대응

정부는 4차 산업혁명의 총체적 변화에 대응하여 국가전략과 정책에 관한 사항을 심의하고, 부처 간 정책을 조정하기 위한 대통령 직속 기구로 4차 산업혁명위원회를 출범했다. 2017. 9. 25. 20명의 민간위원을 위촉함으로써, 제1기 위원회가 본격적으로 활동을 시작하였다. 민간위원들은 각각 산업계(9명), 학계(9명), 연구(2명) 분야에서 위촉되었다. 2021년 1월, '4차 산업혁명위원회 설치 및 운영에 관한 규정'(대통령령) 개정을 통해 국무총리가 민간위원장과 공동위원장으로 참여하고 기존 5개의 정부위원도 12개 부처로 확대 개편하였다.

위원회 출범 이후 범정부 차원의 '4차 산업혁명 대응계획 1.0'을 마련한 데 이어 4차 산업혁명 핵심 기반인 데이터(D)-네트워크(N)-인공지능(A) 전

---

7) 마틴 포드, 「로봇의 부상」, 세종서적, 2016.

략, 클라우드, 스마트시티 등 다양한 핵심 분야의 세부 전략을 심의·조정하였다. 초연결 지능형 네트워크 구축전략, 드론산업 활성화 방안, 인공지능 연구개발 전략, 클라우드컴퓨팅 발전 기본계획, 스마트시티 추진전략, 블록체인 기술 확산 전략 등을 주요 안건으로 다루었다. 2021년 8월에는 열 차례 28개 의제를 논의하고, 사회적 합의를 도출하기도 하였다. 개인정보보호와 활용(데이터 3법 개정 관련), 공인인증서 폐지, 핀테크 활성화, 농어촌 빈집 관광숙박 활성화, 에듀테크 산업 활성화 등에 대한 의제 등이다. 2020년 3기 위원회에서는 2020년 12월 '범부처 인공지능 위원회'로서 인공지능 법과 제도, 규제 정비를 위한 로드맵을 마련하기도 했다. 2021년 2월에는 정부의 제도 개선을 권고하는 '데이터 옴부즈만' 역할 수행 및 '국가 데이터 정책 방향'을 발표하고 '데이터 특별위원회'를 신설하여 활동하였다. 2022. 9. 2. 디지털플랫폼 정부위원회가 정식 출범함에 따라 완전히 기능이 대체되었다.

기술혁신은 경제와 사회구조는 물론 당연히 법 제도에도 영향을 미친다. 국회는 2018년 11월 데이터 경제를 활성화하기 위해 소위 데이터 3법을 개정하였다. 「개인정보 보호법」, 「정보통신망 이용촉진 및 정보보호 등에 관한 법률」, 「신용정보의 이용 및 보호에 관한 법률」을 말한다. 신산업 육성을 위해서는 인공지능(AI), 인터넷 기반 정보통신 자원통합(클라우드), 사물인터넷(IoT) 등 신기술을 활용한 데이터 이용이 필요하다. 데이터 이용을 위해 규제를 완화하고 개인정보 보호 체계를 보장하기 위해 데이터 3법을 개정하게 되었다. 데이터를 기반으로 한 새로운 기술·제품·서비스의 개발, 산업 목적을 포함하는 과학연구, 시장조사, 상업 목적의 통계작성, 공익 기록보존 등을 위해서 '가명 정보'를 이용할 수 있도록 했다. 가명정보는 통계작성(상업적 목적 포함), 연구(산업적 목적 포함), 공익적 기록보존 목적으로 동의 없이 활용이 가능하다. 또한 개인정보 자기결정권을 도입하였다.

즉, 정보 활용 동의 제도의 개선, 개인신용정보의 전송요구권(Right to data portability), 기계화·자동화된 데이터 처리(Profiling)에 대해 금융회사 등에게 설명요구·이의제기할 수 있는 프로파일링 대응권 등이다. 예를 들면, 통계모형·머신러닝에 기초한 개인신용평가, AI를 활용한 온라인 보험료 산정 결과 등 본인 정보를 다른 금융회사 등에 제공토록 요구할 수 있다. 금융분야에 마이데이터 산업을 도입한 것도 획기적인 것으로 평가된다. 마이데이터(MyData)는 정보 주체의 권리행사에 따라 본인정보 통합조회, 신용·자산 관리 등 서비스를 제공하는 산업이다. 금융 분야에 먼저 도입되었고, 향후 다른 분야로까지 계속 확대될 것으로 보인다. 이 외에도 개인정보처리자의 책임성을 강화하기 위해 각종 의무를 부과하고, 법 위반 시 과징금 도입 등 처벌도 강화해서 개인정보를 안전하게 보호할 수 있도록 제도적 장치를 마련하였다. 개인정보의 오·남용과 유출 등을 감독할 감독기구는 개인정보보호위원회로, 관련 법률의 유사·중복 규정은 「개인정보 보호법」으로 일원화했다.

과거 제20대 국회(2016년 4월~2020년 5월)에서 발의된 4차 산업혁명 관련 의안은 총 253건으로, 전체 법률안의 1.2% 수준이었다. 내용은 공유경제(101건), 인공지능(64건), 빅데이터(60건), 자율주행(49건), 드론(26건), 로봇(21건), 블록체인(17건), 암호화폐(10건), 3D 프린팅(7건) 순이었다.[8] 현재도 개정 법률안이 여러 건 국회에 발의되어 있다.

---

8) 국회예산정책처, 「4차 산업혁명에 따른 조세환경 변화와 정책 과제」, 2020. 6.

제2장
4차 산업혁명이 조세에 미치는 영향

2015년 9월에 출간된 '세계경제포럼 보고서'에서는 디지털 초연결 사회를 구축하는 21가지 극적 전환점을 설명하고 있다. 향후 10년 이내에 일어날 일들이고, 4차 산업혁명으로 촉발될 변화라고 한다. 800명이 넘는 정보통신 기술 분야의 경영진과 전문가가 참여했다. 재미있는 점은 응답자의 73.1%가 블록체인을 통해 세금을 징수하는 최초의 정부가 등장한다고 답했다는 것이다.[9] 기술혁신으로 거래의 방식과 수익의 원천 등이 달라지므로 당연히 세무행정과 조세법에 큰 영향이 있을 것이다.

2019년에 우리나라 조세 전문가를 대상으로 4차 산업혁명으로 인한 조세의 영향 및 과제가 무엇인지를 면접 조사한 연구가 있다.[10] 전문가들은 새로운 경제형태의 출현(공유경제, 암호화폐, P2P 거래)에 따른 과세 문제와 교육, 디지털 플랫폼 기업의 적극적 조세회피와 디지털세 등 신규 과세 도입, 전통적 경제와 디지털경제 간에 그리고 국내 기업과 해외 기업 간에 과세 중립성 확보가 필요하다고 응답했다. 이 연구에서는 전문가들의 응답을 기초로 장기적 조세정책 방향을 네 가지 측면에서 제시하고 있다. 첫째, 디지털경제 고유의 특성에 따른 새로운 쟁점으로 '가치의 창출과 과세권 배분 불일치', '과세 중립성에 대한 요청'에 대한 정책적 대응 방안 마련이다. 둘째, 법인세 사각지대 발생과 다국적기업의 세원 잠식(BEPS) 문제의 심화에 대한 정책적 대응 방안 마련이다. 셋째, 디지털 산업의 높은 경제적 파급효과를 고려하여 국가경쟁력 확보를 위한 조세 지원정책의 수립이다. 넷째, 디지털 거래의 투명성 확대, IT 기반 빅데이터 활용 등을 고려한 미

---

9) 세계경제포럼, 「거대한 변화-기술의 티핑 포인트와 사회적 영향」, 2015.
10) 류덕현, "4차 산업혁명에 따른 조세환경 변화에 대비한 조세정책 방향", 경제추격연구소, 2019.

래지향적 세무행정 방향을 마련할 필요성이다.

한국조세재정연구원에서도 조세정책의 변화를 두 가지로 제시하고 있다.[11] 첫째, 경제 주체들의 생활 및 거래행태 등을 변화시킴으로써 세원 확보 정책의 대응을 요구한다. 법인 세원의 이동, 노동시장의 구조 변화에 따른 세원 확보의 어려움, 새로운 세원의 발굴이다. 둘째, 4차 산업혁명으로 발생하는 다양한 환경 변화를 활용하여 조세정책의 효과성을 높여야 한다. 예를 들어, 광범위한 자료 수집, 일생 관점 소득재분배 강화 등이다.

여러 연구 결과들을 참고하여 4차 산업혁명이 조세에 미치는 영향을 네 가지로 정리해본다. 기술혁신을 뒷받침하는 세제 지원, 조세 행정의 디지털화, 신종 세원 등에 대한 대응, 국제적 조세회피의 증가이다.[12] 본 장에서는 간략히 개요만 설명하고, 다음 장부터 상세한 내용을 검토한다.

I. 기술혁신을 뒷받침하는 세제 지원

한때 우리나라를 디지털 강국이라고 했지만, 현재는 미국이나 중국 등의 디지털 기술혁신을 따라가는 처지에 놓여 있다. 정보와 기술은 미래에 큰 수익을 보장해줄 뿐만 아니라 생존과 직결되므로 4차 산업혁명과 관련된 산업에 대한 조세지원이 필수적이다. 특히 기존에 제조업과 달리 연구개발 분야는 기술혁신과 경제성장에 핵심적 요소이다. 연구개발은 인적 자원에 많이 의존한다. 특히 인공지능이나 머신러닝 등 분야에서 인적 자본 투자를 위한 세제 지원이 필요하다.

---

11) 전병목·김빛마로·안종석·정재현, 「4차 산업혁명과 조세정책」, 한국조세재정연구원, 2020.
12) 이하 내용은 저자가 쓴 "4차 산업혁명이 조세에 미치는 영향", 법학연구 제25집 제4호, 인하대학교 법학연구소, 2022.의 내용을 수정·확장한 것이다.

세제 지원은 대부분 재정의 직접 지원보다는 조세지출로 이루어질 가능성이 크다. 조세지출은 비과세, 소득공제, 세액공제 등의 세제상 특례 규정을 두어 혜택을 주는 것을 말한다. 현행 조특법은 신성장동력·원천기술 분야 11개의 산업, 40개 분야를 특정하여 이에 대한 투자에 대해 세액공제를 해 주고 있다(조특법 제10조). 신성장 서비스업을 영위하는 기업의 창업에 대한 법인세 감면 등이 있다(조특법 제6조). 기술개발 비용이나 설비투자에 대한 세액공제 등도 있다(조특법 제10조, 제25조의5). 이 외에도 다양한 분야의 기술지원을 위한 조세지출이 고려되고 있다.

한편, 기술의 진보는 단순 노동에서 고숙련 전문직 노동으로 근로관계를 재편할 것을 요구한다. OECD는 일자리의 약 14%는 자동화로 완전히 대체되고, 약 32%는 직무수행 방식에 있어 상당한 변화를 겪을 것으로 전망한다.13) 새로운 일자리가 창출되는 것과 동시에 수많은 저숙련 노동자들은 실직 상태를 맞게 될 수 있다. 이렇게 되면 소득격차가 심화될 것이다. 극심한 소득 격차는 사회 불만을 야기한다. 이에 대한 방안의 하나로 우리나라뿐만 아니라 해외 주요국도 기본소득을 논의하고 있다. 현재 국세청에서 근로소득 장려금과 자녀장려금을 지급하고 있는데, 이를 활용한 조세지원도 더욱 활발해질 것으로 보인다.

II. 조세 행정의 디지털화

4차 산업혁명이 행정에 미칠 영향을 가늠해 볼 때 가장 먼저 디지털 기술을 활용한 전자정부를 꼽을 수 있다. 시민사회가 성장하면서 정부 구조의 투명성과 효율성에 대한 요구도 커지고 있다. 따라서 정부는 더욱 작고

---

13) OECD, Employment Outlook 2019: The Future of Work, 2019.

효율적인 조직으로 완전히 변신해야 할 것이다.[14] 민첩한 통치 시스템을 구축해야 한다. 조세 행정도 예외는 아니다.

기술의 혁신에 따라 조세 행정은 크게 변화해왔지만, 앞으로 그 변화의 폭은 더 클 수밖에 없다. 국세청은 빅데이터센터를 출범하여 다양한 분야에서 데이터를 활용하여 조세 행정을 선진화하기 위해 노력하고 있다. 예를 들어, 빅데이터를 이용하여 신고도움 서비스를 제공하거나 모두 채움 서비스 같은 행정서비스를 고도화하고 있다. 성공사례 중 하나는 사업자등록증을 내줄 때 현장 확인이 필요한 경우를 빅데이터로 걸러서 사업자등록증 교부 기간을 단축한 것이다. 이 외에도 신고내용을 사후에 검증하거나 세무조사 대상자를 선정할 때 빅데이터를 활용하면 정밀성과 정확성을 높일 수 있다. 이로써 세원 관리가 예전보다 더 정밀해지고 공평해질 것으로 기대한다.

디지털경제가 활성화되면서 디지털 플랫폼 회사가 조세 행정에서 차지하는 역할이 주목받게 되었다. 디지털 플랫폼 회사를 통해 개별 사업자에 대한 정보를 수집하거나 소득세를 원천징수하거나, 부가가치세를 거래징수해야 할 경우가 더 많이 발생하게 될 것이다. 따라서 디지털 플랫폼 회사의 정보 제공이나 원천징수 등 납세협력 의무의 필요성이 강하게 대두된다.

조세 행정에서 디지털경제의 활성화와 더불어 코로나19 팬데믹의 위기까지 겹쳐서 비대면 서비스가 더욱 활성화될 것이다. 기존에는 세금 신고를 하거나 증명서를 발급받기 위해 무조건 세무서를 방문하는 경우가 많았다. 그러나 납세자들이 비대면을 선호하게 되면서 증명서를 인터넷으로 발급받거나 전자지갑을 이용해 스마트폰에서 전송하는 것이 일상화될 것이다. 세금 신고도 가능한 한 납세자들이 온라인으로 할 수 있게 하고, 쉽게 할 수 있도록 개편되어야 한다. 다만, 세법 용어는 비전문가들에게는 어려

---

14) 클라우스 슈밥, 앞의 책.

울 수밖에 없으므로 어떻게 쉽게 신고 안내를 할 수 있을지가 과제이다. 현재 연말정산과 소득세, 법인세, 부가가치세에서 시행되는 '모두 채움 서비스'를 다른 세목에도 확대하여야 하고, 쉽고 간단하게 신고할 수 있도록 개선하여야 한다.

앞으로 빅데이터와 인공지능, 블록체인 기술이 세정환경에 어떤 변화를 가져올지도 관심사다. 세무 행정의 디지털화는 탈세와 체납에 대해 효율적으로 대응하면서, 납세협력비용과 행정비용을 절감하는 방향이어야 한다.

III. 신종 세원 등에 대한 대응

경제와 사회구조가 바뀌면 새로운 직업이 출연하고 거래 형태가 바뀌게 된다. 새로운 유형의 경제적 실체에 대해 과세하기 위해서는 소득 유형의 결정, 과세 형평성, 국제적 과세 기준과 조화, 이중과세 문제 등을 해결해야 한다.

예를 들어, 경제의 디지털화가 가속화되면서 디지털 플랫폼을 기반으로 한 다국적기업의 법인세 회피가 큰 이슈로 떠올랐다. 기존의 법인세나 국세조세 체계로 대응할 수 없는 문제들이 발생한 것이다. 고정사업장을 어디로 볼 것인지, 국가 간에 과세권을 어떻게 배분해야 하는지 등의 문제가 발생하였다. 전자상거래가 활발해지면서 계약이 체결되는 장소, 서비스제공자의 소재지, 서비스 소비지 등이 분리되면서 이에 대한 부가가치세 과세와 영세율 제도도 검토해야 할 대상이다.

노동시장의 비정형성이 증가하고 비공식 부분이 확대되면서 세원 포착이 더 어려워질 수 있다. 근로자의 성격과 사업자의 성격이 혼용된 경우도 증가할 것이다. 고액 유튜버들이 소득을 누락하거나 차명계좌를 이용해 소득을 분산시켜 사회 문제가 되고 있다. 1인 미디어 종사자에 대한 교육과 홍보, 사업자등록, 필요경비 인정 여부, 신고 간소화, 소득의 구분도 해결해야 할 과제이다.

한국에서 비트코인으로 널리 알려진 암호화폐 출현에 따라 암호화폐의 성격과 매매차익에 대한 과세 부분도 세부적인 내용을 정비해야 한다. 블록체인 기술과 함께 등장한 대체불가능토큰(Non-Fungible Tokens)의 거래에 대한 과세도 현재 논의 중이다. NFT의 법적 성격 정립과 함께 과세 논의가 이루어져야 한다. 이 외에도 기본소득의 재원 마련 수단으로 데이터세나 로봇세 등의 논의도 계속될 것으로 보인다.

Ⅳ. 국제적 조세회피의 증가

조세회피란 일반적이지 않은 법형식을 선택하여 과세를 회피하면서, 실질적으로 일반적인 법형식을 선택한 경우와 같은 경제적 효과를 얻는 것을 말한다. 조세회피는 명백히 법률을 위반하는 것이 아니어서 탈세라고 할 수는 없다. 하지만 통상적인 법형식에 따르면서도 세금을 절약하는 절세와도 구분된다. 탈세와 절세의 중간지대라고 할 수 있다.

조세회피는 주로 조세피난처(Tax Haven)를 이용하여 이루어진다. 조세피난처는 일반적으로 소득 등에 대한 과세가 전혀 없거나, 과세를 한다고 해도 아주 낮은 세율로 과세하는 국가나 지역을 말한다. 조세피난처는 본국의 조세 부담을 회피하고, 불법 자금을 세탁하기 위한 통로로 이용되고 있다.

OECD는 조세피난처를 판정하는 기준으로 아래의 내용을 제시하였는데,[15] 어떤 국가나 지역이 ①에 해당하고 ②~④ 중 어느 것에 해당하면 조

---

15) OECD, 「유해 조세 경쟁보고서(Harmful Tax Competition)」, 1998.

세피난처로 판단한다. ①비과세 또는 낮은 세율로 과세 ②실효적인 정보교환의 부재 ③법 집행의 투명성 부족 ④실질적인 활동의 부재이다. 조세피난처는 금융정보의 비밀이 강하게 보호되고, 실질적인 사업장이 없는 서류상의 회사(paper company)를 설립하기 아주 쉽다. 이로 인해 조세피난처에 금융계좌를 만들어 자금을 해외로 유출하거나, 해외의 소득을 국내로 들여오지 않고 아예 조세피난처의 계좌로 바로 송금하기도 한다. 해외의 암호화폐 거래소나 게임 아이템 거래소 등을 통해 자금을 곧바로 해외계좌로 이체하여 조세를 회피하는 사례도 늘고 있다.

〈그림 3〉 전 세계 주요 조세피난처

※ 출처: 김영순, 「국제조세 트렌드」, 지평, 2021.

1. 비거주자의 지위를 위장·이용

상대적으로 높은 조세 부담을 지는 국가의 납세자는 거주지를 조세피난처로 이전하여 조세 부담을 회피할 수 있다. 거주지국 과세 원칙을 채택할 때는 거주자의 국내·외 모든 소득이 과세되기 때문에 아예 거주지 자체를 조세피난처로 옮기는 것이다. 언론에서 흔히 보도되는 것처럼 유명한 고액 소득자들이 거주지를 카리브해나 지중해 연안으로 옮기는 예가 이에 해당한다. 한편 법인은 개인보다 상대적으로 거주지 이전이 더 쉽다. 조세피난처 등에 서류상 회사(paper company)를 설립하여 외국법인으로 위장하는 것이다.

4차 산업혁명의 특징인 초연결성과 초고속성은 업무 영역에도 적용된다. 즉, 사업자는 인터넷이 연결되어 있는 곳이라면 전 세계 어느 곳에 거주하든지 신속하게 업무를 처리할 수 있다. 과거보다 거주지국의 이전이 더 쉽고 빈번하게 일어날 수 있다는 것을 의미한다. 예를 들어, 한국 국적을 취득하고 생계를 같이하는 가족과 함께 국내에 거주하면서 100억 원대에 이르는 국내 부동산 등을 취득·임대하고 부동산회사도 운영하고 있지만, 이중 국적자로 행세하며 국외 소득을 신고 누락하는 사례가 있다. 또한 국내에 183일 이상 체류하면 국내 거주자로 인정하는 규정을 이용하여 가족과 함께 국내에 거주하여 다수의 의료기관에서 의료 혜택을 받으면서도 체류일수를 183일 미만으로 조작하여 비거주자로 위장하고 국외 소득을 신고 누락하는 사례도 있다. 〈그림 4〉에서 보는 바와 같이 거주자 甲은 외국 영주권을 취득한 후 자녀에게 물려줄 해외 부동산을 매입하기 위해 현지에 서류상 회사를 설립하였다. 현지 법인은 당해 부동산을 취득·관리하는 것 이외에는 사업 활동이 전혀 없다. 甲은 서류상 회사 명의로 부동산을 사들인 후, 법인 지분을 자녀에게 이전하는 방식으로 해외 부동산을 자녀에게 편법으로 증여하였다. 증여 지분에 대해 현지 과세당국에 증여세를 신고하였으나, 공제 한도 미달로 세금을 내지 않았다. 한편 자녀들은 외국 시민권자라는 점을 이용하여 한국에서는 비거주자라고 주장하여 증여받은 부동산 상당액에 대해 증여세 신고도 누락하였다.

〈그림 4〉 비거주자로 위장한 조세회피

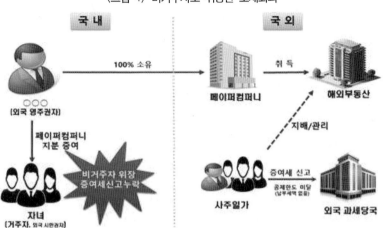

※ 출처: 국세청, 2021. 3. 24. 보도자료, "국적 세탁으로 납세의무 이행 없이 복지와 혜택만 누리는 세금 얌체족(cherry picker) 등 반사회적 역외탈세자 54명에 대해 세무조사 착수".

2. 디지털 플랫폼 기업의 공격적 조세회피

다국적기업의 국제적 조세회피는 OECD 국가들의 가장 큰 고민 중 하나이다. OECD는 이를 막기 위해 '세원잠식 및 소득이전'(Base Erosion and Profit Shifting, BEPS) 프로젝트를 결의하여 시행하고 있다. OECD는 1980년 보고서에서 국제적 조세회피의 전형적인 특징으로 인위성(통상의 상거래에서는 행해지지 않는 거래로서 그 거래의 주된 목적은 사업상의 이익취득이 아니라 조세상의 이익을 얻는 것), 비밀성, 법의 허점(loop hole) 이용을 들고 있다.

국제적 조세회피의 유형으로 도관회사(Conduit Company) 이용, 소득의 분류 조정, 고정사업장 우회 등을 들 수 있다.

(1) 기지회사 및 도관회사 이용

기지회사(Base Company) 이용은 조세피난처에 특수회사를 설립하고 그 소득에 대한 면세나 경과세의 혜택을 누리는 방식이다. 가장 일반적으로 이용되는 조세회피 방식이라고 할 수 있다. 예를 들어, 조세피난처에 서류상의 자회사를 설립하여 그 자회사에 소득을 모은 뒤에 그것을 본국에 송금하지 않고 자회사에 유보하는 것이다. 유보된 소득은 모회사의 거주지국으로 돌아오지 않고 재투자 등에 사용된다. 기지회사와 도관회사(conduit company)는 국제적 조세회피를 위해 설립하고 우회 거래를 만드는 면에서 같다. 그러나 도관회사는 원천징수를 피할 목적으로 소득을 통과시키는 역할을 하고, 기지회사는 모회사의 조세를 회피하기 위하여 소득을 유보하는 역할을 한다.

최근에 무형자산의 중요성이 커지면서 무형자산으로 인한 이익이 급증하고 있다. 다국적기업은 조세피난처에 기지회사나 도관회사를 설립하여 무형자산의 법적 소유권을 귀속시킨 후, 전 세계에서 사용료 소득을 수취한다. 소득을 조세피난처에 있는 자회사에 유보하면 거주지국으로부터 과세를 회피할 수 있기 때문이다. 이에 OECD는 무형자산의 개발(Development), 향상(Enhancement), 유지(Maintenance), 보호(Protection), 활용(Exploitation)—줄여서 DEMPE—에 실질적으로 기여한 자에게 수익이 귀속되어야 한다고 본다. DEMPE에 관한 위험을 통제하고 위험을 인수할 재무적 능력이 있을 때만 정상 보수를 받을 권리가 있다. 무형자산과 관련된 소득의 수취인이 법적 소유자라고 하더라도 거래를 부인할 수 있는 것이다. 무형자산의 정상가격을 결정하기 위해 비교가능성을 판단할 때는 무형자산으로부터 순현재가치 계산을 통하여 결정되는 기대 편익, 권리행사 가능 지역의 제한조건, 이전된 권리에 근거하여 계산된 제품에 대한 수출제한 여부, 이전된 권리의 배타적 사용 여부, 재사용 허락 가능성, 사용자의 유통망, 사용 허락권자의 후속 개발 작업에 사용자 참여권의 존재 등을 고려해야 한다.

〈그림 5〉 경영자문료를 과다 지급하여 조세 회피한 사례

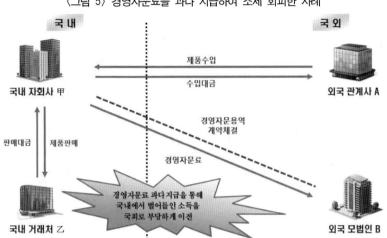

※ 출처: 국세청, 2020. 8. 27. 보도자료, "국부유출 역외탈세 혐의자 및 국내에서 벌어들인 막대한 소득을 정당한 세금 납부 없이 외국으로 이전한 혐의가 있는 다국적기업 43명 세무조사 착수".

최근에 급성장한 다국적기업은 주로 디지털 플랫폼 기업이다. 디지털 플랫폼 기업의 조세회피 양상도 점점 다양하고 복잡해지고 있다. 국세청에서 적발한 사례 〈그림 5〉를 살펴보면, 온라인 플랫폼을 운영 중인 다국적기업의 국내 자회사 甲은 지난 수년간 매출이 지속해서 증가해 왔으며, 최근에도 상품 주문량이 급증하는 등 호황을 누리고 있다. 甲은 외국 관계사 A로부터 제품을 수입하여 판매하면서, 별도로 외국 모법인 B와 경영 자문용역 계약을 체결하였다. 국내 법령 및 OECD 지침에 따라 경영자문료를 정당한 사업 관련 비용으로 인정받으려면, 사업 활동의 수익성을 향상할 것으로 기대되는 자문용역이 실제로 제공되어야 하며 그 용역의 대가도 적정한 수준이어야 한다. 그러나 국내 자회사 甲은 외국 모법인 B가 실제로 제공한 용역에 비해 터무니없이 많은 수백억 원 규모의 경영자문료를 매년 지급하였다. 이로 인해 국내 소득이 줄어들어 자신의 법인세를 회피하고, 국내에

서 벌어들인 소득을 부당하게 국외로 이전하였다. 또한 정상가격보다 고가에 제품을 수입하는 방법으로 외국 관계사 A에 소득을 부당하게 이전하고 국내에서 납부할 법인세는 축소하기도 하였다.

(2) 소득의 분류 조정

소득의 성질을 실질과 다르게 하여 조세를 회피하는 사례도 늘고 있다. 조세조약 및 법령에 따라 외국기업이 국내에서 벌어들인 소득이 '일반 사업소득'인 경우에는 국내에 외국기업의 고정사업장이 없으면 과세할 수 없다. 하지만 상표권·저작권 등을 이용한 '사용료 소득(royalty)'인 경우 외국에 지급한 사용료의 일정 비율만큼 국내에서 세금을 납부(지급자가 원천징수)하여야 한다. 따라서 세금을 회피하기 위해 외국 모법인에 지급해야 할 사용료를 일반 사업소득으로 위장하여 조세를 회피하는 사례가 있다.

(3) 고정사업장 우회

우리나라가 외국법인에 법인세를 과세하기 위해서는 외국법인이 사업의 전부 또는 일부를 영위하고 있는 고정된 사업장소가 국내에 있어야 한다(법인세법 94조 제1항). 이를 국내사업장 또는 고정사업장이라고 한다. 고정사업장으로 인정하기 위해서는 사업장소가 존재하고(the existence of a place of business), 고정되어 있어야 한다(the place must be fixed). 사업장소는 그 기업의 사업 활동을 위하여 사용되는 건물이나 시설, 장치 등을 말한다. 또한 고정된 사업장소를 통하여 사업이 수행되어야 한다. 이를 위해서는 위와 같은 물적 시설을 사용할 권한을 갖거나 지배하고 있어야 한다. 그리고 추가적으로 그 사업장소에서 기업의 본질적이고 중요한 사업 활동이 수행되어야 한다. 다른 요건이 충족되더라도 사업 활동이 예비적·보조적

(preparatory or auxiliary activities)인 것에 그친다면 고정사업장으로 볼 수 없다.

따라서 다국적기업은 세율이 높은 국가에 고정사업장이 구성되는 것을 피하기 위해 인위적으로 저세율 국가에 고정사업장을 두는 경향이 있다. 디지털 경제화가 진행되면서 산업에 따라서는 고정된 사업장소가 꼭 필요하지 않은 경우도 많다. 소위 FAANG(Facebook, Amazon, Apple, Netflix, Google)이라는 디지털 플랫폼 기업들은 서버를 어느 곳에 두든지 전 세계인과 계약을 체결하고 사업 활동을 영위할 수 있다. 기존의 고정사업장 개념에 따르면 서버 소재지가 고정사업장이므로, 서버를 조세피난처에 두게 되면 국제적 조세회피가 가능하다. 실제로 사업을 하는 국가에서는 고정사업장이 형성되지 않도록 하기 위해 인위적으로 계약을 분할하거나 사업 활동을 쪼개는 것이 대표적인 예이다. 관계 기업 간에 사업 활동을 여러 개의 단위로 쪼개어 각 장소가 단순히 예비적·보조적인 활동을 수행한다고 주장하면, 어디에도 고정사업장을 인정할 수 없는 문제가 생긴다.

또한 디지털 플랫폼 기업은 소비자와 온라인으로 계약을 체결하므로 계약체결권을 대리하는 종속대리인이 필요하지 않다. 대리인은 본인을 위한 마케팅이나 관리 등의 업무만 하게 되므로 종속대리인을 통한 고정사업장 구성도 회피할 수 있다.

3. 가상자산을 이용한 조세회피

암호화폐 가치가 급상승하면서 암호화폐 거래소를 이용한 조세회피도 늘고 있다. 국세청이 적발한 사례로, 내국법인 A는 자신의 사업 플랫폼에서 사용할 수 있는 암호화폐를 주도적으로 개발하였다(〈그림 6〉). 그러나 해외에 서류상 회사 B를 설립하고, B의 명의로 ICO를 했다. ICO(Initial Coin Offering)는 가상자산 사업자가 신규 암호화폐를 일반에 공개하면서 투자자들에게 일부를 판매하여 개발비를 보전받고 수익과 자금을 확보하는 방식이다. 사주 甲은 차명 계정으로 관리하던 암호화폐를 거래소에서 매각하고 그 대금을 본인의 국내 계좌로 수취하면서도 국내에서 신고를 누락하여 조세를 회피하였다.

〈그림 6〉 가상자산을 차명 계정으로 관리하여 조세회피

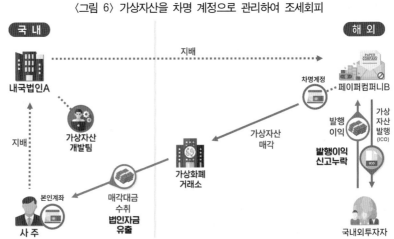

※ 출처: 국세청, 2022. 11. 23. 보도자료, "외화자금을 빼돌리고 국부유출을 고착화하는 역외탈세자 53명 세무조사".

4. 사업구조 개편을 통한 조세회피

최근에는 사업구조를 개편하여 여러 단계의 회사를 설립하면서 도관회사를 이용하기도 한다. 예를 들어, 외국 모법인 甲이 지식재산권을 갖고 이를 국내 자회사 乙에게 사용 허락을 하면, 乙은 甲에 사용료를 지급할 때 제한세율 15%로 원천징수해야 한다. 그러나 甲은 사업구조를 개편하여 서류상 회사 丙을 설립한 후 丙에 지식재산권을 양도하고, 乙이 丙에 사용료를 지급하도록 한다. 우리나라와 丙의 거주지국 간 조세조약에 의하면 제

한세율이 0%이거나 우리나라에 과세권이 없다. 이렇게 도관회사를 이용하여 조세를 회피할 수 있다.

〈그림 7〉에서 보는 내국법인 A는 해외 관계사로부터 제품을 수입하고 상표권자인 모회사에 사용료를 지급하면서 원천징수를 하였다. 그러나 국내 이익이 급증하자 해외 관계사가 모회사와 상표권 사용계약을 맺고 A를 단순 판매업자로 변경하는 내용으로 사업구조를 개편하였다. 그러나 실제로는 A가 여전히 상표권을 활용하여 각종 마케팅 기능을 수행하였고, 거래의 경제적 실질은 바뀌지 않았다. 결과적으로 내국법인 A는 사용료를 지급하지 않지만, 해외 관계사에 엄청난 수입대금을 지급하면서 소득이 국외로 이전되는 효과가 나타났다.

〈그림 7〉 사업구조 개편에 의한 조세회피

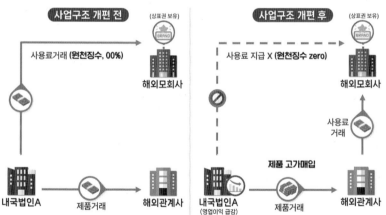

※ 출처: 국세청, 2022. 11. 23. 보도자료, "외화자금을 빼돌리고 국부유출을 고착화하는 역외탈세자 53명 세무조사".

제3장
4차 산업혁명과 조세지원

우리나라를 비롯한 해외 주요국은 4차 산업혁명 기술이 혁신 성장동력이 될 것으로 기대하고 국가 전략을 세우고 있다. 미국의 "A Strategy for American Innovation 2015", 독일의 "Industry 4.0", 중국의 "Made in China 2025", 일본의 "4차 산업혁명 선도전략" 등이 대표적이다. 우리나라도 2017년 "제4차 산업혁명에 대응한 지능정보사회 중장기 종합대책"을 발표하고, 대통령 직속으로 4차산업혁명위원회를 발족시켜 대응 역량을 강화하고 있다.

4차 산업혁명의 혁신 기술을 견인하는 것은 연구개발이다. 기존의 제조업과는 달리 4차 산업혁명의 기술은 무형자산의 개발과 인적자원의 활용에 승패가 달려있다고 해도 과언이 아니다. 따라서 정부가 혁신 기술에 대한 연구개발 지원을 어떻게 효율적으로 하는지가 중요하다.

조세 차원에서 지원은 조세지출의 형태이다. 조특법에서는 일반적인 조세지출을 규정하고 있다. 소득공제, 세액공제, 이월과세, 손금 인정, 가속상각 등이 그 예이다. 일반적인 형태 외에도 지능형 로봇법의 감면 규정처럼 개별법에서 조세지출을 규정하는 예도 있다.

Ⅰ. 혁신성장을 위한 연구개발에 대한 조세지원

우리나라의 일반적인 연구개발 분야에 대한 조세지원은 조특법에 규정되어 있다. 이 법에서는 ①연구인력개발비에 대한 세액공제(제10조), ②연구개발 관련 출연금 등의 과세특례(제10조의2), ③기술이전 및 기술 취득 등에 대한 과세특례(제12조),[16] ④연구개발특구에 입주하는 첨단기술기업 등에 대한 법인세 등의 감면(제12조의2),[17] ⑤기술혁신형 주식취득에 대한 세액공제(제12조의4),[18] ⑥산업재산권 현물출자 이익에 대한 과세특례(제16조의5), ⑦외국인 기술자에 대한 소득세 면제(제18조), ⑧내국인 우수 인력의 국내 복귀에 대한 소득세 감면(제18조의3) 등을 규정하고 있다.

1. 신성장동력 및 원천기술 연구·개발 비용 세액공제

4차 산업혁명 관련 기술에 대한 연구개발 조세지원은 조특법의 '신성장 동력 및 원천기술 연구·개발 비용 공제'가 대표적이다. 당기 지출 비용의 최대 40%(중소기업) 또는 30%(대기업과 중견기업)를 세액공제해 준다. 현재 신성장동력 및 원천기술은 총 12개 신성장 분야 및 115개 하위기술이 조특법 시행령 [별표7]에 열거되어 있다. 4차 산업혁명 주요 기술과 관련된 분야를 정리하면 〈표 2〉와 같다.

〈표 2〉 조특법 시행령 [별표7] 신성장·원천기술의 범위(2022. 2. 15. 개정)

구분	분야	신성장·원천기술
미래형 자동차	자율 주행차	주행상황 인지 센서 기술
		주행지능정보처리 통합시스템 기술
		주행상황 인지 기반 통합제어 시스템 기술

---

16) 2021. 12. 7. 조특법 개정에서는 특허권 등 기술을 대여하여 발생하는 기술 대여 소득의 세액감면 대상을 중견기업의 기술대여소득까지 확대하고 과세특례를 2023년 12월 31일까지로 2년 연장하였다.

17) "첨단기술기업"이란 특구에 입주한 기업 가운데 정보통신기술, 생명공학기술, 나노기술 등 기술 집약도가 높고 기술혁신 속도가 빠른 기술 분야의 제품을 생산·판매하는 기업으로서 제9조에 따라 지정을 받은 기업을 말한다(연구개발특구의 육성에 관한 특별법 제9조 제1항).

18) 2021. 12. 7. 조특법 개정에서는 벤처투자를 활성화하기 위하여 기술혁신형 주식취득에 대한 세액공제 적용기한을 2024년 12월 31일까지로 3년 연장하고, 세액공제의 요건 중 발행주식총수 또는 출자총액의 100분의 50(경영권을 실질적으로 지배하는 경우는 100분의 30)을 초과하여 인수하여야 하는 요건의 기준일을 최초 취득일에서 최초 취득일이 속하는 사업연도의 종료일로 완화하였다.

		자율주행 사고원인 규명 기술
		탑승자 인지 및 인터페이스 기술
	전기 구동차	전기동력 자동차의 구동시스템 고효율화 기술
		전기동력 자동차의 전력변환 및 충전 시스템 기술
		전기차 초고속·고효율 무선충전 기술
		하이브리드자동차의 구동시스템 고효율화 기술
지능정보	인공지능	학습 및 추론 기술
		언어이해 기술
		시각이해 기술
		상황이해 기술
		인지컴퓨팅 기술
	사물인터넷 (IoT)	IoT 네트워크 기술
		IoT 플랫폼 기술
		사이버물리시스템 기술
	클라우드 (Cloud)	SaaS(Software as a Service) 기술
		PaaS(Platform as a Service) 기술
		IaaS(Infrastructure as a Service) 기술
	빅데이터 (Big Data)	빅데이터 수집·정제·저장 및 처리기술
		빅데이터 분석 및 예측 기술
		데이터 비식별화 기술
	착용형 스마트기기	신체 부착형 전자회로의 유연기판 제작기술 및 유연회로 인쇄기술
		유연한 양·음극 소재 및 전극 설계·제조기술
		섬유기반 유연전원(fabric based flexible battery) 제조 기술
		전투기능 통합형 작전용 첨단디지털 의류기술
		생체정보 처리 및 인체내장형 컴퓨팅 기술
	IT 융합	지능형 전자항해 기술
		지능형 실시간 도시 시설물 관리시스템 기술
		지능형 기계 및 자율협업 기술
	블록체인	블록체인 기술
	양자컴퓨터	양자컴퓨터 제작 및 활용 기술
차세대 소프트웨어 (SW) 및 보안	기반 소프트웨어 (SW)	융합서비스·제품의 소프트웨어 내재화 기술
		이기종(異機種) 멀티코아 소프트웨어 기술
		분산병렬 소프트웨어 기술
		차세대 메모리 기반 시스템 소프트웨어 기술
		컴퓨터 이용 설계 및 공학적 분석 소프트웨어 기술
	융합보안	사이버 위협 인텔리전스(Intelligence) 대응기술
		휴먼바이오(human-bio)·영상 기반 안전·감시·보안기술
		미래컴퓨팅 응용·보안기술
		융합서비스·제품의 보안내재화 기술

콘텐츠	실감형 콘텐츠	가상현실(VR) 콘텐츠 기술
		증강현실(AR) 콘텐츠 기술
		오감체험형 4D 콘텐츠 제작기술
		디지털 홀로그램(Hologram) 콘텐츠 제작기술
	문화콘텐츠	게임 콘텐츠 제작기술
		영화·방송 콘텐츠 제작기술
		애니메이션 콘텐츠 제작기술
		만화·웹툰 콘텐츠 제작기술
로봇	첨단제조 및 산업로봇	고청정 환경 대응 반도체 생산 로봇 기술
		차세대 태양전지(Solar cell) 제조 로봇 기술
		실내외 자율 이동·작업수행 로봇 기술
		FPD(Flat panel display) 이송로봇 기술
		협동기반 차세대 제조로봇 기술
		용접로봇 기술
	안전로봇	감시경계용 서비스로봇을 위한 주변환경 센싱 기술, 실내외 전천후 위치인식 및 주행 기술
		내단열 기능이 구비된 험지 돌파형 소형 구조로봇 플랫폼 기술
	의료 및 생활 로봇	수술, 진단 및 재활 로봇기술
		간병 및 케어 로봇 기술
		안내, 통역, 매장서비스, 홈서비스 등의 안내로봇 기술
		Tele-presence 로봇 기술
		생활도우미 응용 서비스 기술
		유치원, 초등학교에서 교사를 보조하는 교육로봇 기술
	로봇공통	실내외 소음환경에서의 대화신호 추출 기술
		모터, 엔코더, 드라이버 일체형의 구동 기술
		웨어러블 로봇 기술
항공·우주	무인이동체	무인기 지능형 자율비행 제어 시스템 기술
		지능형 임무수행 기술
		무인기 탑재 첨단센서 기술
		무인기 전기구동 핵심부품 기술
		무인기 데이터링크 핵심기술
		무인기 지상통제 핵심기술
		물류 배송용 드론 제조기술
		드론용 하이브리드 추진 시스템 기술

　구체적으로 세제 지원의 범위는 〈표 3〉과 같다. 대기업, 중견기업과 중소기업에 대한 감면 비율이 각기 다르다. 특히 신성장 및 원천기술에 연구

인력개발비에 대한 세액공제가 비율이 가장 높다.

<표 3> 국내 연구개발 지원 세제의 내용

구분	지원 내용
신성장동력 및 원천기술 연구개발비	당기 지출 비용의 최대 40%(중소기업) 또는 30%(대기업과 중견기업) 세액공제, 당기 지출 시설투자액의 5% 세액공제
일반 연구개발비	당기 지출한 개발비의 최대 25%(대기업 0~2%, 중견기업 8%, 중소기업 25%) 세액공제 또는 전년 대비 증가한 개발비의 최대 50%(대기업 25%, 중견기업 40%, 중소기업 50%) 세액공제
기술이전 및 기술취득 과세특례	중소·중견기업의 자체 연구개발로 취득한 특허권 및 실용신안권 등을 내국인에게 이전한 경우 해당 소득의 법인세액 50% 감면, 중소기업이 자체 연구개발로 취득한 특허권 등을 대여하는 경우 25% 세액 감면
연구개발 설비투자	각종 시설투자 금액의 1%, 3%, 10% 기본공제 + 직전 3년 평균 투자액 초과분의 3% 추가공제 1) 신성장·원천기술 2% 우대, 국가전략기술 5~6% 우대 2) 국가전략기술 1% 우대
연구전담요원 연구활동비	월 20만 원 이내의 금액을 소득세 비과세
연구개발 출연금	출연받은 금액을 과세연도 소득금액에서 익금불산입
기업부설연구소용 부동산 지방세 감면	취득세 감면(대기업 및 중견기업 35%, 중소기업 취득세 60%), 재산세 감면(대기업 및 중견기업 35%, 중소기업 취득세 50%)

이처럼 법령에서는 다양한 혁신 기술에 대한 세액공제 등을 열거하고 있다. 하지만 국회예산정책처가 실시한 전문가 심층 인터뷰 결과에 따르면, 실무에서는 여전히 어려움이 있는 것으로 보인다. 게임 및 플랫폼 등 국내 IT 업종은 동 업계에서 적용 가능한 세제 지원 제도의 종류가 제한적이며, 신성장동력 및 원천기술 연구개발 지원제도의 활용에 어려움을 겪고 있다고 토로하고 있다. 구체적인 애로사항으로 신성장동력 및 원천기술임을 증명하는 문제, 기업 내 연구개발 인력과 공간 확보, 회계처리 방식 별도 분리, 법령 요건이 실제 게임업계의 업무수행 방식과 맞지 않는 점 등을 들고 있다.

중국의 경우에는 지원대상 기술의 국가 지정방식은 우리나라와 같지만, 지원 대상 신기술의 폭이 우리나라에 비해 넓고 지원 수준 또한 높다. 지원 수준은 법인세 15%로 저율 과세하고, 신기술·신제품 연구개발 비용에 대해 140% 소득공제가 적용된다. 지원 대상 연구개발 업종의 지정방식을 열거주의 방식에서 네거티브 방식으로 전환하여 제한 업종(숙박업, 요식 유흥업 등 35개 업종)을 제외한 전 업종의 연구개발 비용에 대한 세액공제를 허용하고 있다.[19] 열거주의 방식이 아니라 중국과 같은 네거티브 방식이 혁신 성장 기업을 육성하기에는 더 확실한 이점이 있는 것은 자명하다. 중국, 일본, 프랑스의 조세지원제도를 살펴본 연구에 따르면, 각국은 공통적으로 공동연구의 활성화 및 중소기업의 연구역량 강화, 특정산업에 대한 지원 확대보다는 ‘Negative List’ 지정을 통한 혁신방향에 대한 정부개입 완화, 더불어 단순 연구개발 투자에서 벗어나 ‘혁신적 활동’ 등을 보다 장려할 수 있는 방향으로 조세지원제도를 개정하고 있다고 한다.[20] 다른 업종과의 형평성에 문제가 있을 수 있으므로, 한시적으로 네거티브 방식으로 전환하는 것도 검토할 만하다.

2. 연구·인력개발비 세액공제 사전심사제도

연구·인력개발비 세액공제를 받으려면 다른 세액공제·감면과 달리 형식적 요건(연구 공간 및 인력 등)뿐만 아니라 실질적 요건(연구·인력개발 활동 수행)까지 충족해야 한다. 하지만 사업자와 세무 당국 간에 견해 차이가 상당히 있으므로 사후에 세액공제를 부인당하고 가산세까지 추징되는 경우가 빈번하다. 이에 2019. 2. 12. 조특법 제9조 제14항을 개정하여 연구·인력개발비 세액공제 사전심사제도를 신설하였다. 내국법인과 거주자는 과

---

19) 국회예산정책처, 앞의 보고서.
20) 김민지, "주요국의 연구개발 조세지원제도 현황 및 시사점", KIET 산업경제, 2016.

세표준 신고 전까지 연구·인력개발에 지출한 비용, 지출 예정인 비용 등에 대해 세액공제가 가능한지 심사청구를 할 수 있다. 사전심사 전담팀에서는 신청인의 연구·인력개발 활동에 관한 기술 검토와 비용 검토를 한다. '신성장·원천기술 연구개발비'에 대한 기술 검토는 한국산업기술진흥원에서 별도로 심사한다. 서면 심사를 원칙으로 하고 예외적으로 현장 확인을 할 수도 있다. 심사 결과에 대해 이의가 있으면 재심사 청구도 가능하다.

심사 결과에 대해 세무 상담 등 자문 서비스를 제공하고, 사전심사 신청 내용에 관해서는 신고내용 확인 및 감면 사후관리 대상에서 제외하는 혜택을 제공한다. 이는 일종의 자문에 불과하므로 상담 내용과 달리 과세가 될 수도 있고 납세자는 신의성실 원칙을 주장할 수 없다. 다만, 심사 결과와 다르게 과세처분이 되더라도 과소신고가산세는 면제된다.[21]

이 제도가 실무상 정착되기 위해서는 연구개발 사전심사에서 무형자산의 특수성을 인정한 전향적인 심사와 사전심사 결과에 기속력을 부여하는 것이 필요하다. 4차 산업혁명은 무형자산이 기업의 큰 경쟁력이므로 무형자산 개발을 위한 연구·인력개발 활동에 대한 지원이 중요하다. 국세통계연보에 따르면, 연구·인력개발비 세액공제를 받은 기업은 2017년에 32,891개에서 2019년에 42,134개로 늘어나고 있다. 그런데 기존의 연구개발 세액공제 요건은 제조업을 전제로 하고 있으므로, 무형자산 특성상 연구개발비로 인정되기 힘든 사례도 존재한다.[22] 따라서 기술 검토 과정에서 4차 산업혁명 관련 기업의 무형자산 연구개발에 대해서는 전향적인 검토가 필요하다고 본다.

---

21) 국세청, 2021. 2. 18. 보도자료, 「「연구·인력개발비 세액공제 사전심사」로 연구개발활동 지원」.
22) 류덕현, 앞의 보고서, 65쪽에서 IT 개발자들의 애로사항을 직접 청취한 내용을 기술하고 있다.

한편 연구개발 세액공제 사전심사는 자문에 불과하여 향후 세무조사에서 세액공제가 부인될 수도 있다. 물론 사후에 추징이 되어도 과소신고가산세는 면제해주고 있다. 다만, 심사과정에서 부정확한 서류를 제출하거나 사실관계의 변경·누락 및 탈루혐의가 있는 경우에는 과소신고가산세 면제 혜택이 배제된다. 생각건대, 납세자가 투명하게 자료를 공개하면서 사전심사를 신청하게 하려면 납세자에게 더 확실한 신뢰를 주어야 한다. 사전심사는 국세청 본청과 지방청이 역할을 분담하고 있고,23) 기술 검토는 외부 기관의 자문을 받거나 내부에 기술인력을 채용하여 심도있는 검토를 한다. 다만, 현장확인을 최소화하기 때문에 한계는 존재할 수 있다. 그렇다면 사전심사 단계에서 현장확인까지 한 사안은 추후에 세액공제를 부인할 수 없다고 규정하는 것이 타당하다. 세무조사는 조사국에서, 연구개발 사전심사는 법인납세국에서 하므로 국세청 내에서 담당 부서가 다르지만 납세자 입장에서는 모두 국세청의 공적견해라고 신뢰할 수밖에 없다. 연구개발 세액공제 여부를 확실히 하여 기업의 투자를 촉진하고 산업을 발전시키고자 한다면, 심사 결과를 분명한 '공적 견해표명'으로 인정해야 한다. 또한 사후에 추징되었을 때 과소신고가산세뿐만 아니라, 납부지연가산세도 면제해주는 방안이 필요하다. 납세자에게 '기대가능성'이 없는 것은 마찬가지이기 때문이다.

II. 미래 기술 인력 육성을 위한 조세지원

연구인력 개발의 핵심은 '사람'에 있다. 기술 인력 육성을 위해 인건비를 비롯한 필요경비에 대한 세제상 혜택이 필요하다. 디지털 기업의 연구개발

---

23) 본청에서는 일반기업·중견기업 사전심사, 지방청 기술심사 지원하고, 지방청 R&D 전담팀에서는 중소기업·개인사업자 사전심사, 중소기업 세무상담을 제공한다.

종사자에게 지급된 인건비를 공제 및 감면 대상 연구개발비로 인정해줄지
가 기업 입장에서는 법인세 부담 및 인력 채용 의사결정에 중요한 요소가
되기 때문이다. 기존에도 연구소에 대한 세제 지원은 있다. 그러나 연구개
발 세액공제를 받기 위해서는 일정 규모의 독립된 연구시설이 있어야 하
고, 인적·물적 요건을 충족해야 한다. 연구개발계획과 보고서, 연구노트,
서류 등을 작성해서 보관해야 할 의무도 있다. 연구개발비 항목으로 인정
되는 범위도 제한적이고, 요건도 까다로워서 세제 지원의 정책적 효과를
충분히 발휘하기 힘들다. 현장에서는 기존의 연구인력개발비에 대한 세액
공제를 적용받기 힘들다는 목소리가 있다. 한 실무자는 이렇게 말한다.

> "연구개발 부분에서 연구소, 연구 전담 조직, 최근 세법 개정안에서는
> 과제명을 전부 제출하라고 해요. 저희는 사업에 계신 분들이 연구개발을
> 동시에 수행하거든요. 그런 부분을 세무 당국에서 잘 인정해주지 않으서
> 요. 디자인 관련해서도 디자인이 그 이전과 달리 완전 독창적인 것을 증
> 명하려면 특허밖에 없는데, 특허를 내진 않잖아요. 저희는 디자인하시는
> 분들이 많은데 그분들은 세액감면 대상이 아니라고 해요."[24]

기존의 연구인력개발비는 제조업을 전제로 하고 있어서 요건도 그에 맞
추어져 있다. 그러나 4차 산업혁명의 기술은 무형자산을 위주로 하며 디지
털경제 하에서 이루어진다. 기존의 연구소 및 연구 환경과 다를 수밖에 없
으므로 연구·인력개발비의 인정 요건도 다를 수밖에 없다. 따라서 실무상
인건비 및 필요경비로 인정하거나 세액공제를 할 때 이런 산업의 특성이
충분히 고려되어야 한다.

영국은 핵심기술 분야에서 인재를 육성하는 것을 정책적으로 장려하고

---

24) 류덕현, 앞의 논문.

있다. 2017년과 2018년에 인재 육성을 포함한 인공지능 정책을 수립하였다. 인재 육성 정책은 고급 인재 확보를 위한 교육프로그램 개발 및 박사과정 개설, 혁신 기술 훈련센터 장학금 지급 및 교육 집중 훈련자금 투자 등을 내용으로 한다. 우리나라에도 시사하는 바가 크다. 단기적으로 전통적 산업 부문의 노동자가 새로운 기술환경 변화에 적응할 수 있도록 기술교육 등 훈련 지원이 강화되어야 한다. 중장기적으로는 혁신 기술 분야의 인력을 육성하기 위한 교육 시스템 개편 및 관련 인프라 투자, 해외 고급 인력 유치 등이 필요하다.25) 이를 뒷받침하는 적극적인 세제 지원이 필요하다.

III. 무형자산에 대한 조세지원

예전에는 기업의 자산이라고 하면 기계장치나 부동산 등 유형자산이 대부분이었다. 그러나 최근 디지털경제 하에서 무형자산의 중요성이 증가하고 있다. 기업회계기준에 따르면 '무형자산(intangible assets)'이란 물리적 실체는 없지만, 식별 가능한 비화폐성 자산이다. 무형자산은 통제 가능하고 미래에 경제적 효익을 가져와야 한다. 즉, 무형자산으로부터 제품의 매출, 용역수익, 원가절감 또는 자산의 사용에 따른 효익 등이 발생하여야 한다. 대표적으로 산업재산권(특허권, 실용신안권, 상표권, 디자인권 등), 개발비, 영업권, 라이센스, 소프트웨어 등을 들 수 있다.

4차 산업혁명에 따라 정보통신기술, 빅데이터, 로봇 기술 등에 필요한 소프트웨어와 특허권 등이 수없이 많이 개발되고 있다. 기술개발과 보급을 위해서는 특허권이나 라이센스, 소프트웨어 등의 권리를 법상 또는 사실상 누가 소유하고 있는지가 중요하다.

---

25) 국회예산정책처, 앞의 보고서.

무형자산을 획득하기 위해서는 장기간 큰 비용과 노력이 필요하므로 이를 장려하는 정책이 필요하다. 유럽 국가를 중심으로 연구개발 활동을 통한 특허 및 기술이전을 촉진하기 위한 조세지원이 증가하고 있다. 대표적인 조세지원 중 하나가 특허박스(Patent Box)제도이다. 이는 기업의 총수익 중 특허권 등에서 발생하는 수익에 대하여 비과세 또는 저세율로 과세하는 조세지원 제도이다. 현재 영국, 네덜란드, 벨기에 등 유럽 주요국과 중국에서 운영하고 있다. OECD는 2016년 특허박스 도입국의 외국인 직접투자를 비교한 결과를 발표하였다. 특허박스 제도를 도입한 EU 국가의 경우 2011 ~2015년 동안 외국인 직접투자가 연평균 10.8% 증가했지만, 미도입국은 같은 기간 0.8% 감소함으로써 외국기업 투자 유치에 효과가 있다고 한다.26) 우리나라에서도 연구개발 활동의 사업화를 세제상 지원하기 위해 특허박스 제도 도입 논의가 있다.

특허박스 제도를 도입하면 연구개발 성과로 발생한 수익에 대해 기업의 세후수익률이 높아진다. 기업의 기술개발 등을 유인하는 정책적 효과가 있다. 다국적기업이 국내에 투자하는 것을 촉진하는 긍정적인 효과도 있다. 반면, 해외 투자가 특정 지역에 편중되어 불공정 경쟁을 유발하고 기업의 조세회피를 유도하는 등 부작용이 있을 수 있다. 또한 중소기업에 비해 사업화 역량이 큰 대기업에 혜택이 집중될 가능성이 있다는 점에서 비판적인 시각도 있다.27)

최근 OECD는 BEPS 액션플랜 5에서 무형자산의 가치 창출과 이익의 비례 관계를 강조하고 있다. 특허박스 제도의 장점에도 불구하고, 각국이 경쟁적으로 감면 조치를 시행하면 유해한 조세 경쟁(Harmful Tax Competition)이 될

---

26) 오윤, "다국적기업에 대한 과세권 배분의 동향과 과제", 조세학술논집 제37집 제2호, 한국국제조세협회, 2021.
27) 문은희, "특허박스제도 도입 관련 입법과제", 현안분석 vol.17, 국회입법조사처, 2018.

수 있다. 따라서 지식재산 소득이 해당 지식재산 개발을 위해 발생한 연구·개발 지출과 연계되어 있어야 함을 강조한다.

제4장
4차 산업혁명과 세무 행정

4차 산업혁명이 진행되면서 세무 행정은 여러 변화와 어려움에 맞닥뜨리고 있다. 에어비앤비나 우버 등과 같은 신종 경제거래가 등장하고 있다. 노동 형태도 점점 다양화되고 있다. 소위 긱(GIG) 노동자[28]들은 근로자 지위와 사용자 지위의 중간에 있다. 근로자로 인정되려면 사용자와의 관계에서 '종속성'이 인정되어야 하지만, 긱 노동에 있어서는 종속성이 완화되어 있다. 이들이 독립적인 지위에서 일시적으로 프로젝트별로 업무를 수행하면 사업소득으로 볼 여지가 많다. 하지만 소득액이 적고 개인 간 거래 위주이므로 자발적인 신고납부를 기대하기가 사실상 힘들다. 디지털 플랫폼 기업을 이용한 국제 거래 및 B2C(Business to Custome) 거래의 증가는 세원 포착을 더 어렵게 하고 있다. 디지털 플랫폼을 이용한 조세회피 및 신고 누락도 늘어나고 있다. 국세청은 최근 유튜브, 인스타그램 등 소셜 미디어 플랫폼을 통해 많은 소득을 얻으면서도 이를 탈루한 인플루언서 16명에 대하여 세무조사에 착수하는 한편, 공유경제 중개 플랫폼을 이용하여 높은 소득을 얻은 숙박 공유사업자 17명에 대하여도 세무조사에 착수한 바가 있다.[29] 다국적기업의 가치사슬도 경제의 디지털화에 따라 변화하고 있다. 즉 제조, 연구개발, 판매, 마케팅, 관리, 유통 등의 구조가 변하고 있다. 이

---

28) 긱 노동자는 산업현장의 특성상 초단기로 계약하는 근로자를 말하는데, 공유경제가 확산되면서 온라인플랫폼 노동자, 호출 대기 노동자 등을 말한다.

29) 고의로 세금을 탈루한 인플루언서 등은 '뒷광고'(대가관계 미표시 광고), 간접광고 등을 통한 광고 소득을 탈루하거나, 해외 후원 플랫폼 및 해외 가상계좌를 이용하여 후원 소득을 탈루하거나, 친인척에게 부동산 취득자금을 증여하고, 슈퍼카 임차료 등의 사적 경비를 비용으로 계상하는 등의 방식으로 조세를 탈루한 혐의이다(국세청, 10. 21. 보도자료, "온라인플랫폼에 기반한 신종 호황 업종 사업자 및 공직 경력 전문직 등 불공정 탈세자 74명 세무조사 착수").

에 따라 4차 산업혁명의 시대에는 세무 검증이나 세무조사와 같은 사후적 조치로 대응하기 점점 힘들어지고 있다.

국세청은 징세 기관에서 성실신고 지원 기관으로 패러다임을 전환할 수 있는 기회를 맞고 있다. 비즈니스에서 효과적인 경영전략을 수립하기 위해 SWOT 분석이 사용된다. 4차 산업혁명 시대의 세무 행정을 Strengths(강점), Weaknesses(약점), Opportunities(기회), Threats(위협)의 요소로 살펴본다. 국세청은 이미 오래전부터 NTIS 통합시스템을 운영해 오고 있으며, 최근에는 빅데이터센터를 개설하여 전자 세정에 대해 국제적인 경쟁력을 갖고 있다. 반면, 인력배치의 비효율성으로 부족한 자원을 효율적으로 사용하는 데 한계가 있다. 특히 전산직과 세무직의 엄밀한 구별은 전자 세정을 구현하는 데 약점이 될 수 있다.

〈그림 8〉 4차 산업혁명에 따른 세무행정의 SWOT 분석

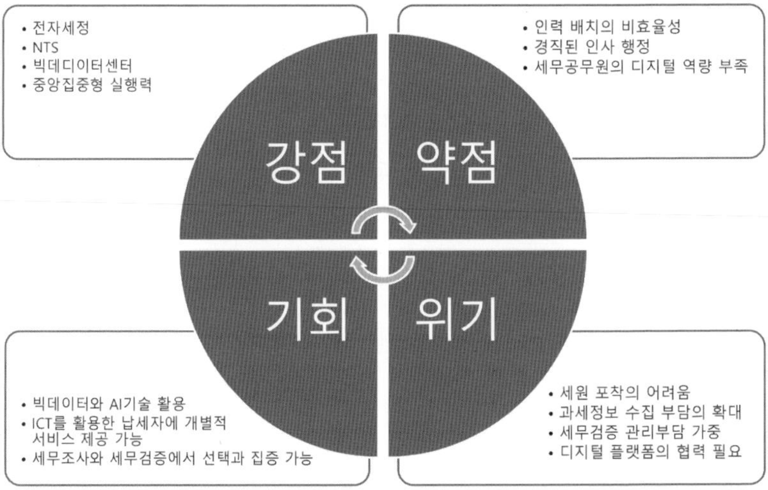

- 전자세정
- NTS
- 빅데이터센터
- 중앙집중형 실행력

- 인력 배치의 비효율성
- 경직된 인사 행정
- 세무공무원의 디지털 역량 부족

강점 약점

기회 위기

- 빅데이터와 AI기술 활용
- ICT를 활용한 납세자에 개별적 서비스 제공 가능
- 세무조사와 세무검증에서 선택과 집중 가능

- 세원 포착의 어려움
- 과세정보 수집 부담의 확대
- 세무검증 관리부담 가중
- 디지털 플랫폼의 협력 필요

4차 산업혁명으로 신종산업이 등장하고 국제적으로 세원의 이동성이 커지면서 세원 포착에 어려움이 가중될 수 있다. 이에 대응하기 위해 더 많은 과세정보를 수집하고, 세무 검증 등 관리를 강화해야 하는 점은 위기가 될 수 있다. 반면 세무 행정에 블록체인 기술과 빅데이터, 인공지능 기술을 활용하면 성실신고 지원기관으로 확실히 자리매김하는 기회를 잡을 수도 있다. 세무조사와 신고 검증의 대상을 꼭 필요한 곳에 한정하여 집중함으로써 행정의 효율성을 높일 수 있다. 우리나라의 세무행정을 SWOT으로 분석해 보면 〈그림 8〉과 같다.

이번 장에서는 세무행정의 위기 중 세원 포착의 어려움과 이를 극복하기 위한 성실신고 지원제도의 확대 필요성, 세무 행정의 디지털화, 빅데이터의 활용 등을 살펴본다.

I. 성실신고 지원

언론에서 국세청을 언급할 때 대부분 세무조사와 관련이 있다. 그렇다면 전체 세수에서 세무조사로 추징하는 세액의 비중이 어느 정도일까. 국세 통계 연보에 따르면, 2019년 세무조사에 의해 개인사업자에 부과한 세액은 1조 6,231억 원, 양도소득세 3,500억 원, 법인사업자 4조 4,590억 원, 상속세 및 증여세 5,702억 원이다. 이 금액은 부과한 세액에 불과하므로 실제 징수세액은 이보다 적을 것이다. 그런데 2019년 실제 국고 수납액은 284조 4,126억 원이었다. 세무조사를 통해 부과된 세액은 대략 전체 세수의 2.46% 정도인 것으로 보인다. 국세 통계 연보의 자료로 추정하면 실제로 전체 납세자 중에 세무조사 대상자로 선정되는 비율은 0.1%에도 미치지 못한다. 따라서 세무조사를 강화하여 세수를 확보하고, 성실신고를 유도하겠다는 생각은 현실적이지 않다.

징세비용을 줄이기 위해서라도 납세자의 협력의무 및 성실신고 지원은 필수적이다. 세수 100원을 징수하기 위해 과세당국이 지출하는 비용을 징세비용이라고 한다. 징세비용은 세무 당국의 징세 업무 효율성을 나타내는 지표로 사용된다. 국세 통계 연보에 따르면 연도마다 조금씩 차이가 있지만 대략 최고 0.84원에서 최저 0.70원 사이에 있다. 2018년에는 0.58원까지 떨어졌으나 2019년에 0.60원으로 다시 올라갔다.[30] 다른 나라에 비해서는 징세 업무 효율성이 높은 수준이라고 할 수 있다.[31] 그러나 약 284조 원의 세금을 걷는데 1조 7천여억 원의 징세비가 들었다. 징세비용 중 가장 큰 비중을 차지하는 것은 인건비이다. 공무원 정원 기준으로 조사공무원의 비중은 21.2%에 달하기 때문에 앞으로 더 많은 직원을 세무조사에 투입하기는 현실적으로 어렵다. 따라서 징세비용을 계속 늘릴 수 없는 상황에서 성실신고를 지원하는 방안을 최적화하여 징세비용을 감소시키는 것이 필요하다.

납세자의 협력의무를 유도하기 위해서 납세협력비용도 살펴볼 필요가 있다. 납세협력비용은 세금을 신고·납부하는 과정에서 납세자가 부담하는 세금 이외의 경제적·시간적 제반 비용을 말한다. 국세청은 2008년부터 납세협력비용을 주기적으로 측정하면서 감축 노력을 하고 있다. 대표적인 감축 사례로 전자세금계산서 도입(2008년), 연말정산 간소화 서비스 확대(2011년), 간이과세자 신고 의무 축소(2012년), 모두 채움(Full-filled) 소득세 신고서 제공(2016년) 등을 들 수 있다. 2013년 2차 측정에서 세수 1천 원당 납세협력비용은 54.9원으로, 2018년 3차 측정에서는 47.6원으로 나왔다. 구체적인 협력 비용의 내역은 증빙 수취와 장부기장, 신고·납부, 거래 증빙 발

급 등에 든 비용이다. 다양한 성실신고 지원 방안을 시행하면 납세협력비용
은 줄어들 것이다.

1. 성실신고 지원 연혁

1982년부터 1987년까지 국세청은 대(對) 납세자 친절 운동을 펼쳤다. 신
고서 자율 접수창구를 만들고 우편 신고를 확대하였으며, 성실납세 포상자
우대관리 규정을 만들어 납세서비스에 대한 인식이 싹트기 시작했다. 1998
년부터 1999년까지 "납세자를 주인으로 섬겨라."라는 신조 아래 국세행정
개혁위원회를 발족했다. 2001년부터 2004년까지 "납세자는 세정의 동반자
이자 고객"이라는 표어 아래 양도소득세를 신고납세로 전환하고 모든 사업
자에게 전자신고제도를 도입하였다. 이런 흐름은 2014년부터 "성실신고만
이 최선의 절세이자 유일한 해법"이라는 패러다임의 전환과 함께 다양한
신고 전(前) 도움 자료, 차세대 국세행정 시스템(NTS) 개통, 미리 채움(pre-
filed) 서비스 확충, 세무조사 축소, 신고지도 실시 등을 통해 성실신고 지
원의 큰 흐름을 만들어 냈다.

〈표 4〉 성실신고 지원 연혁[32]

연도	내용
1966	녹색신고제도 도입
1976	차등 관리제도, 서면확인제도(종합소득세)
1977	부가가치세를 신고납부 방식으로 전환
1980	질적 차등 관리제도(신고성실도에 따라 납세자 관리)
1985	성실신고 기준 제정, 신고서 자율접수 창구, 우편 신고 확대
1995	완전 자율 신고 체제로 전환(부가가치세)

---

32) 성실신고 지원 부분은 "디지털경제에서 납세자의 성실신고 지원을 위한 세무행정 방
향", 법학연구 제24집 제4호(인하대학교 법학연구소, 2021. 12.) 저자의 논문을 수정·
보완한 것임.

1997	정상가격 산출 방법 사전승인제도 시행
1999	간편장부, 표준소득률 제도, 기준경비율 제도, 지역 담당제 폐지
2000	전자신고 도입(부가가치세), 법인세 신고 안내 책자 배포
2003	모범성실납세자 제도 도입
2004	서면 확인제도 도입, 전자신고(종합소득세, 법인세)
2005	성실신고 안내자료 발송(부가가치세)
2008	세법해석 사전답변제도 시행
2009	상속세 조사시기 선택제(2003년 전국으로 확대), 수평적 성실납세 제도 도입(이행협약), 신고안내문 발송(종합소득세), 성실납세 방식 신고제도 시행
2010	전자세금계산서 도입, 미리 채움 서비스 시행(종합소득세)
2011	이행협약을 전국으로 확대, 성실신고 확인제도 도입, 완전 자율 신고체제로 전환(종합소득세)
2012	미리 채움 서비스 시행(부가가치세)
2015	상속세 서면 확인 결정제도(서울청, 중부청), NTIS 도입, 모바일 전자신고 시스템 구축, 성실납세 협약 사무처리 규정 신설, 법인세 신고 도움 서비스 제공, 모바일 전자신고 개시, 자가 검증 서비스(법인세)
2016	모두 채움 서비스 시행(소규모 사업자)
2019	간편조사 확대 시행
2020	중소기업 세무 컨설팅 제도 도입, 연구·인력개발비 세액공제 사전심사제도 도입
2021	본인 인증 서비스 간소화, 보이는 ARS 개통, 홈택스 내비게이션 서비스(종합소득세)

※ 출처: 국세청, 『국세청 50년사』, 2016을 참조하여 저자 작성함

　　세금 납부 방식이 부과과세 방식에서 신고납부 방식으로 전환하면서, 세원 관리도 사후 검증 방식으로 바뀌었다. 다양한 경로를 통한 과세자료 수집, 신고내용 확인, 경정청구, 전산 분석, 금융정보 수집 등을 통해 사후 검증 대상을 선정하고, 필요하면 세무조사로 나아간다. 거래가 다양화되고 납세자의 인식이 변화함에 따라 세무 당국은 납세자의 성실도 분석을 전제로 하여 세원 관리 방식을 다양화하고, 각종 신고 편의 제공을 확대해 왔다. 또한 세무상 쟁점을 사전에 납세자와 세무 당국이 협의하여 해결함으로써 불필요한 시간과 비용을 줄이는 시도도 하고 있다.

(1) 신고성실도에 따른 차등적 세원 관리(1966~2018년)

1966년 국세청 개청과 함께 소득세에서 '녹색신고제도'가 도입되었다. 성실납세자에 대하여 실지조사 방법을 지양하고 서면조사로 결정함으로써 이중적 조사 방법을 단일화하고, 납세의무자와 세무공무원의 접촉 횟수를 줄여 납세의무자의 심리적 부담을 덜어 주어 납세의무자의 성의있는 신고를 촉구하여 자진신고 납부제도를 확립하기 위해서였다(녹색신고운영요강 제1조). 1966. 5. 16. 「녹색신고운영요강」을 제정하여 시행하였다. 신고 당해 사업연도의 직전과 직 직전 2개 사업연도에서 계속하여 소득금액의 실액 조사를 받은 법인과 개인은 녹색 신고서로 신고를 할 수 있다. 소득금액 또는 과세표준은 신고서에 첨부된 결산서류와 부속서류에 의하여 서면조사로 결정한다. 녹색신고서에 대하여는 서면조사로만 결정하여야 하고, 출장, 호출 또는 전화, 기타 방법 등에 의한 실지조사를 하여서는 안 된다. 서면조사에서 문제점이 발견되었을 때는 문제가 된 사항을 명기한 조서를 작성하여야 한다. 1969년 8월부터 법인세법 제33조 제2항에 녹색신고제도가 법제화되었다. 한국증권거래소에 주식을 상장한 법인, 특별법에 따라 설립된 법인, 정부가 자본금의 100분의 50 이상을 출자한 법인은 자동으로 녹색 신고법인 자격을 부여받았다. 이외에는 신고소득률, 자료 제출 상황, 원천징수 상황 등이 성실한 법인을 대상으로 신청을 받아 국세청장이 승인하였다.[33] 녹색신고법인에 대해서는 손금산입, 실지조사 결정 배제, 법인세 분납 등 여러 가지 세제상 혜택을 부여했다. 납세 인원은 극소수에 불과했지만,[34] 녹색신고법인의 신고소득률은 일반 법인에 비해 월등히 높게 나타났다고 한다. 반면 일부 조세회피로 악용하는 사례도 나타나면서, '녹색신

---

33) 국세청, 『국세청 50년사』, 2016, 386쪽.
34) 서희열·조연엽, "우리나라 소득세 행정의 역사적 변천과정 연구", 경영사학 제32집 제3호, 한국경영사학회, 2017, 67쪽.

고업체에 대한 순환조사 요강'을 마련하여 2년마다 1회의 정기적 순환조사를 시행하였다. 1975년 순환조사를 폐지하였다.

1970년에 이와 유사한 성실신고법인 제도를 시행하였다. 신고소득률이 소득표준율 이상이고 전기 결정소득률 이상을 신고한 법인으로 총세액이 전기 총세액의 130% 이상인 법인이 대상이었다. 녹색신고법인도 성실신고법인으로 선정될 수 있었다. 성실신고법인으로 지정받은 법인은 제출한 신고서 및 부속서류의 서류심사만으로 과세표준과 세액이 결정되는 우대 조치를 받았다. 1980년 법인세를 정부 조사 결정 방식에서 신고납부 방식으로 전환하면서, 성실신고 법인 제도가 폐지되고 1981년에 녹색신고제도도 폐지되었다.

1976년 모든 법인을 대상으로 납세의무 이행의 성실도에 따라 차등 관리를 시작했다. 신고성실도에 따라 甲·乙·丙·丁 등급으로 분류하였다. 甲등급은 녹색신고법인과 성실신고법인, 乙등급은 준성실신고법인, 丙등급은 실지조사 유예법인(순환조사법인), 丁등급은 실지조사법인(일반조사법인)이다. 당시 전체 1만 5,493개 법인 중 甲등급은 50개(0.3%), 乙등급은 807개(5.2%), 丙등급은 3,022개(19.5%), 나머지 1만1,614개(75%) 법인은 丁등급이었다. 1981년에는 신고성실도를 분석하여 모범 신고법인, 우수신고법인, 보통 신고법인, 불량신고법인으로 구분해 관리하는 '질적 구분관리제'를 도입하였다. 3~5년 주기로 관리했다. 이 제도는 1984년 사업연도마다 성실도를 분석하는 '성실도 평가제'로 전환하였다. 1980년 종합소득세에서 신고성실도에 따라 납세자를 관리하는 '질적 차등 관리제도'를 도입하였다. 성실신고자에 대한 서면조사 결정을 더욱 확대하고, 불성실한 대규모납세자(수익금액 100억 원 이상)에 대한 조사업무는 지방국세청에서 직접 관리하도록 하였다.

한편, 1975년 종합소득세가 전면적으로 실시되면서 1976년 서면확인제도를 도입하였다. 기장에 의한 서면기준율 이상 신고자에 대해서는 서면조사로 종결하도록 함으로써 기장 확대를 통한 성실신고를 유도하였다. 2005년 주식변동조사와 자금출처조사, 정기 법인세 조사 대상으로 선정된 장기 미조사 기업 중 성실하다고 판단되면 서면확인으로 종결하였다. 우편으로 질문을 보내고 기업은 서면 답변으로 혐의사실을 해명한다. 기업이 적절히 소명하면 조사 대상에서 제외하는 혜택을 주었다.

(2) 현행 성실납세자 우대 제도

2018년 서면확인제도를 폐지하고 자금출처조사에 '간편조사'와 '신고내용 확인'을 도입하였다. 간편조사는 조사 기간이 짧고, 금융계좌 확인을 하지 않는 등 컨설팅 개념의 세무조사이다. 조사사무처리규정 등에 따르면, 간편조사 대상은 정기조사 대상자 중 수입금액이 500억 원 미만이고, 조사 대상 과세연도와 직전 과세연도의 평균 신고소득률이 동일업종 평균 신고소득률의 60% 이상인 경우이다. 고소득 전문직은 원칙적으로 배제한다. 신고내용 확인은 신고내용 중 특정 항목의 오류 또는 누락에 대해 서면으로 해명 안내를 하고, 수정신고를 안내하는 제도로 세무조사와 구별된다.

2010년 의사와 변호사 등 일부 고소득 전문직 사업자의 탈세에 대해 '세무 검증제'를 도입하려고 했으나, 세무사회는 세무사에게 책임을 전가한다는 이유로, 국세청은 세무조사에 대한 면죄부를 준다는 이유로, 변호사협회와 의료인 단체도 각 직역의 논리로 강하게 반대하여 국회에서 무산되었다. 2011. 4. 5. '성실신고 확인제'로 이름을 바꾸고 모든 자영업종으로 대상을 확대하여 국회를 통과하였다. 업종별로 수입금액이 일정 규모 이상인 개인사업자가 종합소득세를 신고할 때 사업장 현황, 사업내역 현황, 필요경비에 대한 적격증빙 수취 여부, 수입금액 검토 등 기장 내용의 정확성 여부를 '성실신고 확인서'에 따라 세무사 등에게 확인받은 후 신고하도록 하는 제도이다. 성실신고 확인은 납세협력비용을 증가시키기 때문에 유인책이 필요했다. 애초에 제안된 세무검증제에서는 세무조사 면제 혜택을 주었지만, 성실신고 확인제에서는 확인서 미제출 사업자를 세무조사 대상자로 선정할 수 있다는 것으로 변경하였다. 성실신고 확인 비용에 대해서는 60%의 세액공제가 허용된다.[35] 성실신고 확인서 제출자의 신고·납부 기한은 1개월 연장되어 다음 해 6. 30.까지이고, 확인서를 제출하지 않으면 5%의 가산세를 부담하게 된다. 세무조사 등을 통해 세무대리인이 성실신고 확인을 제대로 하지 못한 사실이 밝혀지면 직무 정지 또는 과태료의 징계를 받는다. 2018년부터 고소득 개인사업자와 유사한 소규모법인[36]과 법인으로 전환한 성실신고확인대상 개인사업자까지 대상이 확대되었다. 종합소득세 확정 신고자 대비 성실신고 확인신고자 비율은 2013년 1.5%에서 시작하여 점점 확대되어 2018년 3.0%, 2019년 2.9%에 달하는 21만 명이다.[37]

그런데 성실신고 사업자가 되는 연간 총수입금액을 조정하여 성실신고를 회피하려는 시도가 발생할 수 있다. 연구 결과에 따르면 개인사업자의 총수입금액 분포가 기준금액 좌측에 몰려 있으며, 특히 2018년에 업종별 기준금액이 변하면서 총수입금액 분포 기준도 그에 맞춰 이동하고 있다.[38]

---

35) 세액공제 한도는 처음에 100만 원이었다가 2017년에도 개인은 120만 원, 법인은 100만 원으로 변경되었다. 연구 결과에 따르면 성실신고 확인에 따른 추가적인 비용이 소요되기는 하나 세금을 공제받음으로써 평균 100만 원 수준의 비용부담 개선 효과가 있어 신고소득률을 높이는 인과 효과가 통계적으로 인정된다(권성오, "성실신고 확인비용에 대한 세액공제", 한국조세재정연구원, 2020, 89쪽).

36) 부동산임대업을 주된 사업으로 하거나 이자·배당·부동산(권리) 임대소득금액 합계액이 매출액의 70% 이상인 법인으로서 해당 사업연도의 상시 근로자 수가 5인 미만이고 지배주주 및 특수관계인의 지분 합계가 전체의 50%를 초과하는 법인이다.

37) 권성오, 앞의 논문, 25쪽.

38) 권성오, "성실신고확인제도와 개인사업자의 납세행태", 「재정포럼」, 한국조세재정연

비용과 혜택을 고려하여 납세자들의 행태 변화가 있는 것이 확인되었다.

2003년 모범성실납세자 제도를 처음으로 도입하였고, 2005년 모범납세자 제도로 통합되었다. 소득금액이나 신고성실도 등이 높은 법인과 개인을 까다로운 검증 절차를 거쳐 선정한다. 모범납세자에게 여러 혜택을 주고 있는데, 그중에서 가장 중요한 것은 표창일로부터 3년 또는 2년간 세무조사와 신고내용 확인을 면제하고, 납세담보를 면제하는 것이다. 연간 1,100명 정도를 선정하고 있다. 또한 2011년부터 성실납세 신고와 더불어 사회공헌 활동까지 많이 한 개인을 '아름다운 납세자'로 선정하여 모범납세자와 같은 혜택을 주고 있다. 연간 24명 내외로 선정하고 있다. 이 제도는 성실신고에 대한 자긍심을 고취하여 성실신고를 지원하는 것을 목적으로 한다.[39]

2. 성실신고를 위한 신고 편의 도모

(1) 신고 안내의 확대

부가가치세는 도입 당시부터 신고납부제도를 채택했다. 시행 초기에는 업종별 신고 권장 기준율, 사후관리 조정과표 등 정부에서 가이드라인을 제시하고 사업자는 이를 신고에 반영하는 형태였다. 초기에는 아직 성실신고에 대한 납세 의식이 높지 않았고, 기장이나 영수증 수수 등 거래가 투명하지 않았던 점을 반영하여 '업종별 신고 권장 기준율'을 제정했었다. 그러나 증액 신고 강요와 신고서 접수 거부 등의 문제가 발생하자 '사후관리

구원, 2021, 19쪽.
39) 모범납세자 및 아름다운 납세자들과 인터뷰 했을 때, 공항 출입국 시 VIP 통로로 다닐 수 있는 우대 혜택에 대해 매우 만족해했다. 사회적 자긍심이 성실납세에 영향을 미치는 것을 알 수 있다.

조정과표 제도', '표준 신고율' 등으로 전환하였다. 그리고 1995년부터는 사업자의 자율에 완전히 맡기는 완전 자율 신고체제로 전환했다. 이전에는 각 세무서에 지역 담당제가 있었다. 그러나 1999년 지역 담당제를 완전히 폐지하고 세원관리과가 납세자를 직접 접촉하는 것을 통제하였다. 지역 담당제는 세무공무원이 지역을 나누어 담당 지역에서 등록부터 신고, 조사, 징수까지 책임을 지도록 하는 제도였다. 그러나 뇌물 수수 등의 폐해가 크고 신용카드의 활성화 등 시스템적으로 과세자료 수집이 가능해지면서, '사람에 의한 관리 대신 시스템에 의한 관리'로의 전환을 꾀한 것이다.40)

현재 부가가치세 신고 시 잘못 실수하거나 실수하기 쉬운 유형에 대해 사전 안내를 하고 있다. 예를 들어, 세금계산서 발행분, 신용카드·현금영수증 발행분, 비영업용 소형 승용차, 사실과 다른 세금계산서 관련 매입세액 등이 있다. 특히 최근에는 매출이 급증한 전자상거래 업종 등의 특성에 맞는 개별 분석자료를 17만 개 법인에 추가로 제공하였다. 주요 안내 항목으로 전자상거래 사업자 택배 매입액 분석을 통한 매출 신고 안내, 배달앱·숙박앱 등 앱 거래내역 안내, 플랫폼 운영사업자 지급수수료 분석을 통한 매출 신고 안내, SNS 마켓 사업자, 전자결제대행업자(PG사) 성실신고 안내 등이다.41) 2021년 신고도움 서비스에는 사업자가 참고할 수 있도록 '세법 해석사례'를 추가하였다.

1975년부터 종합소득세를 전면 실시하면서 신고 안내 책자를 최초로 발간했다. 2009년 개별 납세자에게 신고안내문을 보내기 시작해서, 2013년에는 맞춤형 신고안내문 13종을 배포했다. 또한 1980년에 법인세를 신고납세 방식으로 전환하면서, 법인세 세무조정·신고 안내 책자를 발간해 성실신고 안내문과 함께 모든 납세자에게 배포했다. 2000년 법인세 신고 안내 때 대

---

40) 국세청, 앞의 책, 2016, 344쪽.
41) 국세청, 2020. 10. 13. 보도자료, "10월 부가가치세 예정신고, 성실신고 도움자료 최대한 제공".

기업에는 개별 분석 안내를, 중소·영세기업에는 전년도 신고내용을 동종업체와 비교해 제공했다. 건설·부동산임대·음식점 등 특정 업종에는 이상(異常) 항목을 분석해 안내하였다.

2015년에 '사후적 성실신고 검증'에서 '사전적 성실신고 지원'으로 국세행정의 방향이 크게 바뀌면서 신고 안내를 확대하였다. 2015년부터 법인세 신고서 작성 시 자기 검증에 활용할 수 있도록 지출증빙서류 검토표와 공제감면 자체 검토 서식을 제공했다. 신고도움서비스는 6개의 주제로 분류하여 제공하고 있으며, 신고서 제출 전에 오류 여부를 확인할 수 있도록 '오류검증 서비스'(2021년에 25종 제공)를 제공하고 있다. 주요 탈루 유형, 실수하기 쉬운 항목을 스스로 검토할 수 있도록 18가지 유형의 자기 검증용 검토서를 제공하고 있다.42) 유형별·업종별 개별 분석자료도 제공하고 있다. 2020년에는 40개 항목으로 23만 개 법인에 제공했고, 2021년에는 45개 항목으로 25만 개 법인에 제공하였다.43) 현재 소득세 공제감면 자기 검증항목과 주식 양도소득세에도 자기 검증항목이 제공된다. 다만, 개인별 맞춤 자료는 아니고 참고자료실에서 내려받아서 확인할 수 있다. 내비게이션 방식이 아니라 '예', '아니요'의 단순한 방식으로 아직 초보적 단계이다.

2021. 5. 종합소득세 신고 시 '내비게이션 서비스'를 최초로 제공하였다.44) 홈택스에서 납세자가 안내를 따라가며 간편하게 세금을 신고·납부할 수 있는 온라인 서비스이다. 서비스 제공 대상은 종합소득세 신고안내문이 발송된 860만 명, 인적용역자(프리랜서, 플랫폼 노동자) 등 소득금액이 150만 원 이하인 240만 명이었다.

---

42) 국세청, 2020. 2. 26. 보도자료, "'19년 12월 결산법인은 3월 말까지 법인세 신고·납부".
43) 개별분석자료 주요 안내 항목으로는 변칙적 회계처리, 특수관계인 부당행위, 부당 공제·감면, 기타(자료상과 거래, 서화·골동품 등 업무 무관 자산 보유자료) 등이다.
44) 국세청, 2021. 5. 10. 보도자료, "세금신고 길라잡이! 홈택스 내비게이션 도입"

(2) 전자신고

전자신고제도는 2000년에 처음 도입해서, 2003년부터 부가가치세 전자신고를 전국 모든 사업자로 확대 적용하였다. 종합소득세와 법인세에서도 2004년부터 전자신고제도를 도입하였다. 전자신고의 조기 정착을 위해 전자신고 세액공제 제도를 신설했다. 정보통신 기술의 발달과 국민 인식의 변화로 인해 전자신고 비율은 꾸준히 증가하였다. 국세 통계 연보에 따르면 총 신고 건수 대비 전자신고 비율은 2010년에 96.8%였고, 2019년에 99.5%를 기록하였다.

휴대전화가 대중화되면서 2015년 1기 확정신고부터 사업실적이 없는 법인과 개인 일반과세자가 휴대전화로 간편하게 신고할 수 있는 모바일 전자신고 시스템을 시행하였다. 이후 단순경비율·근로소득자에만 제공하던 모바일 신고를 분리과세 주택임대소득, 종교인소득, 비사업자 등까지 확대하였다. 2021년부터 홈택스 인증 시 간편인증, 생체인증으로도 간편하게 접속할 수 있도록 개선하고, 소규모 부동산 임대업자와 매출·매입 내역이 없는 무실적 사업자가 사용할 수 있는 '보이는 ARS'를 개통하였다.

(3) 미리 채움 서비스와 모두 채움 서비스

신고서상에 필요한 특정 항목을 채워서 신고서를 제공하는 것을 미리 채움 서비스(Pre-filled service)라고 한다. 국세청은 2010년부터 종합소득세 신고서 미리 채움 서비스를 도입했다. 단일소득-단순경비율 신고자에게 국세청이 사전에 작성한 신고서를 제공하고 수정 사항이 없으면 원클릭(one-click)으로 전자신고를 마치는 방식이다. 2012년부터 부가가치세 신고에서 전자세금계산서 발급·수취금액을 자동으로 채워주는 미리 채움 서비스를 시행하고 있다. 예를 들어, 매출자료와 매입자료(전자세금계산서 합계, 신용카드 내역,

현금영수증 내역, 수출실적 내역, 면세농산물 등 매입가액 등), 공제(재고매입세액, 철스크랩 등 매입자 납부 특례 기납부세액, 신용카드사를 통한 대리납부 관련 세액공제금액 등), 기타 등으로 총 28개 항목이다. 양도소득세 확정신고 시 납세자가 예정 신고한 내역을 활용하여 신고할 수 있도록 '미리 채움 서비스'를 제공하고 있다. 양도 부동산의 취득가액, 양도가액, 현금영수증 자료, 취득세 자료, 국토교통부 실거래가 자료 등을 제공한다. 또한 상장법인 대주주의 주식 양도소득세 신고에서 주식 거래내역 조회 및 주식양도신고서 미리 채움 서비스도 제공하고 있다.

한편 신고에 필요한 모든 항목이 수입금액부터 납부세액까지 채워져 있는 신고서를 보내기도 하는데, 이를 '모두 채움 서비스(Full-filled service)'라고 한다. 소규모 사업자로서 다른 소득이 없으면서 사업장이 5개 이하인 단순경비율 사업자의 소득세 신고서에 수입금액 등 일부 항목에 대해 미리 채움 서비스를 제공하다가, 2016년부터 각종 소득공제, 세액공제, 납부할 세액 등 신고서의 모든 항목을 미리 채워주는 모두채움 신고서를 제공하고 있다. 2020년부터는 연금·기타소득이 함께 있는 사업소득자까지 확대하여 243만 명에서 제공하였다.[45] 종교인소득에서 종교단체가 제출한 종교인소득 지급명세서를 바탕으로 수입금액, 소득공제 내역 및 납부세액을 모두 기재한 모두 채움 신고서도 발송하고 있다. 파생상품 양도소득세 신고에서도 홈택스와 손택스(모바일 홈택스)에서 신고내용을 확인하고 전송함으로써 확정신고가 가능한 모두 채움 서비스를 제공하고 있다. 국내 증권회사를 통한 국외 파생상품 양도차익도 모두 채움 서비스로 제공한다. 2020년부터 연말정산 시 모든 가구의 소득·세액 공제신고서가 모두 채움으로 제공되어 개별적으로 입력할 필요가 없어졌다. 2020년에는 주택임대 수입금액 2천만 원 이하 주택임대소득자의 분리과세 시 모두 채움 신고서를 최초로 제공하였다.

---

45) 국세청, 2020. 4. 28. 보도자료, "5월 종합소득세·개인지방소득세, 홈택스로 신고하세요".

3. 성실신고를 위한 세무행정의 예측 가능성 제고

(1) 성실납세 협약(2009~2020년)

'수평적 성실납세 제도'는 윤리·투명 경영을 선도하고 이를 담보할 적절한 내부 세무 통제시스템을 갖춘 기업과 국세청이 성실납세 이행협약(Compliance Agreement)을 체결하여 정기·수시 미팅을 통해 세무 문제를 공개·협의하고 신속히 해결하는 등 양질의 납세 서비스를 제공함으로써 기업이 세금 문제에 대한 투명성과 사회적 책임을 갖고 성실히 납세할 수 있도록 지원해 주는 선진국형 제도이다.[46] 세무조사에 의존하는 것을 지양하고 납세자와 과세당국 간 신뢰 협력 관계를 구축하는 협력적 납세 순응 모형이다. 2005년경부터 시작된 네덜란드의 수평적 세원 관리제도(Horizental Monitoring),[47] 미국의 납세성실도 사전확인제도(Compliance Assurance Precess, CAP),[48] 호주의 성실납세 약정제도(Annual Compliance Arrangement, ACA)[49]가 그 예이다.

---

46) 국세청, 2009. 11. 3. 보도자료, "납세자와 함께 하는 '수평적 성실납세 제도' 도입".
47) 박인목·홍정화, "수평적 성실납세제도의 성공적 도입에 영향을 미치는 요인", 세무학연구 제29권 제1호, 한국세무사회, 2012, 189쪽("적절한 내부세무통제절차를 갖춘 기업은 과세당국과 성실협약을 체결하게 된다. 계약을 체결한 기업은 중요한 문제를 과세당국과 사전협의를 통해 해결한다. 협약의 체결로 세무조사의 횟수 및 강도는 경감된다. 2005년 대기업을 대상으로 시범 실시한 후, 2006년 중소기업, 2007년 중견기업으로 확대하였다. 2008년에는 1,486개의 대기업 및 중소기업과 2009년에는 1,673개로 확대하였다").
48) IRS, Internal Revenue Manuals 4.51.8 Compliance Assurance Process(CAP) Examination (2005년 시범적으로 도입하기 시작하여 2011년에는 140개 대기업과 협약을 체결하였다. 참여하고자 하는 법인은 산업 전반에 대한 개요, 현 조직도와 정보의 흐름, 재무 운영 정보, 예상되는 중요한 거래나 사건, 회계기록 및 시스템 접근 등의 권한을 국세청에 제공해야 한다. CAP 프로그램은 Pre-CAP 단계, CAP 단계, CAP 유지 단계로 구분된다. 단계별로 납세자의 정보 공개 정도와 IRS의 조사 강도가 다르다.)
49) 계약을 체결한 기업은 체계적인 세무 통제시스템을 운영하고 국세청에 실시간으로 주요 세무 쟁점을 완전히 공개해야 한다. 2009년 국세청 보도자료에 따르면, 2개의

우리나라는 2009년 10월 15개 중견기업과 성실납세 이행협약을 처음으로 체결하였다. 상장사 5개, 비상장사 10개, 업종별로는 제조업이 11개로 가장 많았다.[50] 2011년 전국으로 확대하여 수입금액 1,000억 원 이상 5,000억 원 미만인 신청법인 131곳 중 70개의 법인과 협약을 체결하였다. 법적 근거로 「수평적 성실납세제도 사무처리 규정」을 마련하였다. 대상법인은 '내부 세무 통제기준(Tax Control Framework)'을 갖추어야 한다. 이는 법인의 납세의무 또는 납세 협력의무가 세법에 따라 적절하게 이행되는지를 담보하거나 신뢰할 수 있도록 회계와 세무 처리 일련의 절차와 의사결정 등에 관해 법인이 자체적으로 정해 놓은 통제기준을 말한다(사무처리 규정 제2조 제3호). 협약 체결 법인에 대해서는 정기 또는 수시로 세무 진단을 시행하고, 협약체결 법인이 성실하게 협약을 이행하고 주요 세무 문제가 모두 해소되어 성실히 신고 납부한 것으로 인정될 때는 정기 세무조사 선정 대상에서 제외한다. 조사국이 비정기조사를 하고자 할 때 사전에 지방청 세원분석국장과 협의를 해야 한다. 세원 관리도 일원화한다. 협약 기간에 과세자료 또는 경정청구서, 전산 분석, 서면 분석, 이전가격 실태분석, 감면 사후관리 등을 세무 전담팀에서 모두 처리한다. 협약체결 법인은 표창 대상자로 추천되며, 해당 법인이 희망하면 명단을 외부에 공개할 수 있다.

2014년에는 수입금액 1,000억 원~5,000억 원 법인에서 500억 원~5,000억 원으로 변경해 중소법인까지 대상을 확대했다. 2015년에는 「성실납세 협약제도 사무처리 규정」으로 변경하고, 신청 대상법인을 300억~1,500억 미만 법인으로 하여 중소기업을 위한 성실납세 지원제도로 성격을 전환하였다. 하지만 내용은 수평적 성실납세제도 사무처리 규정과 대동소이하다.

대기업과 협약을 체결하였다.
50) 한국경제, 2009. 11. 2. (https://www.hankyung.com/economy/article/2009110295871)

(2) 중소기업 세무 컨설팅(2020년~현재)

2020년 7월부터 성실납세 협약제도를 중소기업 세무 컨설팅 제도로 흡수 통합하였다. 전체적으로 성실납세 협약제도와 유사한 신사협정이지만, 세부적으로 신청 대상이나 선정심사 기준 등에 차이가 있다.

〈표 5〉 성실납세 협약제도와 중소기업 세무 컨설팅 제도 비교

구분	성실납세 협약제도	중소기업 세무 컨설팅 제도
신청 대상	수입금액 300억 원~1,500억 원 미만 법인	수입금액 100억 원~1,000억 원 미만의 중소기업
협약기간	3년(갱신 횟수 제한 없음)	1~2년 (수입금액 100억 원~500억 원: 1년 수입금액 500억 원~1,000억 원: 2년)
선정 심사기준	내부 세무 통제기준을 갖춘 법인, 사업의 계속성, 신고 성실성 등	혁신중소기업, 4차 산업 관련 기업, 뿌리 기업 등 우선 선정 (신규법인, 결손법인도 선정 가능)
혜택	의무적 성실신고 검증을 통해 성실납세 이행 법인으로 인정되는 경우 정기 세무조사 선정 제외 등	연구·개발 사전심사 우선심의, 신고내용 확인 제외, 희망하는 법인에 대해 실시한 성실신고 검증 결과 성실납세 이행 법인으로 인정되면 정기 세무조사 선정 제외 등

※ 출처: 국세청, 2020. 4. 12. 보도자료, "세금 고민은 『중소기업 세무 컨설팅』으로 해결하세요!"

중소기업 세무 컨설팅은 중소기업, 특히 혁신중소기업, 4차 산업 관련 기업, 뿌리 기업, 벤처기업을 1순위로 선정하면서 제도의 방향과 혜택을 명확하게 하고 있다. 시행 첫해에 선정된 기업 중 1순위 대상기업이 70% 이상을 차지했다. 컨설팅 신청 시 연구·개발 세액공제 사전심사까지 함께 확인받을 수 있으며, 전담팀에서 과세자료 및 경정청구 처리 등 세원 관리업무를 일괄하여 처리할 수 있다. 중소기업이 전담팀의 답변내용을 신뢰하고 이행하면 신고내용 확인 및 감면 사후관리 대상에서 제외된다. 또한 컨설

팅 이후 세무조사 등으로 인해 전담팀의 답변내용과 다르게 과세처분이 되더라도 컨설팅 답변내용에 대해서는 과소신고가산세가 면제된다.

(3) 세법해석 사전답변제도(2008년~현재)

거래를 형성하기 전에 세법상 쟁점을 미리 과세당국과 합의할 수 있다면 세무상 위험을 확실히 줄일 수 있어 납세자의 예측 가능성을 크게 높일 수 있다. 납세자는 거래와 관련하여 세법상 쟁점에 의문이 있으면 과세당국에 질의를 해서 회신을 받거나 상담센터를 통해 답변받을 수 있다. 그러나 질의회신이나 상담 답변은 과세관청을 기속하는 효력이 없으므로 다음에 세무조사에서 다르게 과세하더라도 납세자의 신뢰는 보호받기 힘들다.

세법해석에 대한 납세자의 신뢰를 보호하기 위한 제도로 2008. 10. 1.부터 세법해석 사전답변제도를 시행하고 있다. 납세자가 실명으로 사업과 관련된 특정한 거래의 과세 여부 등 세무 관련 의무사항에 대하여 구체적 사실관계를 적시하여 법정 신고기한 이전에 질의하면 답변을 해 주는 제도이다. 납세자가 전제 사실대로 특정한 거래 등을 이행하면 과세관청은 당해 거래에 대한 과세처분을 할 때 답변내용에 따라야 한다. 사전답변을 '공적 견해 표명'으로 보아 납세자가 신의성실 원칙을 주장할 수 있도록 제도적으로 보장한 점에 큰 의의가 있다. 답변내용은 '국세 법령 정보시스템'에 공개하고 있다. 납세자는 세법 적용과 관련 없는 사항, 가정의 사실관계에 기초한 질의, 사실판단 사항에 해당하는 질의, 신청에 관련된 거래 등이 법령에 저촉되거나 저촉될 우려가 있는 질의, 조세의 회피 또는 탈루 목적의 신청에 해당하는 질의 등을 신청할 수 없다(법령사무처리규정 제17조).

2008년 144건 접수를 시작으로, 2010년 427건, 2012년 549건, 2014년 518건으로 늘어나고 있다.[51] 내국법인이 60% 가까이 차지하면서 개인보다 월등히 많다.

4. 성실신고 확대 방안

(1) 세금 교육과 안내의 강화

사후적인 세무 검증이나 세무조사는 세금에 대한 반감을 일으킬 수 있으므로 성실신고를 위해서는 사전 안내와 홍보, 교육 등이 무엇보다 중요하다. 특히 공유경제가 확대되면서 소규모 자영업자의 성실신고 유도가 필요하다. 해외 각국도 이를 위해 노력하고 있다.[52] 미국은 'Sharing Economy Tax Center'를 설치하여 소규모 사업자 및 자영업자에 대한 소득세 신고 방법을 안내하고 있다. 호주는 국세청 홈페이지에 'The Sharing Economy Tax Center'를 마련하여 공유경제에 대한 소득세 및 부가가치세 신고 방법을 소개하고 있다. 캐나다 국세청은 숙박 공유를 제공하는 공유경제 플랫폼 사업자와 제휴를 맺고 해당 디지털 플랫폼을 이용하는 납세자에게 세무신고에 관한 정보를 제공하고 있다. 프랑스는 매년 1월 31일까지 디지털 플랫폼 사업자가 개인 공급자에게 해당 플랫폼 거래를 통해 얻은 소득 정보를 제공하도록 의무를 부과하고 있다. 이를 위반하면 1만 유로의 가산세가 부과된다.

세금 교육은 철저하게 맞춤형으로 이루어져야 효과가 있다. 개인에게는 생애 주기별로 세무상 쟁점이 달라진다. 젊었을 때는 소득에 대한 과세와 부동산 및 금융투자에 대한 과세 교육을, 나이가 들면 상속세나 증여세, 연금에 대한 과세 교육이 필요할 것이다. 특히 직종별 맞춤형 교육도 중요하

---

51) 김봉래·홍정화, "세법해석 사전답변제도의 도입 효과", 회계·세무와 감사연구 제58권 제1호(통권 제66호), 2016, 128쪽.

52) 해외 자료는 김재진·유현영·홍민옥, 「공유경제에 대한 과세체계 연구」, 한국조세재정 연구원, 2018 참조함.

다. 근로소득만 있는 사람, 근로소득과 기타소득이 함께 있는 사람, 유튜버 등 자유직업 종사자, 사업가, 전업투자자 등 직종에 따라 세무상 쟁점이 다를 것이다. 이는 기업도 마찬가지이다. 기업도 개인처럼 생애 주기를 갖고 있다. 창업부터 성업, 합병 등 구조조정, 폐업 등의 각 단계마다 세무상 쟁점이 다르다. 따라서 기업에 대한 세금 교육도 단계별, 맞춤형으로 이루어지는 것이 효과적이다.

빅데이터와 인공지능 등의 기술을 응용하여 개인에게 적합한 맞춤형 교육과 신고안내를 하는 것이 중요하다. 예를 들어, 싱가포르는 이메일 텍스트 마이닝 기법을 적용하여 납세자들의 문의 사항 및 관심 사항에 대한 핵심 요소를 추출하여 선제적으로 납세자가 필요한 서비스를 제공한다. 조세정책 변화 후 증가한 특정 질문사항들을 분석하여 향후 조세정책 변경 시 적시에 납세자에게 관련 가이드라인을 제공하도록 대비하고 있다. 스페인은 2017년부터 가상 도우미(Virtual assistant for VAT) 개발 작업을 시작했다. 이메일, 전화상담센터 등 다양한 채널을 통해 수집된 고객의 질의 사항에 대해 답변 초안을 작성한 후, 결정 트리에 따라 여러 단계의 대화를 시행한다. 가상 도우미 도입으로 메일을 통한 질의가 90% 이상 감소하였다고 한다. 일본은 2020년 1월부터 채팅봇을 도입하여 의료비공제, 주택융자공제에 한정하여 서비스를 제공하고 있다. 2018년 1월부터 QR 코드를 이용한 편의점 납부를 도입하고 있다. 일본 국세청은 '세무행정의 장래상 2.0'을 발표하였다. 세무서에 가지 않고 신고, 환급, 연말정산, 상담 등 모든 세무 절차를 진행하는 것을 목표로 제시하고 있다.[53]

53) 일본 국세청, 税務行政のデジタル・トランスフォーメーション— 税務行政の将来像 2.0 —, 2021. 6. 11. (https://www.nta.go.jp/about/introduction/torikumi/digitaltransformation/pdf/syouraizo2_r0306.pdf)

자발적으로 성실신고를 하려는 사회적 분위기를 조성하고, 그러한 심리
적 환경을 조성하는 것도 중요하다. 이를 위해서는 행동경제학에서 말하는
이른바 '넛지 효과'를 활용할 필요가 있다. 넛지(nudge)는 '팔꿈치로 슬쩍
찌른다'라는 뜻으로, 부드러운 개입을 통해 올바른 선택을 유도하는 행위
를 가리킨다.[54]

OECD는 납세자의 불순응도(non-compliance)와 세금 회피(tax evasion)가
납세고지서의 양식 및 내용의 변화나 세금 징수자의 태도 변화 등으로 낮
아질 수 있다고 본다.[55] 예를 들어, 미국 미네소타주는 1995년 납세신고서
및 고지서 양식에 관한 실험을 하였다. 고지서를 네 개의 유형으로 분류하
여 실험을 했다. ①사전고지를 통한 검사 및 감사(Examination or Audit
with Prior Notice) ②고객 서비스 강화(Enhanced Customer Services) ③정보
제공(Information Messages)[56] ④M-1 납세신고서 양식의 재설계(Redesign
of the M-1 form)이다. ①번 전략은 저소득 및 중간소득 납세자에게 긍정적
인 효과를 발생시켰으나, 고소득자에 대해서는 긍정적인 효과와 부정적인
효과가 혼재되어 있거나, 부정적인 효과가 있다고 분석되었다. ③번 전략
중 Letter 1은 준수 효과를 발생시키지 않았으나, Letter 2는 강한 긍정적인
효과가 나타났다고 분석되었다.

우리나라 세무행정에서 넛지의 예로 국세청의 '자기 검증 서비스'를 든
다.[57] 신고 안내 시 보여주는 동종·유사 업종의 소득률, 경비율 등이 넛지

---

54) 리처드 탈러·캐스 선스타인, 「넛지」, 리더스북, 2009, 21쪽.
55) OECD, Behavioural Insights and Public Policy: Lessons from Around the World,
    OECD Publishing, Paris, 2017.
56) 정보 제공 전략 중 Letter 1은 '가치 있는 서비스(Support Valuable Services)'를 내용으
    로 삼고 있다. 이 고지서 양식은 정부가 개인소득세를 징수하여 어디에 쓰고 있는지
    에 대한 정보를 제공한다. Letter 2는 '납세하는 다수에의 참여(Join the Compliant
    Majority)'를 수록하고 있다. 이 고지서에는 "감사에 의하면 납세대상자들은 성실하게
    납세에 응하고 있으며 93%의 개인소득세가 자발적으로 납부되었다"라는 문구가 삽
    입되어 있다.

효과를 발휘할 수 있다. 신고 안내 시 좀 더 많은 정보를 제공한다면 신고율을 높일 수 있을 것이다. 소득률, 인건비율, 납부율, 추징률, 추징 실적, 신고율 등을 예로 들 수 있다. 또한 체납자에 대해서는 감치처분 등의 강력한 제재로 공포감을 유발하는 것보다는 사회 구성원으로서 자발적 참여를 끌어낼 수 있는 안내문을 개발하는 것이 더 필요할 것으로 보인다. 더불어 세무공무원들의 교육에도 행동경제학적으로 납세자의 심리를 파악하고 소통하는 부분이 추가되어야 한다.

(2) 디지털 플랫폼 기업의 협력의무 강화

개별 납세자에 대한 세무 교육과 납세 안내도 중요하지만, 효율성으로 따지면 중간에 있는 플랫폼 사업자나 결제대행사에 협력의무를 부과하는 것이 더 나을 것이다. 미국은 개인이 제3자로부터 신용카드로 대금을 받거나, 전년도 페이팔(Paypal) 등 제3자 네트워크를 통해 지급한 총 대가가 2만 달러를 초과하고 거래 건별 금액이 200달러를 초과하면 은행, 카드사, 페이팔 등의 결제기관이 거래명세를 국세청에 통보하도록 자료 제출 의무를 부과하고 있다. 또한 과세당국은 디지털 플랫폼 사업자에게 세무조사 중이 아니더라도 필요시 제3자의 자료 제출을 요청할 수 있다.

프랑스는 2019년부터 플랫폼 사업자는 '온라인 플랫폼 소득에 대한 자동 보고 세무서식'을 통해 사용자의 아이디, 이메일 주소, 납세 형태, 연간 총소득 정보를 세무 당국에 직접 보고하는 제도를 도입할 예정이다.[58] 우리도 세금 신고 안내와 세금 교육을 설계할 때 플랫폼 사업자나 중간거래상으로부터 다방면으로 협조받는 것을 제도화할 필요가 있다.

---

57) 권남호, 앞의 논문, 2018. 8., 19쪽.
58) 김재진 외, 「공유경제에 대한 과세체계 연구」, 한국조세재정연구원, 2018.

(3) 행정상 확약의 확대

납세자가 거래한 이후에 거래 내용을 부인하거나 이상(異常) 거래라고 하여 세무조사를 하는 것보다는, 납세자가 거래를 형성하기 전에 세무 당국에 세무적 위험을 미리 고지하고 세무상 쟁점에 대해 합의한다면 성실납세를 유도할 수 있다. 납세자는 사전 정보 공개와 사후 세무 검증의 비용과 효익을 비교하여, 사전 정보 공개의 비용과 위험이 적다면 사전에 세무 당국과 협의를 하려고 할 것이다. 실증연구 결과에 따르면 사전답변제도의 이용자 만족도는 국세행정 신뢰도에 유의한 영향을 미치는 것으로 분석되었다.59) 국세청이 책임 있는 답변을 통해 세법해석에 관한 불확실한 문제를 먼저 해소하여 준다면 그만큼 이용자 만족도가 높아지면서 국세행정의 신뢰도가 높아진다는 것을 의미한다.

납세자와 세무 당국의 사전 합의는 행정상 '확약'이라고 할 수 있다. 확약은 장래 일정한 행정행위를 하거나 하지 아니할 것을 약속하는 의사표시를 말한다.60) 확약은 행정처분이 아니므로 원칙적으로 행정청을 기속하지 않는다. 다만, 신뢰보호 원칙 또는 금반언의 법리라는 일반원칙을 근거로 행정청을 기속한다. 성실납세를 지원하기 위해서 행정상 확약이라는 의사표시를 활용할 수 있다. 이를 위해 몇 가지 제도적 보완이 필요하다.

첫째, 세법해석 사전답변제도, 과세기준자문제도, 과세사실판단자문제도 간의 관계를 정리하는 것이 필요하다. 세법은 전문적이고 자주 개정되기 때문에 해석상 이의(異議)가 많다. 부칙으로 법령의 시행시기를 별도로 규정하는 예도 많아서 어느 시점의 세법을 적용해야 하는지 불명확한 경우도 많다. 법 해석은 최종적으로 사법부의 판단으로 확정되겠지만, 사법부의 확

---

59) 김봉래·홍정화, 앞의 논문, 162쪽.
60) 박균성, 「행정법론(상)」, 박영사, 2014, 438쪽.

정 판단을 받기까지는 많은 시간과 비용이 든다. 빠른 시일 안에 의사결정
을 내리고 기업활동을 해야 하는 납세자 처지에서 세법의 불명확성은 기업
의 발목을 잡을 수 있다. 따라서 세무상 쟁점을 미리 확정하여 장래의 불확
실성과 사업의 위험을 줄이는 것이 필요하다. 세무 당국도 사후에 세무조
사를 통해 적출하는 것보다는 사전에 거래현황을 파악하고 그에 대한 대비
책을 세우는 것이 더 효율적이다. 납세자는 신고기한 전까지 구체적인 거
래에 대한 세법해석 사전답변제도를 이용할 수 있다. 하지만 사실 판단 사
항은 세법해석 사전답변으로 신청할 수 없다. 사실 판단 사항에 대해 세무
당국으로부터 사전답변을 들 수 있는 경우는, 세무공무원이 세무조사나 경
정청구에 따른 결정을 할 때 '과세사실판단자문위원회'에 신청하는 때이다.
한편 지방국세청장 또는 세무서장은 국세의 부과·징수과정에서 납세자와
이견이 있거나 단독으로 판단하기 곤란한 세법해석 사항이 있는 경우에는
징세법무국장(법규과장)에게 '과세기준자문'을 신청할 수 있다(법령사무처
리규정 제27조). 이처럼 세법해석 사전답변과 과세기준자문, 과세사실판단
자문은 독립적으로 운영되고 있다. 법 해석이라는 것이 법령의 해석, 사실
관계의 확정, 사안의 포섭이라는 세 단계를 거친다고는 하지만, 실제로 법
령의 해석과 사실관계 확정은 명확하게 구분되지 않는다. 이 때문에 세법
해석사전답변이나 과세기준자문을 신청했다가 사실 판단사항이라고 해서
답변을 거절당하거나, 그 반대인 경우도 종종 나타난다. 사실 판단 사항에
대해서도 납세자가 사전에 답변받아야 할 필요가 있다. 굳이 사전 판단의
신청 대상에서 배제할 이유는 없다고 생각한다. 과세사실판단자문제도를
납세자가 거래를 형성하기 전에도 신청할 수 있는 제도로 확대하는 것이
필요하다.61) 또한 세법해석사전답변제도를 과세기준자문 및 과세사실판단

---

61) 미국은 우리나라의 세법해석사전답변제도와 같은 제도로 'Private Letter Ruling'이 있
    다. 이 외에도 Pre-Filing Agreement Program을 시행하고 있다(IRM 4.30.1, 2018. 3.
    28.). 납세자가 세금 신고를 하기 전에 특정한 세무 이슈에 대해 국세청에 조사를 요

자문제도와 통합하여 운영하는 방안도 장기적으로 검토하는 것이 타당하다고 본다.

둘째, 중소기업 세무컨설팅 제도를 중소기업으로만 한정하는 것이 타당한지 의문이다. 성실납세 협약제도를 도입한 해외국가들은 주로 대기업을 대상으로 하고 있다. '납세 순응(tax compliance)' 개념의 핵심은 세무상 쟁점의 공개 및 투명도의 제고와 관련한 내부 세무 통제시스템을 갖추고 있는지이다. 세무 당국에서 요구하는 내부 세무 통제시스템을 구비하고 있는 기업은 위험도가 낮으므로 세무 당국과 신사협정을 맺을 수 있다. 우리나라는 중소기업으로 한정하고 내부 세무 통제시스템을 갖추지 않아도 가능하다. 즉, 성실납세 협약의 본래의 취지가 아니라 중소기업의 애로사항 해결 위주로 운영되고 있다고 보인다. 전신인 성실납세 협약제도 도입 단계에서는 대기업과 중견기업도 포함되어 있었다. 협력적 납세 순응 제도는 세무 당국에는 기업과 산업에 대한 이해, 행정 부담의 감소, 정보수집의 효과가 있고, 납세자에게는 세무 불확실성의 조기 해소, 가산세 및 불복 비용 감소 등의 효과가 있다. 이런 효과를 굳이 중소기업에 한정할 필요는 없다. 사전적 세원 관리를 위해서는 내부 세무 통제시스템을 갖추고 세무 쟁점을 투명하게 공개함으로써 위험이 적은 기업과 협약을 체결하여 수시로 컨설팅하여 상호 간에 신뢰 협력 관계를 구축하는 것이 중요하다.

셋째, 세무조사 시 지적된 사항에 대해 향후 세무회계상 조치에 대한 '쟁점

청하고 Letter of Understanding을 작성하면 세무 당국을 기속하는 효력이 있다. 당해 사업연도뿐만 아니라 향후 4년 동안 효력을 요청할 수 있다. 2000년에 대기업과 중견기업을 대상으로 시범실시하였는데, 긍정적인 효과가 나타나자 항구적인 제도로 도입하였다. 외국납부세액공제, 회계방법 변경, 자본손실, 대손 등 세법 해석에 관한 사항이 아닌 모든 것이 대상이 된다. 우리나라는 아직 PFA 프로그램 같은 것이 없다.

합의'를 하여 세무행정의 예측 가능성을 높이는 것이 필요하다. 세무조사에서 지적되는 사항 중에 많은 부분이 익금이나 손금의 귀속연도의 차이, 감가상각의 오류 등 세무회계상 오류이다. 이는 세무조사를 받은 특정 사업연도에만 해당하는 것이 아니라 이후 사업연도에도 계속 영향을 미치는 사항이다. 그런데 세무조사에서 지적되어 오류를 수정신고하고, 몇 년 후 다시 세무조사를 받을 때 번복되는 경우가 생기곤 한다. 법령에 근거를 둔 세무지도나 세무 컨설팅을 받은 것이 아니므로 납세자의 신뢰가 보호받기 힘든 면이 있다. 따라서 세무조사 시 지적된 세무회계 처리에 대해서 납세자와 세무 당국이 신사협정을 체결하고 사실관계가 변하지 않는 한, 향후 과세당국의 지도대로 회계처리를 했을 때 납세자의 신뢰를 보호하는 제도적 장치가 필요하다.

II. 빅데이터와 AI 기술을 활용한 세무행정의 디지털화

OECD는 매년 발간하는 세무행정 보고서(Tax Administration)에서 경제의 디지털화와 새로운 사업 모델의 출현으로 세무 당국은 급격한 조세 환경 변화에 노출되어 있다고 본다. 그리고 이에 대한 대응으로 빅데이터 활용 등 새로운 디지털 기술을 적극적으로 세무행정에 도입하고, 국제적 협력을 강화할 것을 권고하고 있다. 4차 산업혁명의 핵심기술인 빅데이터와 인공지능 기술을 세무행정에 활용하게 되면 지금 상상하는 것 이상으로 효율성을 높일 수 있을 것이다.

빅데이터는 기존의 데이터와 비교해 생성 주기가 짧고, 수치 자료뿐만 아니라 문자, 영상 등 다양한 형태의 정보 속성을 지니는 대규모 데이터를 말한다. 빅데이터 분석 기술로는 텍스트 마이닝, 평판 분석, 사회관계망 분석, 군집분석 등이 있다.62) 텍스트 마이닝(Text Mining)이란 데이터로부터 통계적인 의미가 있는 개념이나 특성을 추출하고 이들 간에 패턴이나 추세 등의 고품질 정보를 이끌어내는 과정이다. 특히 비정형 데이터를 이용한 마이닝을 말한다. 대표적인 비정형 데이터로는 인터넷에 있는 다양한 게시물이나 비정형 문서, 카카오톡 메시지 및 유튜브 동영상 등이 있다. 빅데이터 기술을 세무행정에 적용하기 위해서는 납세자 정보를 디지털화하고, 새로운 형태의 비정형 과세자료를 확보해야 한다. 개인 이메일이나 SNS에 게재한 개인정보, 사물인터넷으로 확보한 개인 생활 영역 등에서 광범위한 비정형 데이터를 수집할 수 있다.

기존의 데이터 처리와 빅데이터 분석은 〈표 6〉과 같은 차이점을 가진다. 기존 데이터 처리는 이미 보유하고 있는 내부 데이터만 분석하여 정형 데이터를 순차적으로 처리하는 것이었다. 반면 빅데이터 분석은 내부 데이터뿐만 아니라 수집 가능한 외부 데이터도 적극적으로 활용하여 정형·비정형 데이터를 동시에 처리하는 특성이 있다.

〈표 6〉 기존 데이터 처리 vs 빅데이터 분석

구분	기존 데이터 처리	빅데이터 분석
분석목적	담당자의 경험과 판단에 근거하여 수립된 단순 규칙을 시스템에 반영	축적된 과거 사례에 대한 통계분석, 기계학습을 통해 복합규칙을 산출하고, 이를 시스템에 반영
분석방법	정형 데이터를 순차적으로 처리	대량의 정형·비정형 데이터를 동시에 처리
분석데이터	기 수집된 내부 데이터만 분석	내부 데이터뿐만 아니라 수집 가능한 외부 데이터도 적극 활용
활용영역	신고, 납부, 고지, 체납 등 통상 업무에 활용	납세서비스 고도화, 업무효율화, 세원관리 과학화 등 가치 창출

※ 출처: 국세청, 2020. 7. 2. 보도자료, "국세청 빅데이터센터, 지난 1년간 국세행정 혁신을 위한 발판 마련"

---

62) 김종업·임상규, "빅데이터의 활용과 개인정보보호", 한국지방정부학회 하계학술대회, 2013.

인간의 지능을 갖고 스스로 판단하는 인공지능 기계에 관한 관심은 예전부터 있었다. 그런데 최근 인터넷 기술의 발달로 검색 엔진 등을 통해 방대한 데이터를 수집할 수 있게 되면서 획기적인 발전을 하게 되었다. 기계학습을 통해 수많은 데이터를 분석하고 인공지능 스스로 학습하는 방식으로 진화할 수 있게 된 것이다. 아울러 인간의 뇌를 모방한 신경망 네트워크(neural networks) 구조로 이루어진 딥러닝(Deep learning) 알고리즘으로 발전하고 있다.

1. 국세청의 빅데이터센터

국세청은 2015년 전자 세정 시스템인 NTIS를 신규로 구축하여 여러 곳에 분산되어 있던 국세 관련 데이터와 시스템을 통합하였다. 동시에 각종 세무신고 자료 외에도 사업 거래내역, 금융정보분석원이 제공한 주식 보유 현황 등의 자료를 디지털화하고 있다.

국세청은 2019년 7월 빅데이터센터를 출범하였다. 국세청 전산정보관리관실에 설치하였으며, 센터장(과장) 아래 8개 팀으로 구성하였다. 크게 업무 총괄팀, 빅데이터 분석과제 개발 및 관리, 빅데이터 분석과제 수행을 위한 기술지원팀이 있다. 빅데이터 분석과제 개발 및 관리는 세목별로 개인분석팀, 법인분석팀, 자산분석팀, 심층분석팀이 있다.

〈그림 9〉 국세청 빅데이터센터 조직도

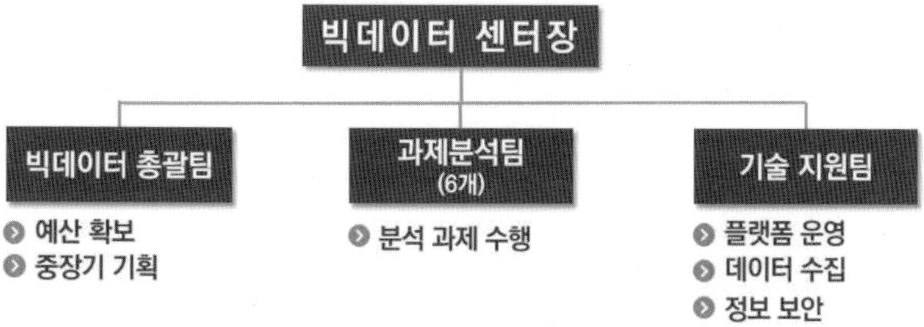

국세청은 2019년 분석과제로 27개를 선정하였다. 〈표 7〉은 27개 과제를 주제별로 대분류를 한 것이다. 신고 적정성을 검증하기 위한 모형과 조세 탈루를 적발하고 조사대상자로 선정할 수 있는 예측 분석이 다수를 차지하고 있다.

〈표 7〉 빅데이터 분석과제(2019년)

신고 적정성 검증형	탈루 적발형	납세서비스형
■ 납세자 실거주 지역 분석 ■ 명의위장 근절을 위한 실사업자 검증 모형 ■ 부당환급 근절을 위한 환급 신고 검증 ■ 신용카드 매입세액 부당공제 분석 ■ 상속증여세 부당 공제 감면 검증 ■ 현금 등을 통한 변칙증여혐의 검증 ■ 조합 등 출자자·예탁금 관련 비과세 적정 여부 검증 ■ 출자자의 제2차 납세의무 분석·지정 시스템 ■ 상장법인 대주주 변칙 주식거래 분석 ■ 외환송금과 원천징수 유의성 분석 ■ 친인척·경제적 연관관계 등 특수관계인 구축 ■ 업종별 표준이익률 산정을 통한 이전가격 검증모형	■ 외환 수취자료 분석을 통한 탈루혐의 발굴 ■ 고소득사업자 탈루혐의 분석 ■ 신용카드 위장가맹점 적출의 정교화 ■ 양도세 성실도 평가를 통한 조사대상 선정 과학화 ■ 기획부동산 혐의업체 지능형 경보체계 구축 ■ 역외탈세 혐의도출을 위한 시각화 분석 시스템 ■ 불공정 자본거래를 통한 탈루혐의 검증 ■ 법인자금 사적사용 혐의 분석	■ 인지세 자진납부율 제고 방안 마련 ■ 사업자등록증 즉시발급 비율 향상을 위한 현장확인 축소 ■ 이월결손금 부당공제 즉시안내 ■ 주택임대소득 신고 사전안내 모형 ■ 고소득 인적용역 사업자 성실신고안내 모형 ■ 부가가치세 신고 도움 AI 서비스 제공

※ 출처: 전병목 외 3, 「4차 산업혁명과 조세정책」, 한국조세재정연구원, 2020, 175쪽 내용을 재구성함

2. 빅데이터 및 AI 활용 실태

(1) 세무조사 대상자 선정 및 신고내용 검증

세무조사에는 정기조사와 비정기조사가 있다. 정기 세무조사는 신고성실도 분석 등을 통해 대상자를 선별한다. 한편, 납세자가 세법에서 정하는 신고서 제출 등의 납세 협력의무를 이행하지 않은 경우, 무자료거래, 위장 가공거래 등 거래 내용이 사실과 다른 혐의가 있는 경우, 구체적인 탈세제보가 있는 경우, 신고내용에 탈루나 오류의 혐의를 인정할 만한 명백한 자료가 있는 경우, 납세자가 세무공무원에게 직무와 관련하여 금품을 제공하거나 금품제공을 알선한 경우 등에 비정기 세무조사 대상자로 선정할 수 있다(국세기본법 제81조의6). 이는 신고서 미제출이라는 납세자의 행태나 탈세제보 등에 의해 촉발된다. 그러나 세무조사 대상자 선별은 국세청 조사국의 배타적인 권한으로 구체적인 기준 등을 외부에서 알기 어렵다. 그렇다 보니 조사대상자 결정은 세무 당국의 재량에 전적으로 맡겨져 있다고 할 수 있다. 납세자들이 신뢰할 수 있는 조세 행정을 구현하기 위해서는 조사대상자 및 신고 검증 대상자가 어떤 객관적이고 합리적인 기준에 의해 선정되는지를 예측할 수 있어야 한다. AI를 활용한 빅데이터 분석은 이를 가능하게 해 줄 수 있다.

빅데이터 분석은 머신러닝 또는 인공지능 기술을 활용하여 데이터에 포함된 납세자의 행동 양식이나 선호도의 패턴을 찾고 향후 발생할 사건 등을 예측하는 것을 목표로 한다. 예를 들어, 납세자의 축적된 정보를 활용하여 조세회피 위험성을 측정하여 세무조사 대상자로 선별하는 것을 들 수 있다.[63] 영국 국세청은 30개 이상의 정보원(예를 들어, 신용카드 사용내역, 금융거래 내역, 소셜 미디어, 이메일 등의 정보)으로부터 자료를 수집하여 통합인터페이스에 일목요연하게 제공한다. 납세자가 제출한 신고서를 Connect 데이터베이스 자료와 비교하여 오류나 탈루 발생 가능성이 큰 소득공제 부분이나 임대 및 양도소득 등의 세무조사 대상자 선정에 활용한다.[64] 미국은 빅데이터를 활용한 'Robot-Audit'을 세무조사 대상자 선정에 추가적으로 활용하고 있다. 아일랜드는 'REAP(Revenue's Electronic Risk Analysis system) 프로그램'을 통해 세무조사 대상자를 선정하고 있다.[65] REAP은 기존 세무신고 내역, 제3자 제공 데이터 등의 정보와 함께 납세자의 행태(불성실 신고 여부) 및 특성과 관련된 변수를 생성하고 조합하여 개별 납세자의 조세회피 및 탈루의 위험성 등을 측정한다. 프랑스는 데이터마이닝 기술을 활용하여 부가가치세 탈세 혐의를 적발하고 있으며, 페이스북 등 소셜 미디어 정보조사 권한을 국세청에 부여하는 방안을 예산안 초안에 포함한 바 있다.[66] 이를 통해 납세자의 부정신고 위험성을 평가하여 세무조사 대상자를 선발하는 예측 분석을 할 수 있다.

빅데이터 자료를 바탕으로 조세회피 가능성을 사전에 감지하여 세무 검증 건수를 최소화하고 혐의가 높은 곳에 조사 역량을 집중할 필요가 있다. 개별 납세자의 탈세 위험 등을 예측하고 세무조사 및 세무 검증 우선순위를 정하여 행정의 효율성을 도모할 수 있다. 이와 관련된 국세청의 대표적인 빅데이터 분석 사례는 〈그림 10〉의 '납세자의 실거주 지역 분석'이다. 8년 이상 자경한 농지를 양도할 때 양도소득세 감면을 받기 위해서는 농

---

63) 전병목 외 3, 앞의 보고서, 한국조세재정연구원, 2020, 150쪽 이하 참조.
64) 이상엽 외, 「빅데이터와 조세행정-최근 해외 트렌드를 중심으로」, 한국조세재정연구원, 2017, 44쪽 이하.
65) 아일랜드 국세청, "Code of Practice for Revenue Audit and other Compliance Interventions", Section 1.5.
66) Osbome Clarke, "Overview of the main measures of the French Finance bill for 2020", 2019. 10. 11. (전병목 외3, 앞의 보고서, 2020, 156쪽에서 재인용).

지 인근에 거주할 것 등의 요건이 필요하다. 1세대가 소유하고 있는 1주택을 양도할 때 비과세를 받기 위해서도 그 주택에 거주해야 하는 요건을 갖추어야 한다. 그런데 실제로 거주하였는지에 대해 납세자와 과세관청 간에 분쟁이 빈번하게 발생한다. 국세청은 요건 충족 여부를 검토하기 위해 납세자의 가족관계·주민등록·근무지 자료 등에 기반한 빅데이터 군집분석을 활용하였다. 소득자료와 근무지, 가족관계 및 세대 분리 여부, 신용카드 사용 내역 등을 분석하여 해당 지역에 실제로 거주하였는지를 파악하는 것이다.

〈그림 10〉 빅데이터로 납세자의 실거주 지역 분석

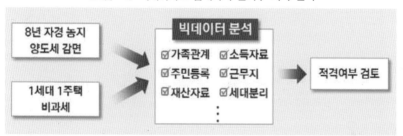

〈그림 11〉의 '명의 위장 근절을 위한 실사업자 검증모형'도 대표적인 사례이다. 차명계좌를 활용한 현금 수입 탈루행위에 대한 제보 건수가 지속해서 증가하고 있다. 2015년에는 22,951건, 2016년에는 35,506건, 2017년에는 37,229건, 2018년에는 28,920건에 이르고 있다. 가족이나 직원 명의로 계좌를 개설하여 현금을 탈루하면 과세관청이 쉽게 적발할 수 없다. 차명계좌 제보에 대한 검토를 위해 국세청이 보유한 계좌정보·세금계산서·현금영수증·친인척 자료 등을 활용하여 차명계좌 입·출금자의 인적 사항과 입금 사유 등을 전산으로 자동 분석하였다. 또한 사업자가 수입금액을 정상적으로 신고했는지를 판단하는 빅데이터 분석 시스템을 개발하여 2020년 7월 초부터 시범운영을 하고 있다. 금융거래 분석 시스템이 차명계좌 분석업무에 본격적으로 활용될 경우, 금융거래 분석 시간이 크게 단축되어

차명계좌를 이용한 탈세 행위에 대해 정확하고 빠른 대처가 가능해지는 동시에 차명계좌 사용 근절에 이바지할 것으로 보고 있다. 분석 결과 세금탈루 혐의가 있으면 세무조사 대상자 선정이나 수정신고 안내 등에 활용된다.

〈그림 11〉 빅데이터로 차명계좌 등 금융거래 분석

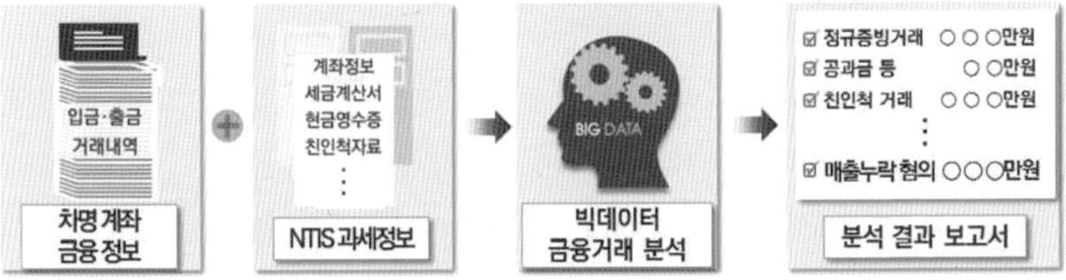

(2) 체납관리

체납액은 경제 사정에 따라 연도마다 약간의 차이는 있지만, 줄지 않고 있다. 체납자의 소재파악 곤란이나 무자력(無資力) 등으로 인하여 체납처분을 집행하는 것이 불가능하거나 그 집행이 무익한 행정력의 낭비를 가져오는 경우에 이를 방지하기 위해 체납처분절차를 잠정적으로 종료하는 것을 정리보류라고 한다. 정리보류액도 조금씩 줄어들고 있기는 하지만 아직도 상당 부분 징수하지 못하고 있다. 2019년에는 체납액이 214,611억원, 정리보류액이 84,371억 원이었다. 2020년에는 약간 줄어들어 체납액이 189,924억 원, 정리보류액이 70,583억 원이었다. 그러나 2021년에는 약간 늘어 체납액은 196,711억 원, 정리보류액이 61,589억 원이었다. 징수 업무에는 행정비용이 많이 들어간다. 그런데 빅데이터를 활용하여 납세의무자의 지급능력 부족 등의 위험을 측정하고 고위험군에 집중적으로 체납인력을 배치하면 효율성을 높일 수 있다.

호주는 2011년부터 'Debt Right Now Program'을 시행하고 있다. 개별 납세자의 조세 체납액 지급 역량, 납세자의 기한 내 납부 등 지급 성향을 분석하는 모델로 이루어져 있다. 측정된 점수에 따라 납부 안내 통지서 발송, 전화 안내, 채권 압류 등 단계적인 조치를 한다. 네덜란드는 납세액 징수 단계별로 납부 기록 및 현황을 알 수 있는 시스템을 구축하고 있다. 특히 납세자의 납부 성향을 패턴화하고 어떤 방법이 조세 체납 의무를 이행하게 하는 데에 가장 효과적이었는지를 파악하는 데 활용한다.

(3) 납세신고의 최적화

국세청 빅데이터센터에서 추진하는 과제 내용을 살펴보면 주로 세무 검증 및 세무조사에서 납세자의 조세회피에 대한 예측 분석이 많다. 예를 들어, 차명계좌 적발, 실거주지 확인, 법인 자금 사적 사용, 변칙 증여, 신용카드 위장 가맹점 적출 등 조세회피행위를 적발하기 위한 빅데이터 과제가 늘고 있다. 물론 세무 행정의 효율화와 공평과세를 위해 꼭 필요한 부분이기는 하다.

그러나 이와 균형을 맞추어 납세자를 위한 정책을 마련하는데도 빅데이터를 활용할 필요가 있다. 예를 들어, 맞춤형 사전 안내, 상담 및 질의회신의 정확성과 효율성을 높여서 납세 협력 비용을 절감하는 데에도 빅데이터를 활용해야 한다. 더 나아가 납세자의 전 생애에 걸친 세무 지원 및 관리도 필요하다. 납세자의 생활방식 변화에 따라 납세의무에 미치는 영향이나 정부 서비스 등을 제공하면서 납세자와의 소통을 강화할 수 있을 것이다.

납세자의 신고 편의를 위한 국세청의 빅데이터 분석 사례 중 대표적인 것이 〈그림 12〉의 '사업자등록증 즉시 발급 비율 향상을 위한 현장확인 축소'이다. 사업자등록 신청을 하면 세무서 직원은 사업자등록을 즉시 발급할지, 사전 현장확인을 시행할지를 해당 납세자의 유형과 사업 이력 등을 참고하여 개별적으로 판단한다. 그런데 현장 확인 시행 여부는 민원 접수

창구에서 판단하는 것이 아니라, 소관 과에서 판단해야 하므로 통상 3일 정도 소요된다. 국세청은 빅데이터 시스템에서 수백만 건의 사업자등록 처리 사례를 통계적으로 분석하여 '사업자등록이 거부될 확률'을 담당자에게 사전 제공하였다. 이렇게 함으로써 2019년 11월부터 2020년 5월까지 현장 확인 비율이 전년 동기 대비하여 15.8%에서 9.5%로 줄어들어, 약 40%(3만 건)가 감소하였다. 일선 세무서는 업무 부담이 줄어들고, 납세자에게는 사업자등록 발급기한이 3일에서 2일로 단축되었다.

〈그림 12〉 빅데이터 분석으로 사업자등록증 발급 시 현장 확인 축소 사례

이 외에도 빅데이터 분석을 통해 직권으로 납부 기한을 연장한 사례도 납세자를 위해 징세서비스를 개선한 분석 중 하나이다. 경영상 어려움에 부닥친 납세자가 납부 기한 연장을 신청하면 종전에는 직원이 개별적으로 요건을 검토하였다. 즉, 최근 3개월간 매출이 전년 동기 또는 그 이전 3개월간의 금액과 비교하여 20% 이상 감소하여 자금경색이 어려워졌는지를 판단해야 한다(국세징수사무처리규정 제67조). 그런데 빅데이터를 활용하여 세금계산서, 재무제표 등을 통해 현금보유액을 추정하여 자동으로 분석하는 시스템을 도입하였다. 담당 직원은 빅데이터 자료를 활용하여 납부 기한 연장 요건이 갖추어졌는지를 최종적으로 판단한다. 2020년 1기 부가가치세 확정신고부터 해당 예측정보가 납부 기한 연장 업무에 활용되고 있다.

(4) 조직 및 업무의 효율성 제고

현재 세무서 현황을 보면, 민원인이 많이 몰리는 세무서와 그렇지 않은 세무서의 업무 강도에 차이가 많이 난다. 민원인은 전국 어느 세무서의 민원창구에서도 자신이 원하는 업무를 처리할 수 있으므로 접근성, 주차 시설 등이 편리한 세무서로 몰리는 것이다. 빅데이터 분석을 통해 각 세무관서의 업무량과 업무 내용을 합리적으로 측정하여 세무서 인원을 과학적으로 배치할 필요가 있다. 전국 130여 개의 세무서 간에 합리적인 업무 측정 모형을 개발하여 조직의 효율성을 높여야 한다.

앞으로는 물리적이고 장소적인 국세청·세무서 개념에서 벗어나 업무 기능을 기준으로 디지털 국세청·세무서를 구축하는 것도 고려해 볼 수 있다. 영국의 예를 들면, 국세청 사무실의 90%를 지역별 센터로 분산하는 사업을 진행하여 데이터 중심의 유연한 조직이 되기 위해 작업환경을 변화시키고 있다.[67] 우리나라는 세종시에 국세청 본청이 있고, 그 산하에 7개의 지방국세청이 있다. 각 지방청 산하에는 지역별로 세무서가 있다. 세무서에서 납세자들을 직접 대면하여 서비스를 제공한다. 지방국세청이 본청의 지시를 받아 처리하는 업무도 있지만, 지방국세청마다 자체적으로 추진하는 업무도 있다. 지방국세청 조직과 본청 조직의 역할을 명확히 검토한 후, 지방청 조직의 작업환경을 디지털로 바꾸는 것을 검토할 수 있다. 또한 각 지방국세청 및 세무서의 역할과 기능도 재검토할 필요가 있다. 세원 관리와 분석, 조사 기능은 지방국세청으로 모두 이관하고, 세무서는 납세지원과 민원 업무를 관장하는 역할을 주로 하는 것이다.

---

67) 영국 국세청, "HMRC makes significant progress in its 10-year transformation to become a tax authority fit for the future", 2019.

3. 앞으로의 과제

(1) 정보공유 및 정보 수집의 확대

전자 세정을 구현하기 위해서는 정량적 정보와 정성적 정보, 국세청 내부자료뿐만 아니라 외부자료까지 데이터로 축적할 필요가 있다. 이를 위해서는 정보 공유가 필연적으로 수반되어야 한다. 각 기관이 기존에 수집한 자료를 디지털화하고, 이를 취합하면 개인별로 파일을 생성할 수 있다. 이를 공통의 디지털 플랫폼을 활용하여 공유한다면 납세 자료의 중복 제출 등을 줄이고 편의성을 증대시킬 수 있다. 이를 위해 정부 기관들이 납세 관련 정보를 공유하는 것이 필요하다. 국세청은 그동안 과세자료를 수집하는 통로를 꾸준히 넓혀 왔다. 하지만 아직 각 기관 간에 이해관계 및 개인정보 보호 등으로 제한이 존재한다. 특히 각 지방자치단체의 과세정보와 국세청의 과세정보를 공유하고 연동시켜서 납세자들의 불편함이 없도록 해야 할 것이다. 정보 공유가 확대되면 특정 세목의 세금을 신고하면 다른 세목의 세금 신고가 거의 자동으로 이루어지거나, one-stop 세무행정 서비스 개발이 가능해질 것이다.68)

4차 산업혁명 시대에 디지털화의 중심에는 디지털 플랫폼 기업이 있다. 빅데이터를 구축하기 위해서 국세청은 디지털 플랫폼 기업으로부터 불특정 납세자들의 거래 정보를 일괄적으로 수집하는 것이 효율적이다. 특히 국외에 서버를 두고 있는 외국법인인 디지털 플랫폼 사업자들에게 불특정 납세자의 거래 정보를 요청할 수 있는 시스템이 필요하다. IMF는 플랫폼 사업자가 국세청에 거래 정보를 직접 제출하거나 디지털 플랫폼 사업자가

---

68) 류덕현, 앞의 논문, 2019.

대금을 지급할 때 세금을 원천징수하고 국세청에 납부하는 방안을 제안한다.[69] 미국 국세청은 개인의 신용카드 사용내역 및 전자상거래 내역을 금융회사, 온라인플랫폼 등 제3자로부터 제공받아 해당 세무신고 내역과 대조하고 있다.[70] 프랑스는 전자상거래 플랫폼 기업으로부터 각 거래에 대한 정보를 국세청에 제공하도록 하였으며 위반 시 미신고 금액의 5%를 벌금으로 부과하는 탈세방지법(Anti Fraud Act)을 개정하였다. 디지털 플랫폼 기업을 통해 거래 정보를 적절히 확보하는 것이 필요하다.

국가 간 정보교환의 확대도 필요하다. 자본의 국제적 이동과 파생금융상품의 출현, 거주자의 해외 이주 등으로 국가 간에 정보교환이 더 많이 필요해졌다. 우리나라는 2020년 2월 현재 12개의 조세피난처와 조세 정보 교환 협정을 체결하여 거주자의 정보를 요청하고 있다. 2020년 현재 총 102개국이 가입하고 있는 다자간 금융정보 자동 교환협정(CAA)에도 가입하여 금융정보를 교환하고 있다. 앞으로 정보교환의 범위를 더 확대하고, 실질적으로 도움이 되는 정보를 획득하는 방안을 마련하는 것이 필요하다.

(2) 블록체인 기술 활용

블록체인 기술은 중앙 서버에 거래 기록을 보관하지 않고 거래에 참여하는 모든 사용자의 컴퓨터에 거래내역이 분산되어 저장된다. 거래 때마다 모든 거래 참여자들이 정보를 공유하고 이를 대조하므로 데이터 위조나 변조를 할 수 없다. 또한, 거래 내역이 투명하게 공개되어 신뢰성이 확보된다. 블록체인의 이와 같은 장점으로 말미암아 전자투표, 공인인증서, 금융, 헬

69) Aquib Aslam and Alpa Shah, "Taxation and the Peer-to-Peer Economy", IMF Working Paper, IMF, 2017.
70) Aggarwal, Anil, "Managing Big Data Integration in the Public Sector", 2015, p.279.

스케어 등 여러 분야에 도입될 것으로 예상된다.

블록체인은 공개형(public)과 비공개형(private)이 있는데, 비트코인 거래나 이더리움은 공개형 블록체인이다. 비공개형은 인증된 회원만 접속할 수 있는데, 대기업이나 금융권 등에서는 비공개 블록체인을 사용한다. 세무행정에도 블록체인 기술을 도입하는 방안을 장기적으로 검토할 수 있다.

첫째, 세금의 신고·납부는 근거과세를 원칙으로 하므로 납세자가 장부를 성실하게 기장하여야 한다. 그러나 현실에서는 정확하고 성실하게 장부를 기재했는지에 대해 과세관청과 납세자 간에 다툼이 생긴다. 더 나아가 거래상대방이 해외 특수관계자면 거래의 신뢰성에 의구심이 증폭된다. 블록체인 기술의 기본적인 전제는 신뢰할 수 없는 거래상대방 사이에 신뢰성을 부여하는 것이다. 따라서 거래 기록이 블록체인 기술을 통해 분산원장에 기재된다면, 장부 기재의 신뢰성이 확보되고 세무 검증이나 세무조사의 필요성이 확실히 줄어들 수 있다. 예를 들어, 포르투갈과 폴란드는 부가가치세 납세의무자의 재무회계 시스템을 통해 거래 데이터를 자동을 수집하고 이를 전산화된 세무 보고 방식을 통해 매월 과세관청에 전달되도록 시스템 개선을 하고 있다.[71] 국제적으로도 유럽을 중심으로 표준세무감사화일(standard audit file for tax, SAF-T)이 논의 중이다. 글로벌 표준에 기반한 전산화된 세무 보고 시스템이 구축된다면 세무 행정의 효율성이 크게 높아질 것이다.

둘째, 블록체인 기술을 활용하면 거래징수나 원천징수가 더 이상 필요하지 않게 된다. 블록체인에 의해 스마트 계약이 이루어지면, 분산원장에 거래가 기록되고 자동으로 대금 지급이 이루어진다. 스마트 계약에 따라 재화나 용역 공급가액에서 직접 세금만 별도로 분리하여 과세당국에 납부하

---

71) 국회예산정책처, 앞의 보고서, 2020, 135쪽.

는 것이 기술적으로 가능해지는 것이다. 이렇게 하여 거래 비용을 절감하고 조세 포탈의 가능성을 낮출 수 있다.[72]

셋째, 이전가격세제에서 블록체인 기술의 도움을 받을 수 있다. 내국법인이 국외 특수관계자와 거래할 때 물품이나 용역의 거래가격이 독립된 제3자 간 거래가격과 다를 수가 있다. 만약 거래가격을 조작하여 국외 특수관계자에게 이익을 나누어 줬다면, 국세청은 정상가격을 찾아서 거래가격을 조정한 후 세금을 추징할 수 있다. 이를 이전가격세제라고 한다. 이전가격세제를 적용하기 위해서는 독립된 제3자 간 거래가격, 즉 시장가격을 알아야만 한다. 만약 시장가격을 알 수 없다면 합리적인 방법으로 정상가격을 산출해야 한다. 하지만 현실에서 특정 거래에 관계되는 서류가 납세자에게 편중되어 있고, 비교 대상이 될 수 있는 다른 기업의 자료는 국세청내부에 보관되어 있다. 이렇다 보니 정보 비대칭에 의해 정상가격 산정에어려움이 많이 발생한다. 만약 국제거래 정보가 분산원장에 실시간으로 기록되고, 참여자들이 접근 가능하다면 이전가격의 여러 문제가 해결될 것이다. 분산원장에 기록된 거래 내용은 위·변조가 불가능하여 신뢰할 수 있으므로 정상가격 산출을 위한 자료로 활용할 수 있기 때문이다.[73]

(3) 개인정보 보호

빅데이터를 조세 행정에 도입할 때 우려되는 것 중의 하나는 과세당국이납세자의 동의 없이 비정형 개인정보까지 광범위하게 수집하는 것이다. 개

72) 류지민, "진화하는 핀테크에서의 과세논점-크라우드펀딩, P2P, 대출, 그리고 블록체인을 중심으로-", 조세법연구 25(3), 한국세법학회, 2019, 570쪽.
73) 한원진, "블록체인을 활용한 이전가격세제 개선방안에 대한 연구", 법학연구 제19권제2호, 연세대학교 법학연구원, 2019.

인정보보호위원회는 '2017 개인정보보호 연차보고서'에서 개인정보 관련 주요 신기술 산업을 빅데이터, IoT, 자율 주행차, 핀테크, 스마트 의료·헬스케어, 인공지능, 생체인식 기반 인증/보안, 드론으로 분류하였다. 신기술 서비스들은 기기 간의 연결로 쿠키 정보, IP 주소정보, 서비스 이용 내역, MAC 주소,74) 영상 촬영정보, 음성명령 로그기록, 차량 운행정보 등이 자동으로 수집되고 타 정보와 결합하여 상당히 민감해질 수 있는 정보가 자동 생성되기도 한다. 위와 같은 신기술을 통해 과세관청이 개인정보를 수집해도 정보 주체는 그 수집 여부를 실시간으로 알기 어렵고, 해당 정보가 어떻게 분석되어 사용되는지 파악하기 힘들다.

한편으로 데이터가 미래 사회의 핵심 자원으로 대두되면서 신산업을 육성하기 위해 데이터 이용을 활성화할 필요도 있다. 국회는 2020년 개인정보보호법을 개정하여 개인정보 중에 시간, 비용, 기술 등을 고려하여 더 이상 개인을 알아볼 수 없는 익명 정보는 개인정보보호법 적용 대상에서 제외하였다. 또한 애초 수집한 목적과 합리적으로 관련된 범위 내에서는 정보 주체의 동의 없이 개인정보를 이용 또는 제공할 수 있게 되었다. 동의 없이 추가적 이용·제공을 하기 위해서는 ①개인정보를 추가로 이용 또는 제공하려는 목적이 애초 수집 목적과 관련성이 있는지 ②개인정보를 수집한 정황 또는 처리 관행에 비추어 볼 때 추가로 이용 또는 제공할 수 있을 것으로 예측 가능성이 있는지 ③개인정보의 추가적 이용 또는 제공으로 정보 주체의 이익을 부당하게 침해하는지 여부 ④ 가명 처리 또는 암호화 등의 안전성 확보 조치 여부를 고려해야 한다. 안전한 데이터 활용을 위해서 가명 정보를 결합하는 절차를 거쳐야 한다. 기업 내 가명 정보 결합은 자체

---

74) MAC 주소(Media Access Control Address)는 네트워크 세그먼트의 데이터 링크 계층에서 통신을 위한 네트워크 인터페이스에 할당된 고유 식별자이다. MAC 주소는 인터넷과 와이파이를 포함한 대부분의 IEEE 802 네트워크 기술에 네트워크 주소로 사용된다(위키백과).

적으로 수행할 수 있으며 서로 다른 개인정보처리자 간 가명 정보 결합은 결합 전문기관을 통해 결합할 수 있다. 이용자가 정보 주체로서 스스로 개인정보를 보호하고 자기정보결정권을 행사할 수 있도록 보호 수칙을 만들 필요가 있다.75)

세무행정의 효율화를 위해서는 개인정보를 수집하는 것이 필요하다. 하지만 개인정보 보호 측면에서 정보 주체의 자기정보결정권과 알권리를 보호하기 위한 수칙 등도 정비해야 한다.

(4) 디지털 세무 행정의 투명성과 신뢰성 확보

세무 행정에 빅데이터와 AI가 도입되어 고도화될수록 행정의 가장 근본적인 원칙인 투명성과 신뢰성을 되짚어 보아야 한다. 행정절차법은 행정의 기준이나 절차 등이 투명하게 공개되고, 국민에 대한 신뢰를 확보할 것을 요구하고 있다.

2022. 1. 5.부터 마이데이터 사업이 시작되었다. '마이데이터'는 정보 주체가 본인 정보를 적극적으로 관리·통제하고 이를 신용, 자산, 건강 관리 등 스스로 필요한 분야에 주도적으로 활용하는 것이다. 본인이 원하는 서비스를 받기 위해 데이터의 전송을 요구하는 자료전송 요구권을 핵심 내용으로 한다. 2022년 개인정보보호법을 개정하여 모든 분야의 개인정보에 대해서 전송 요구권을 보장하게 되었다. 이에 따라 민간기업 간, 정부기관 간, 민간기업과 정부 기관 간에 데이터의 전송과 이동이 가속화될 것으로 보인다. 국세청은 다른 기관에 비해 납세자의 민감 정보를 더 많이 갖고 있다. 여기에 민간기관이나 다른 정부 기관으로부터 데이터를 추가로 수집하여 빅데이터로 종합·가공한다면 새로운 가치를 만들어 내고 세무 행정을 더

75) 봉기환, "4차 산업혁명 시대 신기술 서비스의 개인정보 처리 실태 및 침해요인" Review of KIISC (정보보호학회지) Volume 30 Issue 5, 한국정보보호학회, 2020.

효율적으로 운영할 수 있다.

  그러나 데이터를 수집한 원천, 특히 정성적 데이터를 수집한 원천이 어디인지, 무슨 목적으로 데이터를 가공하였는지, 알고리즘이 편향된 것은 아닌지 등에 강한 의문이 제기될 수 있다. 현재 널리 사용되는 '딥러닝(deep learning)' 인공지능의 훈련과정에서 어떤 데이터가 이용되고, 어떻게 알고리즘이 구축되는지 등이 중요하다. 딥러닝 인공지능은 과거의 데이터들을 통해 학습하므로 만약 과거에 편향된 데이터가 있다면 결과는 질적으로 더 악화될 수 있다. 어떤 데이터를 얼마나 상세한 수준에서 이용할 수 있는지, 그 과정에서 나타날 수 있는 통계적 편향 등의 문제를 어떻게 해결할 것인지에 관한 이론적이고 다양한 실무상 이슈를 해결해야 한다. 세무 행정에 사용되는 빅데이터에 대한 투명성과 신뢰성을 어떻게 확보할 수 있는지를 진지하게 고민해야 한다.

제5장

디지털경제의 확대와 조세

Ⅰ. 디지털세(Digital Tax)

1. 디지털경제의 규모

디지털경제의 대표적인 사업 모델로 온라인 광고, 앱스토어, 클라우드컴퓨팅, 소셜 네트워크 서비스, 공유경제 플랫폼, 크라우드 펀딩, P2P 대출, 전자상거래 등을 들 수 있다. 이런 활동의 대부분은 디지털 플랫폼(digital platform)을 통해 이루어지는 특징이 있다. 플랫폼은 수요자와 공급자 등 여러 사람이 모여서 계약을 체결하는 '장터'의 역할을 한다. 온라인 상에서 시장이 열린다는 면에서 디지털 플랫폼이라고 한다. 세계적으로 급성장한 소위 FAANG(Facebook, Amazon, Apple, Netflix, Google)이 모두 이런 기업이다. OECD는 시가총액 기준 상위 15개의 인터넷 기업을 비교하였는데, 1995년에 비해 2015년에 시가총액 규모가 144배나 증가하였다고 한다. 그리고 상위 인터넷 기업의 구성이 인터넷 서비스 사업자(ISP)에서 플랫폼 운영자로 변모하고 있다고 지적하였다.

특히 온라인 B2C 거래 분야의 재화 판매액은 2016년 미화 2조 달러를 기록했으며, 2021년에는 미화 4.5조 달러를 초과할 것으로 전망한다. 온라인 거래는 국경의 제한이 없다. 국제간 재화

<그림 13> 국제 전자상거래 판매자의 비율
(2017년)

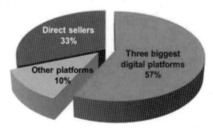

Direct sellers 33%

Other platforms 10%

Three biggest digital platforms 57%

※ 출처: IPC, OECD analysis based on the Cross-border E-Commerce Shopper Survey 2017.

판매의 3분의 2가 디지털 중개 플랫폼을 통한 온라인 거래이다. 이 중에서 3대 디지털 플랫폼(알리바바, 아마존, 이베이)의 비중이 57%로 절대적으로 높다.

2. 디지털 플랫폼 기업의 조세회피와 국제적 대응

디지털 플랫폼 기업의 몇 가지 특징은 이렇다.[76] 첫째, 국제조세 규범에 따르면 전통적으로 고정사업장이 있어야만 원천지국에서 소득을 과세할 수 있다. 고정사업장은 물리적 장소를 기반으로 한다. 법인세는 고정사업장이 있는 국가(즉, 원천지국)에서 징수할 수 있는데, 디지털 기업들은 고정사업장이 없거나 서버를 원천지국 밖에 두는 경우가 많다. 물리적 고정사업장 없이도 충분히 수익을 실현할 수 있는 구조이기 때문이다. 이로써 원천지국의 과세를 회피할 수 있다. 둘째, 디지털 플랫폼 기업의 자산은 대부분 무형자산이다. 소프트웨어나 정보, 네트워크의 가치가 큰 기업들이다. 저세율 국가에 도관회사를 설립하고 그 법인에 무형자산의 법적 소유권을 귀속시킨 후 자회사로부터 사용료를 수취하는 사업구조를 취하면, 거주지국으로부터 과세를 피할 수 있다. 또한 이전가격 정책 시 정상가격 산정에 어려움이 있으므로 이를 이용하여 국가 간에 소득을 자의적으로 이동하기 쉽다. 셋째, 디지털 플랫폼에서는 데이터와 사용자의 참여 등이 중요하고 이들과 지식재산권 사이의 시너지 효과가 발생한다. 특히 소셜 네트워크나 공유경제 플랫폼에서는 사용자 참여가 강하게 나타난다. 사용자의 자발적 참여로 기업가치가 높아지고 광고 이익 등을 얻게 되므로 사용자들의 거주지국에서 과세권 배분을 요구하게 된다.

2018년 EU 집행위원회는 전통적인 분야에서 사업을 영위하는 기업의 법

---

76) OECD, Tax Challenges Arising from Digitalization-Interim Report, 2018.

인세 실효세율이 23.2%인데 비해, 디지털 분야에서 사업을 영위하는 기업의 실효세율은 9.5%에 불과하다고 분석했다. 국제적 자본 이동의 증가와 조세회피 전략의 확대 등의 영향으로 법인세 유효세율이 하락하고 있다. 1980~1990년 동안 고수익 기업집단의 평균 유효세율이 저수익 기업집단에 비해 크게 하락했다.[77]

〈그림 14〉 글로벌 디지털 기업 주요 현황

주: 1) EU 28개국 소재 글로벌 영리기업 대상
   2) 전세계 상위20대 기업 중 디지털 기업의 비중은 시가총액 기준

※ 출처: 국회예산정책처, 「4차 산업혁명에 따른 조세환경 변화와 정책 과제」, 2020.

다국적기업이 조세피난처, 국가 간의 세법 차이, 조세조약의 미비 등을 이용하여 경제활동 기여도가 낮은 저세율 국가로 소득을 이전하여 과세 기반을 잠식하는 행위를 BEPS(Base Erosion and Profit Shifting)라고 한다. OECD는 BEPS로 인해 전 세계적으로 연간 1,000억 달러에서 2,400억 달러의 법인세 손실이 발생하고 있다고 추산한다. 2012년 6월 G20 정상회의에서 BEPS 방지 프로젝트 추진을 의결하였다. 그 후 OECD는 2013년 7월 BEPS 프로젝트 세부 과제를 발표하고, 2014년 9월에 일부 과제에 대한 중

---

77) Petr Janský, "International Corporate Tax Avoidance", 2017.

간보고서를 발표하였다. 2015년에 15개 액션 플랜에 대한 최종보고서를 작성하여 G20에 제출하여 승인받았다. BEPS의 최소기준을 이행하기 위해 2016년 2월에 G20/OECD 포괄체계(G20/OECD Inclusive Framework, IF)를 만들었다. 현재는 OECD 회원국뿐만 아니라 비회원국도 광범위하게 BEPS 프로젝트에 참여하고 있다. 2019년 3월 기준 총 129개국이 BEPS 프로젝트에 참여하고 있다. 우리나라도 이에 참여하고 있다.

　OECD의 BEPS 프로젝트에서 첫 번째 과제는 디지털경제에서 제기되는 조세 문제를 다루고 있다(Action 1). 구체적으로 ①거주지국에서 전혀 과세하지 못하거나 적게 과세하는 문제 ②연계성(Nexus) 부족으로 조세를 부담하지 않고도 상당한 디지털 실재를 가질 수 있는 능력 ③디지털 재화·서비스를 이용한 현지 자료의 생성으로 창출된 가치의 귀속 ④새로운 사업 모델에서 발생한 소득 유형의 구분 ⑤디지털 재화·서비스의 국경 간 공급으로 인한 부가가치세 징수 문제 등이다.

　디지털경제에 관한 조세 문제는 BEPS 액션 플랜의 첫 번째인 만큼 그 중요도가 높다. 하지만 국제적 합의를 끌어내기 어려워 2015년 최종보고서에는 특별한 권고사항은 제시되지 않았고, 2020년에 추가로 보고서를 발표한다는 언급만 있었다. 합의가 이루어지기 전에 영국이나 호주, 인도 등은 개별적인 입법으로 대응하였다. 이후 2017년부터 유럽 국가들 사이에 다시 본격적으로 논의가 이루어졌다. OECD는 2018년 3월 중간보고서를 발표하고, TF를 구성하였다. 그리고 2019년에 파리에서 대규모 공청회를 개최하고 세부 작업계획을 만들었다.

　OECD는 2019년에 두 가지 접근법을 제안하였다. 국가 간에 새로운 이익 배분 기준을 만들어 해결하는 입장(Pillar 1)과 세원 잠식을 방지하기 위해 글로벌 최저한세를 도입하는 입장(Pillar 2)이다. 이를 좀 더 발전시켜 2020. 10. 12. Pillar 1, Pillar 2의 Blueprint를 공개하였다. 이어 2021. 7. 1.

논의를 거쳐, 2021. 10. 8. 제13차 IF 총회에서 Pillar 1, Pillar 2 최종합의문
및 시행계획을 논의하고 이를 대외에 공개하였다. 2021. 12. 20. 141개국이
참여한 IF는 Pillar 2 글로벌 최저한세(GloBE규칙) 모델규정을 공개하였다.
이어 2022. 3. 14. Pillar 2 시행을 위한 주석서(commentary)를 대외에 공개
하였다. 각국의 국내 입법까지 마무리하여 2023년부터 시행하려고 준비하
고 있다. Pillar 1과 Pillar 2의 내용을 좀 더 자세히 살펴본다.

3. Pillar 1(새로운 이익 배분 기준)[78]

(1) 과세 대상기업

Pillar 1은 디지털 기업이 전 세계적으로 창출한 이익을 시장소재지국에
배분하는 방식이다. 최종합의문에 의하면 연결 매출액 200억 유로(약 27조
원) 및 이익률 10% 이상인 글로벌 다국적기업이 적용 대상이다. 적용 업종
은 크게 두 가지로 구분할 수 있다. 먼저, 디지털 서비스사업(Automated
Digital Service, ADS)이다. 자동화된 서비스를 디지털(인터넷, 전자적 네트
워크)을 통해 제공하는 사업을 말한다. 예를 들어, 온라인 광고 서비스, 소
셜 미디어 플랫폼, 디지털 콘텐츠 서비스, 표준화된 온라인 교육, 클라우드
컴퓨팅 서비스, 사용자 정보 판매, 온라인 검색 엔진, 온라인 중개 플랫폼,
온라인 게임 등이다. 다만, 맞춤형 온라인 교육, 온라인 재화 용역 판매, 사
물인터넷 등은 여기서 제외한다. 두 번째는 소비자 대상 사업(Consumer-
Facing Business, CFB)이다. 일반적으로 소비자에게 판매되는 재화 또는 용
역이다. 제약업, 프랜차이즈·라이센스, 중간재 등에 적용할지는 쟁점이 되
고 있다.

---

78) 저자의 「국제조세 트렌드」, 지평, 2021, 319쪽 이하를 일부 참조함.

구체적으로 어느 국가에서 과세할 수 있는지는 과세 연계점으로 판단한다. 과세 연계점(Nexus)은 기존의 고정사업장을 대체하는 개념으로 사용된다. 기존에 물리적 실체를 중시하는 고정사업장의 존재를 묻지 않고, 주로 시장 소재국의 매출 등에 연계하여 과세권을 인정한다. 디지털 서비스사업에 대해서는 해당 관할권 내 매출액이 100만 유로 이상인 국가나 지역에 과세 연계점이 형성되는 것으로 본다. 시장 소재지국(원천지국)에 매출이 귀속되는지를 판단하기 위해서 GPS를 통한 사용자의 위치, IP 주소, 사용자 프로필을 통한 일상적 거주지 등을 확인해야 한다.

(2) 과세 이익 산정 방법

시장 소재지국에 배분할 수 있는 이익은 세 가지 종류(Amount A, Amount B, Amount C)로 구분한다. 먼저 글로벌 이익 중에 통상이익을 넘어서는 초과 이익을 산정한다. 초과 이익 중에서 시장에서 창출한 가치 부분을 공식에 의해 산출하여 시장 소재지국별로 매출에 따라 배분한다. 조금 더 구체적으로 살펴보면, 전 세계 총매출액에서 매출원가나 영업비용 등 손금을 제하면 글로벌 이익이 나오고, 여기서 대상 사업 매출액을 구분한다. 글로벌 이익에서 대상 사업의 수익률을 고려하여 통상이익을 제거하면 초과 이익이 나온다. 초과 이익 중에서 시장기여분에 해당하는 배분 금액이 바로 Amount A이다. 현재까지 합의된 바에 따르면, 글로벌 이익 중 통상이익률 10%를 초과하는 이익에 배분율(시장기여분) 25%를 적용하여 시장 소재지국에 과세권을 배분한다. 즉, 아래 공식으로 산출한다. 과세표준은 회계 기반으로 결정하고, 손실은 이월된다.

$$\text{Amount A} = \text{매출액} \times (\text{세전 이익률} - \text{통상이익률}) \times 25\%$$

〈그림 15〉에서 음영으로 칠해진 부분이 시장소재지국에 배분되는 금액이다. 이 금액을 배분 기준에 따라 1국과 2국, 3국에 각각 배분한다. 배분 기준은 국가별 매출액 비중 등이 될 수 있다. 각국 과세당국은 현지에 고정사업장이 있는지에 상관없이 배분된 소득에 대해 과세권을 갖게 된다. 다만, 현재에도 초과 이익이 충분

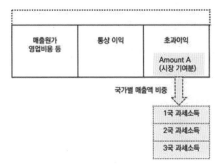

〈그림 15〉 Pillar 1에 따른 이익 배분

※ 출처: 기획재정부, 2019. 10. 30. 보도자료, "디지털세 국제 논의 및 최근 동향"

히 배분되고 있다면 Amount A에서 제외한다. 원천지국에 납부한 세액에 대해 중복과세를 제거해주는 장치도 논의 중이다.

Amount B와 Amount C는 기존의 이전가격세제와 크게 다르지 않다.

Amount B는 국외 관계사의 기본적인 판매·홍보활동에 대해 시장 소재지국에 고정률로 이익을 보상하는 것이다. 이는 통상적인 마케팅 및 유통활동에 대한 기본적인 기능 보상이다. 원천지국에서 배분받는 금액이 그만큼 많아지므로 개발도상국에서 환영하고 있다. Amount B는 현행대로 물리적 실재 개념을 토대로 하면서 독립기업원칙을 적용하여 산정한다. Pillar 1을 실제 사례에 적용하면 이렇다.

Amount C는 연구개발 등 특별한 기능에 대한 보상이다.

〈주요 가정〉
스트리밍 사업을 영위하는 다국적기업 그룹 X는 시장 평균과 경쟁업체의 초과 이익을 넘어서는 높은 초과 이익을 창출하고 있음.

국가1 (모회사의 거주지국) : P Co는 X의 최종 모회사로, 스트리밍 사업에 사용되는 무형자산을 소유하여 X의 모든 초과 이익을 획득함.

국가2(자회사의 거주지국) : S Co는 P의 자회사로, X의 스트리밍 서비스의 마케팅과 판매를 맡고, 국가2의 소비자에게 스트리밍 서비스를 직접 제공함.

국가3(시장 소재지국) : S는 국가3의 소비자에게 물리적 실재 없이 원격으로 스트리밍 서비스 제공함.

〈적용 결과〉

구분	현행 기준	통합접근법
국가1 (P Co)	통상이익+무형자산 보유에 따른 비통상이익	초과 이익 일부에 대한 국가 2, 국가 3에 과세권 이전
국가2 (S Co)	판매 기능에 대한 통상 이익 (이전가격세제)	Amount A + Amount B
국가3 (고객)	과세권 없음	Amount A

Amount A : 그룹 정상 초과 이익(above normal profit)의 일정부분 배분

Amount B : S의 기본기능(baseline activities)에 대한 고정 보상, 자회사의 마케팅, 판매 활동 등 통상적 기능에 대해 고정 이익률을 배분

Amount C : S의 추가기능에 대해 추가로 이익 배분, 연구개발 등 특별한 기능

※ 출처: 기획재정부, "디지털세 국제 논의 최근 동향", 2019. 10. 30.을 참조하여 수정함

Amount A와 관련된 모든 분쟁은 의무적·강제적 중재절차를 통해 해결되며, 디지털세를 도입·운영하는 모든 국가는 해당 조정 결정에 구속된다. 다만, 분쟁 대응 역량이 낮은 개발도상국은 선택할 수 있다.

Pillar 1이 시행되면 기존에 디지털 서비스세 및 유사 과세는 폐지하며 앞으로도 도입하지 않기로 합의하였다. 시행 전에도 2021. 10. 8. 합의 시점

부터 Pillar 1 다자 협정의 발효 혹은 2023. 12. 31. 중 이른 시점 사이의 기간에 디지털 서비스세 및 유사 과세를 부과하지 않기로 합의하였다. 2023년 상반기에 다자협약을 체결하고, 2024년 시행을 목표로 논의 중이다.

2022. 10. 6. 제14차 총회에서 IF 회원국들은 Pillar 1 신고·납부 등의 행정절차와 조세확실성(분쟁해결절차) 이슈를 담은 2차 진행상황 보고서를 공개하였다. 납세 기업은 대표 과세당국에 사업연도 종료 후 12개월 내 세무신고를 해야 한다. 세무신고를 접수한 대표 과세당국은 15개월 내 관련 국가에 정보를 공유하고, 기업은 18개월 이내 세금납부를 완료해야 한다. 각국은 일정 기한 안에 법인세법에 따라 기업 부담을 줄이도록 이중과세방지 조치를 해야 한다. 세금 납부 절차는 대상그룹 내 지정된 하나의 구성기업(Designated Entity)이 각국에 단독으로 할지, 다수의 구성기업이 각각 신고·납세의무를 부담하되 그룹내 하나의 대리기업(Agent)이 단독으로 할지 논의 중이다.

4. Pillar 2(글로벌 최저한세)

OECD는 2021. 12. 20. Pillar 2 글로벌 최저한세(Global anti-Base Erosion, GloBE 규칙) 모델규정을 대외에 공개하였다. Pillar 2는 공통접근 방식이므로 아직은 반드시 이를 국내법에 도입해야 하는 것은 아니다. 만약 Pillar 2를 국내법에 입법하려면 반드시 모델규정의 내용과 일치해야 한다. 다른 내용으로 입법하면 도입하지 않은 것으로 간주한다.

Pillar 2에서는 4가지 규칙을 선정하였다. 소득산입 규칙(Income Inclusion Rule, IIR)과 과세권 전환 규칙(Switch-Over Rule, SOR), 세원잠식 비용 공제 부인 규칙(Undertaxed Payment Rule, UTPR), 조세조약 혜택 배제 규칙(Subject To Tax Rule, STTR)이다. 모델규정에서는 특정 관할국에서의 실효세율이 최저한세율에 미달하였을 경우, '소득산입규칙(IIR)' 및 '비용공제부인규칙(UTPR)'의 작동 원리를 규정하였다.

　모델규정은 서문, 10개의 장, 49개 조로 구성되어 있다. 목차 및 주요 내용은 아래와 같다.

본문 목차

제1장. 범위	제6장. 기업 사업구조개편 및 소유구조
제2장. 과세조항	제7장. 조세중립성 및 분배 제도
제3장. GloBE 이익·손실의 계산	제8장. 행정
제4장. 조정된 대상조세의 계산	제9장. 경과규정
제5장. 실효세율 및 추가세액 계산	제10장. 정의

　관할국 별 실효세율(= 조정된 대상조세 ÷ 과세표준) 계산을 위한 조정된 대상조세 및 GloBE 이익·손실(= 과세표준) 정의를 제시하였다. 각국의 세법이 다양하여 실효세율을 일률적으로 비교하는 것이 곤란하므로, 국제회계기준 등에 기반하여 전 세계 공통의 과세표준을 마련한 것이다. 실효세율이 최저한세율(=15%) 미만일 경우 다국적기업 그룹이 부담해야할 미달분, 즉 추가세액을 결정하는 방법을 규정하였다. 합병·인수 등 사업구조개편 처리 및 공동기업(Joint Venture)·투자펀드 등 처리 방법을 규정하고 있다. 또한 GloBE 규칙을 처음 적용받는 기업 및 최초 시행연도(2023년) 등과 관련한 각종 경과규정(Transition rules)을 제시하고 있다. 세금 신고, 세이프하버(일정조건 만족 시 추가세액이 제로인 경우) 등 GloBE 규칙의 효율적 집행을 위한 조세행정상 규칙도 제시하고 있다.

(1) 과세 대상기업

　적용 대상은 직전 4개 회계연도 중 2개 연도 이상의 연결재무제표상 매출액이 7.5억 유로(약 1조 원) 이상인 다국적 기업집단이다. 다국적 기업집단은 기업집단 중에서 조세 목적상 거주지국이 다른 둘 이상의 기업이나 거주지국 이외의 국가에서 고정사업장을 통해 영위한 사업으로 세금이 부과되는 기업을 말한다. 구성기업은 다국적기업집단 최종 모기업의 연결재무제표에 포함되는 법인, 고정사업장 등으로 Pillar 2 계산의 기본 단위이다. 정부 기관, 국제기구, 비영리기구, 연금펀드, 최종 모기업인 투자 펀드·부동산투자기구는 제외된다.

(2) 소득산입 규칙(Income Inclusion Rule, IIR)

소득산입 규칙(IIR)은 해외 자회사의 소득이 최저한세율 이하로 과세되는 경우 최저한세율까지의 소득을 모회사의 과세소득에 포함하여 과세하는 것이다. 업종 및 소득의 종류를 불문한다. 국가별로 계산한 실효세율을 기준으로 최저한세율에 미달하는 만큼 추가세액을 부과한다. 최저한세율은 15%로 합의되었다.

모델규정에서는 소유 지분 비율 기준, 실효세율의 결정, 이익·손실 배분, 일시적 차이의 처리, 적용면제 기준(threshold, safe-harbor)[79] 등 세부적인 사항을 규정하고 있다. 대략적인 계산식은 이렇다.

추가세액 = 과세소득 × 추가세율(최저한세율-실효세율)
실효세율 = 대상세액* ÷ 과세소득(과세표준)**
 * 기업 소득(이익)에 대한 세금으로 CFC에 의한 세액 포함
** IFRS 회계기준의 세전이익으로 일부 세무조정 및 손실 이월 공제를
   반영

[79] 최근 3년간 평균 매출액 1천만 유로 미만 및 평균 순GLoBE 이익 1백만 유로 미만인 관할국의 추가세액은 0으로 간주한다.

산정방식을 구체적으로 설명하면 〈그림 16〉과 같다. B국의 실효세율은 10%에 불과하므로 최저한세율인 15% 이하이다. 순 GloBE 이익인 100에서 최저한세율에 미달하는 5%를 곱한 5만큼이 납부해야 할 추가세액이다. 그 런데 기업 B의 최종모기업인 기업 A는 60%의 지분을 가지고 있으므로 추 가세액 5에서 60%만큼인 3을 A국 과세당국에 납부하면 된다.

〈그림 16〉 소득산입 규칙에 따른 최저한세 산정방식

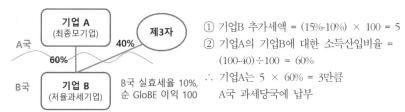

※ 출처: 기획재정부, 2021. 2. 20. 보도자료, "디지털세 필라2 모델규정 공개 - 글로벌 최 저한세 도입을 위한 입법 지침 합의 -"

저세율 국가에 해외 자회사를 설립하여 소득을 이전하는 조세회피행위 를 방지하기 위해 현재에도 CFC 제도[80]를 운영하고 있다. 다국적기업이 저세율 국가에 있는 해외 자회사의 소득을 본국의 모회사에 배당하지 않고 장기간 유보하여 조세를 회피하는 사례가 많다. 이때 저세율 국가의 자회 사(특정외국법인)에 유보한 소득을 배당으로 간주하여 과세하는 제도가 CFC (Controlled Foreign Company)이다. 〈그림 17〉에서 보는 바와 같이 Pillar 2에 따르면 합의된 최저한세율인 15%까지만 과세가능하지만, CFC 제도에 따르면 국내 법인세율이 15%보다 높다면 국내 법인세율만큼 과세 가 가능하다. 그러나 CFC 제도는 이자나 배당 등 수동소득을 유보 또는 이

---

80) 특정법외국법인(Controlled Foreign Company) 유보소득 합산과세제도는 저세율국의 자회사에 유보된 소득을 배당소득으로 간주하여 모회사에 법인세 등으로 과세하는 제도이다. 우리나라는 1995년부터 국조법에 도입하여 시행하고 있다.

연하는 경우에 적용할 수 있고, 실질적으로 사업을 통해 얻은 능동소득에 대해서는 과세하기 어렵다. IIR은 이를 보완하는 기능을 한다. 미국은 2018년부터 IIR과 유사한 GILTI를[81] 시행하고 있다. IIR는 Pillar 2에서 가장 많이 논의되는 부분이다. 일부 개발도상국 등 저세율 국가를 제외하고는 대부분 국가가 도입을 찬성하고 있다.

〈그림 17〉 CFC와 IIR의 비교

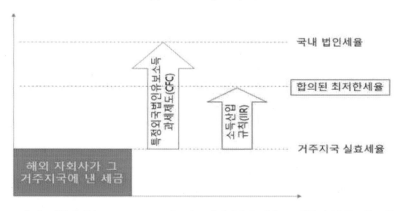

※ 출처: 기획재정부, 2021. 2. 20. 보도자료, "디지털세 필라2 모델규정 공개 - 글로벌 최저한세 도입을 위한 입법 지침 합의 -"

(3) 세원잠식 비용 공제 부인 규칙(Undertaxed Payment Rule, UTPR)

세원잠식 비용 공제 부인 규칙(UTPR)은 국외 특수관계자에게 지급한 금액이 그 특수관계자의 소재지국에서 비과세 또는 저율로 과세한다면, 지급지국에서 비용 공제를 부인할 수 있다는 내용이다. 즉, 모회사의 거주지국

---

81) 미국은 2017년 세법 개정시 GILTI 규정을 만들었다. 미국의 무형자산을 통해 해외에서 얻은 이익이 있는 다국적기업이 해외에서 13.125% 이하의 세금을 납부했다면, 국내에서 10.5%의 세금을 추가로 납부하게 하는 조치이다.

이 IIR을 도입하지 않고 있을 때도 최저한세율 적용 효과를 보장하기 위한 보완적 규칙이다. 각국은 '관할국에 배분된 UTPR 추가세액'만큼 관할국 내 구성기업들의 세 부담이 증가하도록 국내법상 조정(예를 들어, 비용공제부인)을 시행할 수 있다. 다만, 실질적인 활동을 했다고 볼 수 있는 일정 지표는 과세표준에서 제외한다. 대표적으로 유형자산 장부가치 및 급여의 5%를 과세표준에서 공제한다. 경과 기간 10년 동안은 유형자산 장부가치의 8%, 급여의 10%를 공제하되, 동 공제 비율은 첫 5년간은 연간 0.2%P씩 감소하고, 마지막 5년간은 유형자산은 연간 0.4%P씩, 급여는 연간 0.8%P씩 감소한다. 손실금도 기간 제한 없이 이월 공제를 허용한다. 해외 진출 초기 기업에 대해서는 5년간 UTPR을 적용하지 않는다.

구체적인 산정 방식은 〈그림 18〉에서 보는 바와 같다. A국의 실효세율은 10%에 불과하므로 최저한세율보다 5%가 적다. 기업 A의 순 GloBE 이익 200에 5%를 곱한 10이 기업 A의 추가세액이다. 그런데 A국은 IIR을 도입하지 않았으므로 이를 보완하기 위해 B, C, D국에서 기업 B, C, D가 모기업 A에 지급한 비용공제를 부인할 수 있다. 부인할 수 있는 금액은 배분비율에 따라 정해진다. 배분비율을 전체 관할국의 종업원 수와 유형자산에서 해당 관할국의 종업원 수와 유형자산이 차지하는 비율을 각 50%씩 가산하여 계산한다. B국의 예를 들면, 종업원 수의 비율이 전체 100에서 70을 차지하므로 0.7에 50%를 곱하고, 유형자산의 비율이 전체 100에서 30을 차지하므로 0.3에 50%를 곱하여 합산하면 된다. 이렇게 해서 B국이 배분받을 수 있는 금액은 10의 50%인 5가 된다.

〈그림 18〉 세원 잠식 비용 공제 부인 규칙에 따른 산정 방식

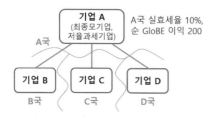

① 기업A 추가세액 = (15%-10%) × 200 = 10
② A국은 GloBE 규칙 미도입,
   B~D국은 도입
③ 배분비율
   ▶ B국 = 50%×0.7 + 50%×0.3 = 50%
   ▶ C국 = 50%×0.2 + 50%×0.4 = 30%
   ▶ D국 = 50%×0.1 + 50%×0.3 = 20%
   ∴ 기업B는 5, 기업C는 3, 기업D는 2를 각각
     B국, C국, D국 과세당국에 납부

※ 출처: 기획재정부, 2021. 2. 20. 보도참고자료, "디지털세 필라2 모델규정 공개 - 글로벌 최저한세 도입을 위한 입법 지침 합의 -"

5. 해외 주요국의 디지털 서비스세(Digital Service Tax)

BEPS 프로젝트는 2012년부터 논의되었지만, 디지털 과세에 대해서는 각 국의 이해가 첨예하게 대립하였다. 무형자산을 소유하고 있는 회사들의 주주가 대부분 미국에 있다 보니, 미국은 자국 기업에 대한 역차별이 될 소지가 있다는 생각에 반대하였다. OECD 국가 중에서 조세 감면 정책을 가진 국가들도 세수를 확보하기 힘들다는 생각에 유보적인 태도를 보였다. OECD에서 논의가 지지부진해지자, EU와 유럽 국가들은 〈표 8〉과 같이 개별적으로 디지털 기업의 조세회피에 대응하는 디지털 서비스세를 도입하고 있다.[82]

---

82) 이하 내용은 한국조세재정연구원의 BEPS 대응지원센터의 자료를 참조함.

〈표 8〉 각국의 디지털 서비스세 비교

국가	부과대상	매출기준(글로벌/국내)	세율	시행일
영국	광고, 검색, 중개 서비스	£5억/£2,500만	2%	2020년 4월
인도	광고(전자상거래 운영자)	2천만 루피	6%(2%)	2020년 4월
프랑스	광고, 데이터·서비스 판매	€7.5억/€2,500만	3%	2019년 1월
스페인	광고, 데이터 판매	€7.5억/€300만	3%	2021년 4월
이탈리아	광고, 데이터·서비스 판매	€7.5억/€550만	3%	2020년 1월

※ 출처: BEPS 대응지원센터, 한국조세재정연구원.

(1) EU

EU 회원국들은 2019. 12. 31.까지 법인세 개혁을 통한 디지털세의 국내 법적 절차를 마무리 짓고, 2020. 1. 1.부터 시행하기로 하였다. 기존의 고정 사업장 개념에 '중요한 디지털 존재(a significant digital presence)'의 개념을 추가하여 이를 충족하는 기업에 매출액의 3%를 디지털 서비스세로 부과하는 것이다. 이는 소득세가 아니라 매출세의 일종이다. 중요한 디지털 존재는 다음 기준 중 하나 이상을 충족하면 인정된다. ①EU 회원국 내 디지털 서비스 제공 수익이 과세기간에 7,000,000유로를 초과 ②EU 회원국 내 활성 사용자 수(서비스 사용자 수)가 과세기간에 100,000명을 초과 ③EU 회원국 내 과세 시기에 발생한 신규 디지털 서비스계약 3,000건 초과이다.

EU 집행위원회는 2021. 1. 14. EU 디지털세(Digital Levy) 도입에 대한 의견수렴 절차를 포함한 로드맵을 발간하였다. 로드맵은 세 가지 정책을 제안하고 있다. ①법인세의 추가세액이 EU 내에서 특정 디지털 활동을 수행하는 모든 기업에 부과되어야 하고 ②EU 내에서 수행되는 특정 디지털 활동으로 인해 발생한 매출에 대하여 과세하여야 하고 ③EU 내 기업 간의 디지털 거래에 대하여 과세한다. 앞서 EU 집행위원회는 2020. 7. 21.에 2021~2027년 재건 계획 및 EU 예산에 합의하였고, 이를 위하여 기존의 재원을 보충하고 지원하기 위한 일부로 디지털세 도입을 제안한 바 있다. 그

러나 EU의 디지털세는 OECD에서 논의하는 디지털세에 대한 국제적 합의
가 타결되면 이에 흡수될 것이다.

(2) 영국

영국은 2015년부터 우회 수익세(Diverted Profits Tax)를 도입하였다. 외
국법인이 영국 내에 고정사업장을 통해 사업 활동을 수행하지만, 조세조약
상 고정사업장으로 인정되지 않는다면 그 고정사업장은 '회피 고정사업장
(the avoided PE)'이다. 물품이나 용역의 공급과 관련하여 체결된 계약의 주
요 목적 중의 하나가 영국 내 조세를 회피하기 위한 것이거나, 계약의 중요
내용이 '효과적인 세금 불일치 결과'를 초래하고 '불충분한 경제적 실체 조
건'을 갖추고 있으면 우회 수익세를 부과할 수 있다. 세율은 25%이다. 이
어 2018년에 디지털 서비스세 법안을 발표하였다. 전 세계 매출액이 연간
5억 파운드 및 영국 내 매출액이 2,500만 파운드를 넘는 기업은 영국 내
매출액에 대해 법인세 이외에 2%의 디지털 서비스세를 더 내야 한다.

(3) 인도

인도는 2016년 4월부터 외국법인이 제공하는 온라인 광고 서비스 등에
대한 서비스 대가 중 B2B 거래에만 6%의 균등세(또는 균등부담금)를 부과
하고 있다. 서비스를 받는 자가 원천징수를 하여야 한다. 균등세는 소득에
부과하는 소득세가 아니라, 매출세로 인식된다. 이와 별개로 2019년 기존
고정사업장 개념에 '중요한 경제적 실재(significant economic presence)'를
추가하였다. 외국의 디지털 플랫폼 기업은 매출액과 사용자 수를 기준으로
하여 법인세를 신고·납부해야 한다. 만약 이 제도가 시행되면 균등 부담금
은 폐지될 것으로 예상된다. 사실상 같은 세원에 중복해서 과세하는 것이

되기 때문이다.

(4) 프랑스

프랑스의 디지털 서비스세 개정안은 2019년 국회에서 의결되었다. 글로벌 매출액이 7억 5천만 유로 이상이면서 국내 매출액이 2,500만 유로 이상인 고수익 디지털 업체의 매출액에 3%의 세금을 부과한다. 주로 디지털 플랫폼 서비스 및 온라인 광고 사업이 대상이다. 이에 대해 미국은 프랑스의 디지털세가 자국 기업에 대한 차별적 조치라고 판단하였다. 이에 보복하는 의미에서 미국은 프랑스산 와인이나 치즈 등에 대해 25%의 관세를 부과하였다. 프랑스 정부는 2020. 1. 22. 디지털 서비스세 신고 및 납부를 유예한다고 발표하였다. 그러자 미국 정부는 2020. 7. 10. 화장품, 비누, 가방 등의 프랑스 수입품에 대하여 25%의 관세를 부과하되, 2021. 1.까지 징수를 유예한다고 발표하였다. OECD가 코로나19로 인하여 디지털세 관련 국제적 해결책 도출기한을 2021년 중반으로 연장함에 따라 프랑스 정부는 예정대로 2020. 12.에 디지털 서비스세를 징수하겠다고 발표하였다.

(5) 스페인

스페인은 2020. 10. 16. 디지털 서비스세 및 금융거래세에 관한 법률이 의회를 통과하였다. 온라인 광고, 중개, 데이터 전송과 같은 디지털 서비스에서 발생하는 매출액의 3%를 부가가치세로 과세하는 방안이다. 과세 대상기업은 전 세계 매출액이 7억 5천만 유로를 초과하면서 국내 디지털 서비스 매출액이 300만 유로를 초과하는 기업이다. 다음의 경우에는 디지털 서비스세가 면제된다. ①중개 역할을 하지 않는 공급자의 웹페이지를 통한 상품 및 서비스의 온라인 판매 ②온라인 중개 서비스 프레임 워크 내에서 사용자 간에 직접 공급되는 상품 및 서비스 ③주된 목적이 디지털콘텐츠 통신 서비스 또는 결제 서비스의 공급인 온라인 중개 서비스 ④금융기관의 규제를 받는 금융서비스 ⑤규제 대상 금융기관이 제공하는 데이터 전송 서비스 ⑥100% 직·간접 지분 참여를 통하여 그룹 일부를 구성하는 회사 간의 디지털 서비스이다. 2021년 4월부터 시행되었다.

(6) 이탈리아

이탈리아도 새로운 개념의 디지털 서비스세를 도입하였다. 이탈리아에서 사업 활동을 영위하는 개인과 기업에 적용되며(거주자 또는 비거주자 모두), 전체 총매출액이 7억 5천만 유로 이상이고, 이탈리아에서 발생한 디지털 용역의 매출 금액이 550만 유로 이상인 때에 해당한다. 과세 대상 용역은 같은 인터페이스 사용자를 대상으로 제공하는 광고 용역, 사용자 간 교류 목적(또는 재화와 용역의 직접 교환을 쉽게 하기 위한 목적)으로 제작된 디지털 다자 간 인터페이스 용역, 사용자로부터 수집되고 디지털 인터페이스 사용으로부터 산출된 정보의 교환이다. 디지털 용역의 판매금액에 대해 3% 세율로 과세하며, 디지털 용역의 공급자는 분기별로 각 분기의 다음 달 말일까지 해당 세액을 납부하여야 한다.

(7) 기타

이 외에도 여러 나라의 움직임이 있다. 체코 재무장관은 2019. 4. 30. 디지털 용역 과세안을 공개하였다. 이에 따르면 전 세계 연 매출액 7억 5천만 유로 이상인 기업의 광고 등의 디지털 용역에 대해 7%의 세율로 과세하겠다는 것이다. 오스트리아도 전 세계 연 매출액 7억 5천만 유로 이상인 기업의 광고 및 데이터 판매에 대해 5%의 세율로 과세한다. 터키도 전 세계 연

매출 7억 5천만 유로 이상인 기업의 광고, 콘텐츠, 소셜 미디어 용역 매출
에 대해 7.5%의 세율로 과세한다. 캐나다는 2022. 1. 1. 까지 디지털 서비스
세 입법을 추진하지만, 다자간 성명서에 따라 2024년 1월 1일 이전에는 부
과하지 않을 것이라고 한다. 다만, OECD 협정에 따른 다자간 접근방식에
따른 조약이 발효되지 않은 경우에만 부과할 예정이다.

이상과 같은 전 세계적인 움직임에 대해 미국은 보복 관세로 대처하고
있다. 미국 무역대표부(USTR)는 2020년 6월에 디지털세를 도입하는 유럽
연합을 포함한 10개국에 대한 조사를 시작했다. 2021년 1월에 6개국(영국,
인도, 오스트리아, 이탈리아, 스페인, 터키)이 미국의 디지털 기업을 차별하
고 국제조세 원칙에 부합하지 않는 과세를 한다는 결론을 내리고, 보복 관
세를 부과하기로 하였다. 그러나 최근 OECD와 G20에서 진행 중인 국제조
세 관련 다자 간 협상을 완료하는데 필요한 추가 시간을 제공하기 위해
180일간 관세 부과를 유예한다고 밝혔다. EU 국가 중에서도 아일랜드, 네
덜란드, 스웨덴, 벨기에, 덴마크 등은 디지털 서비스세 도입에 소극적이다.
이들 국가는 매출액 과세 자체가 가지는 중복과세의 문제점과 비효율성,
특정 산업이나 기업에만 적용되어 자원배분을 왜곡시키는 효과, 미국과의
통상 마찰 야기 등을 우려하고 있다.[83]

6. 고정사업장의 새로운 과세 연계점(Nexus)

소위 FAANG(Facebook, Amazon, Apple, Netflix, Google)이라는 디지털
플랫폼 기업들은 서버를 어느 곳에 두든지 전 세계인과 계약을 체결하고
사업 활동을 영위할 수 있다. 기존의 고정사업장 개념에 따르면 서버 소재

---

83) 안종석, "디지털 경제와 법인세 정책-국제 논의와 정책 시사점", 재정포럼, 한국조세재
    정연구원, 2019.3. 23쪽.

지가 고정사업장이므로, 서버를 조세피난처에 두게 되면 국제적 조세회피가 가능하다. OECD와 EU, 선진국은 이에 대응하기 위해 법인세 방식의 '디지털세'에 대한 합의를 모아가고 있다. 하지만 각국 간에 이해관계가 첨예하게 대립하고 있어서 구속력 있는 결과를 도출하기까지 시간이 걸릴 것으로 예상된다.

EU는 단기적인 대책으로 고정사업장 개념에 디지털 넥서스(Digital Nexus)를 도입하여 과세권을 확보하려고 시도하고 있다. 즉, 기존의 고정사업장 개념에 '중요한 디지털 존재'의 개념을 추가하여 이를 충족하는 기업에 대해 매출액의 3%를 디지털 서비스세로 부과하는 것이다. 중요한 디지털 존재는 디지털 서비스의 수익, 서비스 이용자 수, 디지털 서비스계약 건수로 판단한다.

각 나라도 기존의 고정사업장 개념의 수정을 통해 대응에 나서고 있다. 예를 들어, 슬로바키아는 2017년 운송, 숙박 관련 중개 서비스를 제공하는 특정 디지털 플랫폼을 고정사업장 개념에 포함하였다. 이스라엘은 외국법인이 국내 소비자들에게 해외에서 온라인 서비스를 제공하는 활동을 수행하고 그 활동이 '중요한 경제적 실재성'이 있으면 과세상 실재(taxable presence)가 있는 고정사업장을 구성하는 것으로 본다. 중요한 경제적 실재성은 ①온라인 계약의 체결 ②디지털 재화 및 서비스의 사용, ③현지화된 웹사이트의 존재(히브리어, 국내 소비자에 대한 할인 등) ④다면 시장 모델 (외국법인이 상당한 수익을 창출하고, 그 수익이 국내 사용자들이 수행하는 온라인 활동의 양과 밀접한 관련성 존재)의 요건을 충족해야 한다. 기존에 체결된 조세조약을 개정하지 않는 한 조세조약이 이미 체결된 국가의 외국법인에는 적용할 수 없으므로, 조세조약 미체결국의 외국법인에만 적용한다. 인도네시아는 2019. 12. 4. 자국의 디지털경제 환경에 '중대한 경제적 실재(significant presence)'가 존재하는 해외 기업들에 세금을 부과하는 규정을 신설하였다. 즉, 온라인을 통해 인도네시아 내에서 상품과 서비스를 공급하는 외국기업은 인도네시아 내에 물리적 사업장이 존재하는 것으로 보아 인도네시아 내국 세법에 따라 세금을 납부해야 한다. 일정 기준의 거래 횟수, 거래액, 배송 포장 패키지 수, 트래픽 등을 초과하는 기업을 대상으로 한다. 2년의 유예기간을 두고 있다.

OECD는 전 세계적으로 디지털세에 대한 합의가 이루어지기 전에 과도기적인 조치를 제시하였다. BEPS Action 7에서 고장사업장의 인위적 구성을 통한 조세회피 방지, 디지털 플랫폼 기업에 대한 새로운 넥서스 등을 논의하고 있다. 이런 인식 하에 2017년 개정된 모델 조세조약은 고정사업장에 관한 규정을 새롭게 추가하였다. 개정 내용은 이렇다.

먼저, 종속대리인의 요건을 완화하였다. 즉, 대리인이 본인을 기속하는 계약체결권을 갖고 있지 않더라도, ①계약을 체결하는 데 중요한 역할을 상시 수행하고 ②본인에 의해 계약의 중요한 변경이 이루어지지 않는다면, 그 대리인은 종속대리인에 해당한다. 이러한 계약은 재화의 판매뿐 아니라 무형자산을 포함한 재화의 이전과 사용허락 또는 용역의 제공과 관련된 계약도 포함한다. 대리인이 해당국에서 직접 계약을 체결하지 않고, 외국기업이 온라인 등을 통해 계약을 체결하더라도 대리인이 계약체결에 있어 주요 역할을 반복 수행하였다면 고정사업장이 인정되는 것이다. 우리 정부도 2018년 세법 개정 시 이런 내용을 반영하였다. 종전에는 계약체결 권한을 가진 대리인만 국내사업장으로 간주하였지만, 개정세법은 계약체결 권한이 없는 대리인이라도 계약체결 과정에서 중요한 역할을 하는 때에는 국내사업장으로 간주하는 규정을 두었다(법인세법 제94조 제3항 제2호).

둘째로 독립대리인의 요건을 강화하였다. 어떤 인(person)이 그와 특수관계에 있는 하나 이상의 관계회사를 위해 전적으로 또는 거의 전적으로 사업 활동을 수행한다면 독립대리인으로 간주하지 않는다. 형식상 독립대리인이지만 실질적으로 특수관계기업에 종속되어 있다고 볼 수 있기 때문이다. 종속대리인으로 보게 되면 고정사업을 인정할 수 있다.

셋째로 고정사업장의 예외 요건을 제한하였다. 기존에는 저장, 인도, 재고 등의 목적만을 위한 장소는 고정사업장으로 보지 않았다. 개정 내용에서는 해당 장소에서의 활동이 실제로 예비적이거나 보조적인 성격인 경우에만 고정사업장으로 보지 않는다고 하여 실질적 요건을 추가하였다.

마지막으로 인위적 계약분할이나 사업 활동 쪼개기를 통한 고정사업장 구성 회피를 방지하는 규정을 신설하였다. 특수관계인 간에 고정사업장을 회피하기 위해 사업 활동을 여러 개의 단위로 쪼개어 각 장소가 단순히 예비적·보조적인 활동을 수행한다고 주장하는 사례가 있다. 이를 방지하기 위해 쪼개진 활동을 합쳤을 때 예비적·보조적 활동 범위를 넘어서면 고정사업장으로 간주할 수 있다. 또한 특수관계인 간에 계약을 분할하여 체결하는 것도 마찬가지이다. 쪼개진 계약을 전체적으로 합쳤을 때 예비적·보조적 활동 범위를 넘어서면 고정사업장으로 간주할 수 있다.

7. 국세청의 디지털 플랫폼 기업에 대한 과세 사례

우리나라에서도 구글, 애플, 페이스북 등 다국적 IT 기업이 국내에서 수조 원의 매출을 올리고 있음에도 법인세 등의 세금을 거의 내지 않는 상황이 발생하고 있다. 다국적 IT 기업의 국내 수익은 정확히 알 수는 없지만 대략 2018년 기준으로 구글은 4조 2천억 원에서 6조 4천억 원, 페이스북은 4,039억 원, 에어비앤비는 355억 원, 넷플릭스는 2,612억 원으로 추정한다.[84] 구글의 경우에는 매출액에서 광고 수익이 차지하는 비중이 80% 이상으로 높다. 광고 수익은 대표적인 네트워크 효과를 누릴 수 있는 이익이

---

84) 김빛마로·이경근, 디지털 플랫폼 경제의 조세쟁점과 과세방안 연구, 한국조세재정연구원, 2019, 76쪽.

다. 소비자들이 콘텐츠를 업로드하거나 댓글을 달고 영상을 시청함으로써 네트워크 효과가 발생한다. 소비자들이 가치를 창출하므로 소비지국에 과세권을 배분하는 것이 일응 정당하다. 또한 디지털 플랫폼을 운영하는 국내 기업에 대해서 과세하면서, 외국기업을 과세하지 않는다면 과세형평에도 문제가 있다.

2019년 국정감사에서 서울지방국세청장은 "국내 자회사가 계약체결권을 상시로 행사하는 등 상황이 있으면 과세할 수 있다. (글로벌 IT 기업의 서버가 외국에 있어도) 과세요건 입증이 쉽지는 않지만, 충분히 근거가 있다면 가능하다"라고 답변하여 과세 가능성을 언급하였다.[85] 이후 실제로 국세청은 대표적인 디지털 플랫폼 기업에 법인세를 과세하였다. 현재 조세심판원에 심판청구가 진행 중이다. 과세관청은 해외 기업의 고정사업장을 한국에 인정할 수 있는 논리를 다각적으로 검토하여 주장하고 있다. 다국적 기업이 조세회피 목적으로 활동 쪼개기 및 계약 쪼개기를 하여 한국에 고정사업장을 두지 않고도 실질적으로 고정사업장을 둔 것과 같은 경제적 효과를 얻고 있다는 점에 착안한 것이다.

(1) GG아시아퍼시픽(유)에 대한 과세 사례

국세청은 GG아시아퍼시픽(유)에 대하여 2015년부터 2018년 귀속연도 법인세 및 부가가치세 4,197억 원을 과세하였다. GG아시아퍼시픽(유)는 싱가포르에 소재한 외국법인으로 GG플레이의 아시아·태평양 지역 배포자이다. 국내 게임 등 개발자로부터 수수료를 수취하였다. 그런데 GG아시아퍼시픽(유)의 고정사업장이 국내에 없어서 법인세를 신고·납부하지 않았다.

과세관청은 GG코리아(유)와 GG페이먼트코리아(유), 캐시서버, 콜센터,

---

85) 매일경제, "서울국세청장 "서버 외국에 둔 글로벌 IT기업 과세 가능"", 2019. 10. 15. 자 (https://m.mk.co.kr/stockview/?sCode=26&t_uid=21&c_uid=3211152)

GG캠퍼스의 5개 장소가 결합하여 국내에 GG아시아퍼시픽(유)의 고정사업장을 구성한다고 보았다. GG아시아퍼시픽(유)의 본질적이고 중요한 사업 활동은 '판매, 마케팅 및 고객지원 활동'인데, 이런 활동들이 5개 장소에서 분산적으로 수행되었고, 그에 대한 지배관리권이 GG아시아퍼시픽(유)에 있다고 본 것이다. 구체적으로 ①GG페이퍼먼트코리아(유)가 사업장을 통해 GG플레이 사업에서 수익 창출의 핵심 요소에 해당하는 다양한 결제 수단을 제공하고, ②GG코리아(유) 사업개발팀이 대작 게임 관련 계약체결 과정 등을 전담하면서 수익 창출에 직접 기여하고, ③콜센터는 이용자 민원 처리 활동에 필수적인 사업장소이고, ④캐시 서버는 다운로드 속도 증가 등 GG플레이 서비스 품질을 높이고, ⑤GG캠퍼스는 GG플레이 생태계를 조성하는 중요한 장소로서, 이들 장소를 통하여 GG아시아퍼시픽(유)의 본질적이고 중요한 사업 활동이 수행되었다고 본 것이다.

과세관청은 설사 고정사업장이 없다고 하더라도 간주고정사업장을 인정할 수 있다고 보았다. OECD 모델조세조약의 주석상 계약체결권 행사 여부는 사업환경에 맞게 수익 창출 관련 계약이 없거나 불분명한 경우 '수익창출 원인행위'를 통해 판단하거나, '사업활동 참여정도'로 간접적으로 판단할 수 있다. 외국기업 명의가 아니더라도 외국기업을 '구속하는 계약'을 체결하는 경우에도 계약체결권을 행사한 것으로 볼 수 있다. 구체적으로 GG코리아(유) 사업개발팀은 다양한 영업전략 등으로 대작 게임을 유치하고 실질적인 가격협상권을 행사하는 등 GG아시아퍼시픽(유)의 수익 창출에 기여하는 계약체결권을 상시로 행사하였다. 수수료에는 국내에서 제공되는 전자지급 결제 대행 대가가 포함되어 있고 동 전자지급 결제 대행용역은 다양한 결제수단 제공으로 이용자를 확보한다는 점에서 GG플레이 사업에서 핵심적인 역할을 수행한다고 볼 수 있는데, GG페이먼트코리아는 GG아시아퍼시픽(유)을 구속하는 계약을 체결하는 방식으로 계약체결권을 행사했다고 판단하였다. 이에 따라 고정사업장이 한국에 있다고 보아 고정사업장에 귀속되는 소득을 한국에 납부할 의무가 있다.

고정사업장 귀속소득 판단에 있어서는 이익분할법을 사용하였다. 고정사업장은 GG플레이 사업에 있어 본질적이고 중요한 영업을 하고 전자지급결제대행 업무를 전적으로 수행하는 GG플레이 서비스 제공업자로 보고, GG아시아퍼시픽(유)와 고정사업장이 특수한 무형자산 형성에 관여하는 등 고도로 통합된 기능을 수행하는 경우에 해당한다고 보았다.

(2) AA에 대한 과세 사례

2019년 과세관청은 AA에 대해 1,500억 원의 법인세를 추징하였다. AA는 미국에 소재하고 있으면서 전 세계 클라우드 서비스를 총괄하고 있다. AA는 한국에 100% 계열사인 AATK와 AAK를 소유하고 있다. AATK는 데이터 호스팅 서비스를 제공하고 한국의 서버를 관리하고 있다. AAK는 국내 거래처에 마케팅, 교육, 컨설팅 등의 서비스를 제공한다. 현재 AA의 국내 클라우드 서비스는 위 두 회사를 통해 이루어지고 있다. AA는 우리나라에 고정사업장이 없는 이상 우리나라에서 법인세를 납부할 의무가 없다.

그러나 과세관청은 주위적으로 고장사업장이 있는 것으로 보았고, 예비적으로 간주고정사업장이 있는 것으로 보아 과세하였다. 과세관청은 한국에 있는 4개의 데이터 센터(서버가 37,866개 존재)를 AA 클라우드 서비스의 물적 기반 시설인 고정사업장으로 보았다. AA는 AATK의 고유업무인 데이터센터의 관리업무에 개입함으로써 실질적으로 지배권을 행사하였다. 구체적으로 데이터센터 자체의 선정, 데이터센터를 구성하는 서버의 장비 구입, 가용 용량 관리, 장비의 폐기 및 해체과정까지 국내 데이터센터와 관련된 AATK의 업무 전반에 영향력을 행사하였다. 데이터센터를 보유·사용하며 이에 대해 운영·관리 및 하드웨어 보안업무를 수행하는 것은 클라우드 서비스 공급에 있어서 본질적이고 중요한 활동이다. AAK가 제공하는

AA 클라우드 서비스의 제공 및 판매(B2B영업)는 AA 사업의 본질적이고 중요한 활동이다. 따라서 AATK와 AAK는 결합하여 AA의 한국 내 고정사업장을 구성한다.

만약 물리적 고정사업장을 구성하지 않는다고 하더라도, 국내 조직들은 AA의 독립대리인에 해당하지 않고 사실상 AA와의 관계에서 높은 종속성을 가진다. 구체적인 업무지시를 받고, 국내 영업직 직원들은 클라우드 서비스 계약의 중요하고 세부적인 사항을 협의할 수 있는 권한, 즉 계약체결권을 주도적이고 관례적으로 행사하고 있다. 따라서 종속대리인으로 보아 간주고정사업장이 있다고 주장하였다.

(3) FF아일랜드에 대한 과세 사례

FF아일랜드는 FF 그룹의 계열사로 미국 및 캐나다외 지역(ROW지역)에서 FF 플랫폼의 광고 공간을 판매하는 기업이다. FF는 소셜네트워크 서비스, 인스타그램, 메신저 등을 소유·운영한다. 모회사인 FF는 나스닥에 상장되어 있고 미국 캘리포니아에 본사가 있다. FF 아일랜드 홀딩스는 미국 및 캐나다 외 지역의 FF 기술 및 마케팅 무형자산에 대한 경제적 소유권을 갖고 해당 지역 내에서 플랫폼을 운영한다. FF아일랜드는 FF 아일랜드 홀딩스로부터 ROW 지역에서 FF기술 및 마케팅 무형자산을 사용하여 광고상품을 판매할 수 있도록 라인센스를 허락받아 FF플랫폼을 유지·관리 및 운영하고, 광고 수익을 얻고 있다. FF아일랜드 수익의 99% 이상은 광고 수익이다. 2019년 말 기준으로 국내 온라인 광고시장에서 얻은 수익은 전체의 10.5% 정도이다.

FFK유한회사는 2010년 국내에 설립되어 2019년 10월까지는 FF아일랜드와 판매지원 및 마케팅 계약을 체결하였고, 그 이후에는 재판매계약을 체결하였다. FFK는 광고 공간을 구입하여 국내 고객에게 재판매를 하고 있으며, 법인세 및 부가가치세를 신고·납부하고 있다. 그러나 2019년 11월 재판매계약 전과 후로 달라진 것은 광고계약 체결 당사자와 광고 대금 수취자 명의가 FF아일랜드에서 FFK로 변경된 것 외에는 없었다.

과세관청은 FFK 설립 전에도 FFK는 FF아일랜드의 고정사업장 형태로 동일한 업무를 수행하고 있었으므로 FF아일랜드 한국지점으로 직권으로 사업자등록을 하고 법인세 및 부가가치세를 부과하였다. 쟁점이 된 부분은 2019년 10월까지 국내에 FF아일랜드의 고정사업장(또는 간주고정사업장)을 인정할 수 있는지, 광고 용역의 본질적이고 핵심적인 업무가 국내에서 이루어졌다고 보아 부가가치세를 부과할 수 있는지, 광고 용역에 대한 정상가격산정 방법의 타당성이었다.

과세관청은 FF아일랜드가 FFK 사업장 및 직원에 대한 권한을 갖고 있다고 보았다. FFK는 사업방침, 자금 사용 등 중요한 의사결정에 관한 권한이 없고 FF아일랜드가 이를 모두 행사하고 있다. FF아일랜드가 FFK 사업장의 출입 및 통제 권한, 사업장 이전 결정 등을 통하여 사용·처분 권한을 보유하고 있다. FF아일랜드가 FFK 직원의 인사권, 성과급 결정 등의 권한을 갖고 있으므로 실질적·경제적 고용주이다. 또한 FFK의 사업장을 통하여 수행되는 활동을 FF아일랜드의 본질적이고 중요한 사업 활동으로 보았다. FF아일랜드의 본질적이고 중요한 활동은 SNS를 기반으로 하는 광고 서비스이다. 그런데 국내에서 광고 컨설팅, 지속적인 고객 관리, 마케팅 활동은 모두 FFK의 직원들이 하고 있다. FFK 직원들은 계약 내용에 대한 협상 권한을 실질적으로 보유하고 있으며, 광고계약 체결에 이르기까지 영업활동은 FFK 직원들이 주도하므로 간주고정사업장에 해당한다고 볼 수 있다. 이런 사실관계를 토대로 과세관청은 FF아일랜드가 고정된 장소에 대한 사용·처분 권한을 보유하고, 본질적이고 중요한 활동을 수행하므로 고정사업장이 존재한다고 주장하였다.

8. 앞으로의 과제

(1) G20/OECD 동향 파악

다국적 디지털 기업의 서버는 국외에 있으므로 국내에 고정사업장이 인정되지 않아, 앱 마켓 수익 등에 법인세를 부과하기 어려운 상황이다. OECD에서 디지털세에 관해 합의가 되면 우리나라도 이에 따라 과세에 동참하게 될 것이다. 다만, 합의가 이루어져도 합의 내용을 반영하여 국내법과 조세조약을 개정해야 한다. 또한 합의가 언제 이루어질지 알 수 없으므로, 그 전이라도 유럽의 개별 나라들처럼 디지털 서비스세를 도입하는 방안도 고려해볼 수 있다. 다만, 과세를 위해 면밀하게 검토할 사항들이 있다. 정부는 EU의 단기대책인 디지털 서비스세의 국내 도입 여부는 신중하게 검토해야 한다는 의견이다.

첫째, 디지털 서비스세를 섣불리 도입하게 되면 무역 갈등으로 비화할 소지가 있다. 디지털 서비스세 시행을 강행하는 프랑스와 이에 반대하는 미국의 갈등이 무역마찰로 비화한 것이 대표적이다. 둘째, 디지털 서비스세는 법인세를 부과할 수 없는 현 단계에서 누수되는 법인세를 과세하고자 하는 방안이다. 따라서 디지털 서비스세와 법인세를 동시에 부과할 수는 없다. 셋째, 디지털세(법인세)가 도입되었을 때 다국적기업의 소득에 대한 일부 과세도 가능하지만, 서비스 업종까지 확대되면 삼성과 같은 우리나라 대기업에 대한 소득 일부가 해외로 유출될 수 있다는 지적도 있다. 넷째, 내국법인과 외국법인의 조세 형평성도 고려해야 한다. 외국법인에만 디지털세를 부과하면 국제법상 무차별원칙이 문제 될 수 있다.

이미 Pillar 2에 대한 국제 합의는 이루어졌고, Pillar 1도 조만간 합의가 될 것으로 보인다. 디지털세의 핵심 사항은 IF 운영위원회가 주도적으로 논의하고 있다. 운영위원회는 24개국으로, OECD 재정위원회 이사는 당연직 위원이다. 우리나라도 2019년 12월부터 여기에 포함되어 있다. OECD 실무작업반과 OECD TFDE에서 기술적 사항은 논의하므로, 주도적 논의 그룹에 참여하여 우리나라의 의견을 반영할 필요가 있다.

(2) 법 제도 정비

2022년 말 OECD의 Pillar2의 내용인 글로벌 최저한세 규정이 국조법에 도입되었다. 글로벌 최저한세를 국내법에 도입한 국가가 아직 없는 상황에서 우리나라가 선제적으로 도입을 한 것이다. 정부는 우리나라의 과세권을 확보하기 위해서라고 밝히고 있다. 시행은 2024. 1. 1. 이후 개시하는 사업연도분부터 적용하므로 시행 전에 조금 더 보완할 수 있는 여지는 있다.

Pillar 2를 국내법에 도입하는 것이 아직은 의무가 아니지만, 만약 도입한다면 그 내용은 OECD 모델조항과 같아야 한다. 이에 따라 우리 국조법에 도입한 내용은 국제적으로 합의된 내용과 같다.

적용 대상그룹은 직전 4개 사업연도 중 2개 이상의 연결 매출액이 7.5억 유로 이상인 다국적기업 그룹의 구성기업이다. 정부 기관, 국제기구, 비영리기구, 연금펀드, 최종 모기업인 투자기업 및 부동산투자기구 등은 제외된다. 국내 다국적기업 그룹에 소속된 구성기업은 소득산입 규칙 및 소득산입보완규칙에 다른 추가세액배분액을 법인세로 납부해야 한다. 해당 국가의 추가세액은 다음 산식에 따라 계산한다.

국가별 추가세액 = (최저한세율 - 국가별 실효세율) × (순글로벌최저한세소득 - 실질기반제외소득*) + 당기추가세액가산액-적격소재국추가세액**
   * 실질기반제외소득은 국가내 구성기업의 '인건비' 및 '유형자산 순장부가액'의 일정비율(5%)
   ** 적격소재국추가세액은 실효세율 15% 미충족 시 소재지 국가에 납부하는 미달세액

구성기업의 추가세액 계산 산식은 '해당국가의 추가세액 × (해당 구성기업의 글로벌최저한세소득 ÷ 해당 국가에 소재하는 구성기업의 글로벌최저한세소득의 합계)이다. 글로벌 최저한세 과세액은 국가별로 계산한 실효세율(조정조세/조정소득)을 기준으로 최저한세율(15%)에 미달하는 만큼 추가 과세한다. 글로벌 최저한세 정보신고서는 사업연도 종료일부터 15개월 이내에 제출해야 하나, 도입 첫해인 2024년에는 18개월 이내에 하면 된다. 다만, 해외활동 초기단계의 다국적 기업그룹에 대해서는 규칙 적용 첫 5년간 소득산입보완규칙 적용이 면제된다. 이 외에도 실효세율 계산, 소득산입규칙, 최소적용 제외 특례, 조직재편에 대한 특례, 글로벌최저한세 정보신고서의 제출, 자료제출의무 불이행에 대한 과태료 규정까지 상세하게 두고 있다.

Pillar 1의 합의가 조만간 타결되면, 다자협정으로 체결될 것이다. 고정사업장이나 이중과세조정에 관한 내용이 추가·수정될 수 있다. 이에 따라 국내법 및 조세조약상 개정 내용 등을 미리 검토할 필요가 있다.

(3) 세수 효과 분석

디지털세를 도입하면 자본수출국에는 세수 감소 효과가 예상되지만, 자본수입국에는 세수 증가 효과가 예상된다. 우리나라는 과거에는 자본수입국이었지만, 현재는 자본수출도 하고 있으므로 그 효과를 쉽게 예상할 수는 없다. 〈표 9〉에서 보는 바와 같이 우리나라의 해외 직접투자가 계속 늘고 있으며, 특히 콘텐츠 산업 등에서 강세를 보인다. 따라서 자본수출국으로서 우리나라 기업들이 부담하게 될 추가 세수 등을 검토할 필요가 있다.

<표 9> 우리나라의 외국인 직접투자와 해외직접투자 현황 (단위: 억불)

구분	2015년	2016년	2017년	2018년
외국인직접투자	209.1	213.0	229.4	269
해외직접투자 (투자기준)	271.8	391	437	497.8

※ 출처: 한국공인회계사회, 「디지털경제에 따른 조세현안과 과제」, 2019.

 Pillar 2는 업종에 상관없이 연결 매출액 1조억 원 이상인 다국적기업집 단이면 모두 적용 대상이다. 상당수의 우리나라 기업들이 대상이 될 것으로 전망한다. 대상 사업에 CFB(최종소비자에게 마케팅하면서, 고객기반 구축을 위해 디지털 기술을 활용할 수 있고, 기존 고객기반을 통해 새로운 고객을 창출하거나 고객 취향에 따라 더 나은 제품 및 서비스를 제공하는 분야)가 포함되어 있다. 다만 구체적으로 어떤 업종이 포함될지에 대해 추가적인 논의가 이루어지고 있다. 예를 들어, 휴대전화, 가전, 자동차 등 제조업도 포함될 수 있다. 적용 예상 기업의 데이터베이스를 구축하고, 정부와 국내 산업계 간에 간담회나 의견수렴이 필요하다. 정부 내에서도 한 부서에서만 이를 담당할 수 없고 기획재정부, 산업통상자원부, 외교부 등과 협업이 필요하다.

 2020년 제8차 IF 회의에서 Pillar 1과 Pillar 2를 도입했을 때 글로벌 법인세수를 분석하였다. 분석 결과는 「Tax challenges arising from digitalization of the economy-economic impact assessment」라는 보고서로 발간되었다. 개별 국가가 아닌 소득에 따른 국가 그룹(jurisdiction group)별, 법인세율별 세수 효과를 분석하였다. 1차 산업과 금융산업을 제외하고, 잔여 이익 기준(매출액 대비 10%, 20% 세전이익), 잔여 이익 중 시장 소재지국 배분 비율(10%, 20%, 30%)을 다르게 하여 시나리오별로 분석하였다.

〈그림 19〉 Pillar 1의 세수 효과 분석

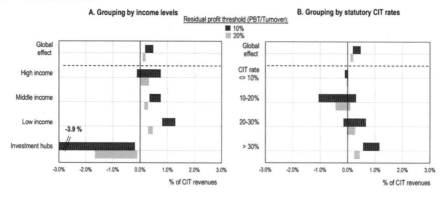

분석 결과 Pillar 1은 우리나라가 속한 고소득 국가 그룹(1인당 GDP 1천불 이상)은 세수 증감이 불분명했지만, 중·저소득 국가 그룹은 세수가 증가하고, 투자 허브 국가 그룹(GDP 대비 해외직접투자 비율이 150% 초과)은 세수가 매우 감소하였다. 〈그림 19〉는 시장 소재지국 배분 비율이 20%일 때, 세수 효과 분석이다. 통상이익률이 10%이고 법인세율이 20~30%일 때 법인 세수는 0.6% 증가~0.2% 감소가 예상된다.

또한 Pillar 2와 연계하여 네 가지 시나리오를 분석하였다. Pillar 2의 시행으로 기업과 국가들은 행동의 변화가 있을 수 있다. 즉, 다국적기업은 국가 간 소득을 이전하려는 시도를 줄이고, 저세율 국가는 법인세를 최저한 세율까지 인상할 것으로 기대한다. 이를 반영하여 네 가지 시나리오를 설정하고 각 시나리오별로 세수를 예측하였다. 시나리오1은 기업 및 국가들의 반응(behavioural reaction)을 고려하지 않았다. 시나리오2는 시나리오1에 Pillar 1의 효과를 추가하였다. 시나리오3은 시나리오2에 다국적기업들이 소득 이전을 줄이는 효과를 추가하였다. 시나리오4는 저율로 과세하는 국가가 법인세율을 인상하는 효과를 추가하였다. 분석 결과 미국이 GILTI를

〈표 10〉 Pillar 1과 다국적기업의 상호작용을 포함한 시나리오3의 세수 효과 분석

최저한 세율	10%		12.5%		15%	
공제	No carve-out	10% carve-out on payroll and depreciation	No carve-out	10% carve-out on payroll and depreciation	No carve-out	10% carve-out c payroll and depreciation
소득이전을 줄인 효과	0.5%-0.7%	0.5%-0.7%	0.8%-1.1%	0.8%-1.1%	1.1%-1.5%	1.1%-1.5%
IIR과 UTPR에 따른 세수	0.7%-1.3%	0.6%-1.1%	1.0%-1.9%	0.9%-1.7%	1.3%-2.6%	1.2%-2.3%
GILTI에 따른 세수	0.4%-0.8%					
총세수	1.5%-2.8%	1.5%-2.7%	2.1%-3.8%	2.0%-3.6%	2.7%-4.9%	2.7%-4.6%

Note: Contrary to other result tables in this chapter, the estimates in this table include gains related to US MN (i.e. revenues from GILTI), based on estimates from the US Joint Committee on Taxation discussed in Section 3. Results in this table focus on Scenario 3 (i.e. a scenario taking into account the interaction with Pillar One a MNE reactions). The ranges reflect data uncertainty, and the upper bound of the ranges also takes into accou uncertainty related to pockets of low-taxed profit in higher-tax jurisdictions.
Source: OECD Secretariat.

유지한다는 전제에서, 시나리오3에 따르면 12.5%의 최저한세율 하에서 법인세 예상 총세수는 약 2.0~3.8% 증가할 것으로 보인다.

이와 같은 글로벌 세수 예측을 토대로 우리나라의 세수 예측이 필요하다.

(4) 전문역량 강화

디지털세 논의는 국제조세 패러다임의 전환이라고 평가할 만큼 획기적이다. 기존의 고정사업장 개념 대신 새로운 넥서스를 도입하고, 정상가격 대신 공식 배분 방식으로 세액을 분배하고, 양자간 조세조약이 아닌 다자간 조세조약을 체결하고, 분쟁해결 방식으로 의무적·강제적 중재 방식을 도입하는 것을 내용으로 하기 때문이다. 따라서 디지털세는 국제조세 분야 중에서도 굉장히 전문적이고 복잡한 분야가 될 것이다. 특히 각국의 이해관계가 대립하다 보니 논의 과정이 장기화할 수 있다. 이런 상황에서 국제

조세 전문가 집단을 구성하는 것은 매우 중요하다.

우리나라는 국제조세 전문인력이 아직 부족하다. 독일, 일본, 프랑스 등 주요 선진국은 국제조세 관련국 단위 전담 조직을 운영 중이고, 미국은 국제조세자문관 외에 국제조세 협상을 전담하는 차관보급 직위(Deputy Assistant Secretary) 2개를 운영 중이다. 우리나라는 국세청 내에 하나의 국으로 편성되어 있을 뿐, 각 지방청에는 조직이나 인력이 매우 부족하다. 국세청, 기획재정부, 법무부 등을 통합하여 전문인력을 양성하고, 전문교육을 실시하는 것이 필요하다.

Ⅱ. 디지털 플랫폼 기반 국외 사업자에 대한 부가가치세

온라인을 통한 국제간 재화 판매의 약 3분의 2가 디지털 중개 플랫폼을 통해 이루어지고 있다. 알리바바, 아마존, 이베이가 대표적이다. 온라인을 이용한 국제 상거래가 기하급수적으로 증가하면서 기존의 부가가치세의 논리로는 과세할 수 없는 경우가 속출하고 있다. 부가가치세는 사업자가 재화나 용역을 공급할 때 공급장소의 국가가 과세할 수 있다. 그러나 경제의 디지털화가 진행되면서 재화나 용역의 공급에 국경의 제한이 사라지고 있다. 특히 온라인으로 계약을 체결하면 공급장소가 어디인지 분명하지 않다. 그렇다 보니 국내에 고정사업장을 갖고 있지 않은 외국법인이 온라인을 통해 재화나 용역을 공급하는 경우 소비자의 거주지국에서는 부가가치세를 과세할 수 없는 문제가 발생한다. 만약 공급하는 법인이 소비지국 내에 고정사업장을 둔 내국법인이라면 당연히 부가가치세를 징수·납부해야 한다. 그러나 외국법인은 고정사업장이 없어 부가가치세를 납부하지 않는다. 이로써 같은 상품에 대해 외국법인이 국내법인보다 시장에서 더 경쟁우위를 갖게 된다. 외국법인이 낮은 가격으로 초창기에 소비자를 유인하게 되면, 네트워크 효과로 인해 시장을 선점하는 것은 시간문제다. 이는 과세 공평을 저해하고 국내 디지털 산업의 발전을 가로막기 때문에 각국은 일찍부터 이 문제를 해결하기 위해 노력하고 있다.

먼저 해결해야 할 과제는 부가가치세 과세 관할권을 공급지국이 가질 것인지 소비지국이 가질 것인지이다. 국제적인 논의를 거쳐 현재는 소비지국, 즉 당해 재화나 용역이 소비되는 국가에서 과세할 수 있다는 것에 합의가 이루어졌다. 다음으로 제공된 디지털 상품을 재화로 볼 것인지 용역으로 볼 것인지이다. EU는 1998년 2월 디지털 상품을 용역으로 취급하기로 하였다. 이후 2001년부터 OECD도 디지털 상품을 용역으로 취급하기로 하였다. 더불어 디지털 용역의 내용이 계속 다양해지고 있으므로 그 범위를 어디까지 설정할 수 있는지도 문제 된다. 무엇보다 전자상거래에 있어서는 오픈마켓 중개자, 즉 플랫폼 서비스를 제공하는 업체의 협력의무 내지 법적 책임이 중요하게 대두되고 있다.

1. EU

EU는 2015년 '디지털 단일시장을 위한 전략(Strategy for the EU Digital Action Plan on VAT)'를 수립하여 단계적으로 시행하고 있다.[86] 이에 따르면 전자통신, 라디오와 TV 방송, 전자적 용역 등이 비사업자 개인에게 공급될 때는 소비자의 항구적 주소 또는 주된 거소가 속한 국가에서 과세할 수 있다. 즉, 소비지국 과세 원칙을 따르고 있다.

B2B 거래에서는 소비지국의 사업자가 외국법인을 대신하여 부가가치세를 신고·납부하는 대리납부 제도를 채택하고 있다. 그러나 B2C 거래에서는 모든 개인이 대리납부를 하도록 할 수 없으므로, 납세 편의를 위해 2015

---

86) European Commission, "Guide to the VAT mini One Stop Shop", 2013. 10.

년 간편등록제도(Mini One Stop Shop, MOSS)를 도입하였다. 공급자가 소비지국에 간편사업자 등록을 하고 부가가치세를 자진하여 납부하는 것이다. EU 역내 사업자는 한 국가에 등록하고 신고·납부함으로써 EU 전체의 부가가치세를 신고·납부하게 된다. 다만 공급가액이 연간 1만 유로 이하인 경우는 소비지가 아닌 공급지를 기준으로 과세한다.

디지털 플랫폼을 통한 전자상거래에 관한 EU의 '전자상거래 부가가치세 규정(VAT e-commerce package)'은 2021년 7월 발효되었다. 플랫폼 사업에 대한 두 가지 조치를 내용으로 한다. 첫째, 플랫폼 사업자는 재화나 용역을 판매하는 자가 아니고 단지 영업을 중개하는 역할을 하므로 통상적으로 납세의무자로 인식되지 않는다. 다만, 소비자가 비유럽연합지역으로부터 150 유로 미만의 수입을 하거나 유럽연합지역에 사업장이 없는 판매자로부터 구매하도록 플랫폼 사업자가 중개한 때에는 납세의무자로 인식된다(EC VAT Directive 제14조 a조 제1항). 둘째, 재화나 용역을 공급받는 자가 소비자(기업이 아닌)인 때에는 플랫폼 사업자는 중개하는 영업에 관한 자료를 보관해야 한다. 나중에 회원국이 요청하면 전자적으로 제출해야 한다(EC VAT Directive 제242a조).

2. OECD

OECD는 1998년 관계 장관 회의에서 전자상거래 과세 기본원칙을 채택하였다('Electronic Commerce: Taxation Framework Conditions'). 이는 ①중립성(전통적인 상거래와 전자상거래 간, 전자상거래 형태 간에 과세의 중립성), ②효율성(납세자의 협력 비용과 세무 당국의 행정비용 최소화), ③확실성과 단순성(과세 규정이 분명하고 간단하여 납세자의 예측 가능성 제고), ④유효성(과세제도는 기술적, 상업적 발전과 함께 갈 수 있도록 유연하고 역동적일 것)을 내용으로 한다.

이어 2003년 전자상거래 가이드라인('Taxaton and Electronic Commerce'), 소비세 보고서('Consumption Tax Guidance Series')를 발표하였다. 여기서는 전자상거래 관련 부가가치세의 국제적 관할권 배분 원칙으로 소비지 과세 원칙을 채택하였다. B2B 거래의 경우에는 소비 기업의 사업장(business presence), B2C 거래의 경우에는 소비자의 일상적인 거주지(usual residence)가 소비지가 된다. 소비자가 개인일 때 소비자가 밝힌 인적 사항을 기초로 하고 보충적으로 지급 관련 정보를 참조하여 소비지를 판단한다. B2B 거래에 대해서는 영세율 및 대리납부 제도를 권고하였고, B2C 거래에 대해서는 공급자가 역외에서 간이등록을 하는 방안을 권고하였다.

2015년 BEPS Action 1에서 국외 공급자가 소비자의 국가에서 공급하는 재화나 서비스 등에 대한 부가가치세를 계산에 포함하도록 의무화하였다. 주요 권고사항은 ①소액 수입 물품의 부가가치세 면세점 인하 및 국가별로 적합한 부가가치세 징수모델 적용(세관징수모델, 판매자 징수모델, 구매자 징수모델, 중개인 징수모델) ②외국 판매자가 제공하는 전자 서비스의 경우 소비지국에서 부가가치세 과세 및 납부(외국 판매자가 소비지국에 부가가치세를 간편하게 납부하도록 간편사업자등록제도 권장)하는 것이다.

2016년 국제적 부가가치세 가이드라인('International VAT/GST guideline')에서는 무형자산 및 용역의 국제 거래 시 소비지국에서 과세하도록 권고하였다. 대리납부 제도는 B2B 거래에만 적용하도록 하였다.

2017년 국제 거래에 대한 효율적인 부가가치세 과세방안 보고서('Mechanism for the Effective of VAT/GST')를 발표하였다. B2B 거래에서 공급받는 자의 소재지국이 과세 관할권을 갖는다. 공급받는 자가 여러 국가에 걸쳐 있으면 해당 용역과 무형자산을 실질적으로 사용하는 국가로 한다. B2C 거래에서는 해당 공급이 물리적으로 수행된 곳으로 하되, 공급의 수행 장소가 명확하지 않으면 소비자의 주된 거소가 속한 국가로 한다. 납세 협력의무 간소화를 위해 사업자등록을 위한 정보 제공의 최소화, 온라인 등록 활용, 간소화된 전자신고 및 납부제도, 온라인 장부 기록과 세금계산서 발행 의무 면제 등의 방안을 제시하고 있다. 또한 국외 공급자의 부가가치세 등록에 대한 최소기준점(threshold)을 마련할 것을 권고하고 있다.

OECD는 과도한 행정비용과 납세협력비용을 들이지 않고 효율적으로 부가가치세 및 일반 판매세를 징수할 수 있는 대책을 마련하기 위해 디지털 플랫폼의 다양한 역할 모형을 모색하고 있다. 그 결과 2019년 보고서에서는 부가가치세 징수모형을 네 가지로 제시하고 있다.[87]

(1) 완전책임모형/간주공급모형
(Full liability model/Deemed supplier model)

실제 공급자가 아닌 디지털 플랫폼을 부가가치세 납세 목적상 공급자로 간주하는 모형이다. 플랫폼은 부가가치세를 징수·납부할 책임을 진다. 플랫폼이 소비자로부터 판매금액을 받을 때 부가가치세도 함께 징수하고 과세당국에 신고·납부한다. 공급자에게는 부가가치세 및 수수료를 제외한 대금만 지급한다. 실제 공급자는 해당 거래에 대한 부가가치세 납세의무를 면제받는다.

이를 위해서 디지털 플랫폼은 부가가치세 세액 계산에 필요한 정보에 접근하고, 공급자를 대신하여 부가가치세를 징수할 수 있는 수단이 있어야 한다. 국내 플랫폼과 국외 플랫폼 중 어디에 적용할지, B2B와 B2C 거래 중 어디에 적용할지 등을 결정해야 한다.

---

87) OECD, "The role of Digital Platform in the Collection of VAT/GST on Online Sales", 2019.

〈그림 20〉 부가가치세 완전책임모형

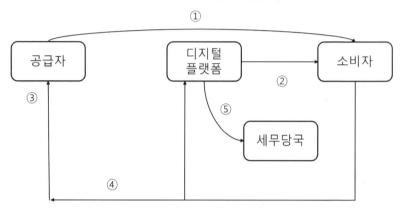

① 재화 판매: 공급자가 디지털 플랫폼을 통해 소비자에게 용역 공급
② 간주공급: 부가가치세 목적상 실제 공급자가 아닌 디지털 플랫폼이 소비자에게 용역
   을 공급한 것으로 간주
③ 매입세액 공제: 공급자는 일반 거래처럼 매입세액을 공제받을 수 있음
④ 구매대금 지급(부가가치세 포함): 디지털 플랫폼이 소비자로부터 판매대금을 수취하
   면 부가가치세와 수수료를 제외한 금액을 공급자에 지급
⑤ 신고·납부: 디지털 플랫폼이 실제 공급자를 대신하여 과세당국에 부가가치세를 신
   고·납부

(2) 연대납세의무 모형(Joint and several liability model)

실제 공급자가 납세의무를 이행하지 않는 때는 디지털 플랫폼이 연대납
세의무를 부담하는 모형이다. 구체적인 방식은 두 가지이다.

첫째는 과세당국이 공급자의 납세의무 불이행을 디지털 플랫폼에 알렸
음에도 불구하고 아무런 조치(해당 공급자를 플랫폼에서 제외하는 것 등)
를 취하지 않은 경우에 이후 발생하는 부가가치세에 대해서 연대납세의무
를 부담하도록 하는 것이다.

둘째는 디지털 플랫폼이 해당 공급자가 납세의무를 이행하지 않을 것이

라고 합리적으로 예측할 수 있었을 경우(해당 공급자가 사업자등록을 하지 않은 경우 등)에 연대납세의무를 부담하도록 하는 것이다.

(3) 정보공유모형(Information sharing model)

디지털 플랫폼은 납세의무나 연대납세의무가 없다. 다만 부가가치세 납세의무 이행과 관련된 정보를 과세당국에 제공할 의무를 부담할 뿐이다. 자료를 보관하고 있다가 과세당국이 요청하는 경우에만 제공하는 방식, 또는 관련된 정보를 체계적, 주기적으로 과세당국에 제공하는 방식이 있을 수 있다. 이때 정보는 부가가치세 납세협력의무 이행에 필요한 범위 내에서 디지털 플랫폼이 과도한 부담 없이 획득할 수 있는 정보여야 한다.

(4) 자발적 협력 모델

디지털 플랫폼과 과세당국이 협약을 맺고 정보 공유, 교육 등 다양한 측면에서 협력해 나가는 모형이다. 과세당국이 디지털 플랫폼을 통해 공급자에게 부가가치세 세율, 세금계산서, 신고 방법 등에 대한 정보를 효율적으로 제공할 수 있다.

3. 기타 해외국가[88]

호주는 2017. 7. 1.부터 전자적 용역에 대한 소비지국 과세 원칙을 도입하였다. 외국으로부터 수입하는 디지털 상품과 서비스에 대한 부가가치세(Good and Service Tax, GST)를 자국에서 과세할 수 있다. 과세 대상이 되

---

88) 김빛마로·이경근, 「디지털 플랫폼 경제의 조세쟁점과 과세방안 연구」, 한국조세재정연구원, 2019, 100쪽 이하를 참조함.

는 디지털 상품과 서비스의 범위는 법령에 포괄적으로 규정되어 있다. 예를 들어, 온라인으로 제공하는 소프트웨어, 디지털 수단으로 구독하는 신문이나 잡지, 웹디자인 또는 웹 출판 서비스, 법률이나 회계 등 컨설팅 제공 등이다. B2B 거래는 제외하였다. 거래가 디지털 플랫폼을 통해 이루어지면 개별 공급자가 아닌 플랫폼 운영자가 부가가치세를 신고·납부할 의무가 있다. 외국의 디지털 사업자는 간편등록제도를 통해 사업자등록을 할 수 있다.

스위스는 2019. 1.부터 외국기업의 우편 주문을 통한 소액물품(연간 거래액이 10만 스위스 프랑을 초과하는 외국기업) 판매에 대하여 부가가치세를 과세하고 있다.

호주는 2018. 7. 1.부터 연간 75천 호주 달러 이상 호주로 물품을 판매하는 외국기업에 사업자등록중, 일반영업세를 부과하고 있다.

일본은 2015년 10월부터 전자적 용역에 대한 소비지국 과세 원칙을 도입하였다. 일본 거주자를 대상으로 한 B2C 디지털 거래 관련 매출액이 연간 1천만 엔을 초과하는 외국법인은 일본에서 사업자등록을 해야 하고, 일본 내 납세대리인을 통해 부가가치세를 신고·납부해야 한다. B2B 거래의 경우 대리납부 제도를 통해 부가가치세를 납부하도록 하였다.

4. 우리나라의 대응

(1) 대리납부 제도

사업장이 국내에 없는 비거주자 또는 외국법인이 재화나 용역을 국내에서 공급하면 부가가치세를 납부해야 한다. 그러나 징수·납부의 실효성을 높이기 위해 공급받는 자가 그 대가를 받을 때 부가가치세를 징수하여 납부할 수 있는데, 이를 대리납부 제도라고 한다. 국내사업장이 없는 비거주자 또는 외국법인뿐만 아니라, 국내사업장이 있는 비거주자 또는 외국법인이라도 국내사업장과 관련 없이 용역 등을 공급하는 경우에는 공급받는 자가 대리납부를 해야 한다(부가가치세법 제52조). 다만, 외국법인이 우리 영토 밖에서 용역을 공급하면 부가가치세의 납부 의무를 부담하지 않는다. 이때는 대리납부의 대상이 되지 않고, 외국법인으로부터 용역을 공급받는 자는 부가가치세의 징수나 납부 의무를 부담하지 않는다.[89]

부가가치세법에서는 용역이 공급되는 장소가 중요하다. 부가가치세법 제20조 제1항 제1호는 용역이 공급되는 장소를 '역무가 제공되거나 시설물, 권리 등 재화가 사용되는 장소'라고 규정하고 있다. 외국법인이 제공한 용역의 중요하고 본질적인 부분이 국내에서 이루어졌다면 그 일부가 국외에서 이루어졌더라도 용역이 공급되는 장소는 국내라고 볼 수 있다.[90] 그러나 디지털 플랫폼 기업이 제공한 용역에 대해서도 같은 기준을 적용한다면 과세 형평에 문제가 생긴다. 전자적 용역이 공급되는 곳은 국외에 위치한 서버의 소재지국이다. 그렇다면 소비자의 데이터 자료를 바탕으로 하여 수익을 창출하면서도 부가가치세를 전혀 납부할 필요가 없게 된다. EU와 해외 주요국은 일찍부터 국내 소비자가 국내에서 이를 소비한다면 소비지국에서 부가가치세를 과세할 수 있다는 것을 승인하고 있다.

우리 정부도 2014. 12. 부가가치세법 제53조의2를 신설하여 2015. 7. 1. 공급분부터 국외사업자가 전자적 용역을 공급하는 경우 국내에서 용역을 공급한 것으로 보아 부가가치세를 신고·납부하도록 하였다. 부가가치세법 제20조에 의하면 전자적 용역의 공급장소가 국외에 해당하는 경우에도, 부가가치세법 제53조의2 제1항에서 열거하는 특정 전자적 용역에 한하여 공급장소를 소비자가 소재하는 국내로 간주하여 우리나라가 과세권을 확보하기 위한 규정이다. 더 나아가 법원은 부가가치세법 제20조 제1항 제1호

---

89) 대법원 1983. 1. 18. 선고 82누483판결.
90) 대법원 2006. 6. 16. 선고 2004두7528, 7535 판결, 대법원 2016. 2. 18. 선고 2014두 13829 판결.

에 의하더라도 전자적 용역에 대한 소비지 과세 원칙이 적용되어 '역무가 제공되는 장소'는 용역이 현실적으로 수행된 장소뿐만 아니라 그러한 용역이 소비 또는 사용되는 장소까지 포함하는 것으로 봄이 타당하다고 판단한 바가 있다.[91]

(2) 간편사업자등록 제도

국외 사업자가 정보통신망을 통하여 전자적 용역을 국내에 제공할 때는 사업의 개시일부터 20일 이내에 간편사업자등록을 해야 한다. 전자적 용역이란 정보통신망을 통하여 이동통신 단말장치 또는 컴퓨터 등으로 국내에 제공하는 용역이다. 부가가치세법 제53조의2 제5호에서는 '그 밖에 제1호부터 제4호까지와 유사한 용역으로서 대통령령으로 정하는 용역'이라고 하여 유형별 포괄주의를 채택하고 있다. 추후 정보통신 기술 발전에 따라 새롭게 출현하게 될 전자적 용역까지 포괄할 수 있도록 하기 위함이다.

〈표 11〉 전자적 용역의 내용

	부가가치세법 제53조의2	부가가치세법 시행령 제96조의2
1	게임·음성·동영상 파일 또는 소프트웨어 등 대통령령으로 정하는 용역	"게임·음성·동영상 파일 또는 소프트웨어 등 대통령령으로 정하는 용역"이란 이동통신 단말장치 또는 컴퓨터 등에 저장되어 구동되거나, 저장되지 아니하고 실시간으로 사용할 수 있는 것으로서 다음 각 호의 어느 하나에 해당하는 것을 말한다. 1. 게임·음성·동영상 파일, 전자 문서 또는 소프트웨어와 같은 저작물 등으로서 광(光) 또는 전자적 방식으로 처리하여 부호·문자·음성·음향 및 영상 등의 형태로 제작 또는 가공된 것 2. 제1호에 따른 전자적 용역을 개선시키는 것
2	광고를 게재하는 용역	

---

91) 서울행정법원 2021. 5. 14. 선고 2019구합58384 판결.

3	「클라우드컴퓨팅 발전 및 이용자 보호에 관한 법률」 제2조 제3호에 따른 클라우드컴퓨팅서비스	
4	재화 또는 용역을 중개하는 용역으로서 대통령령으로 정하는 용역	"대통령령으로 정하는 용역"이란 다음 각 호의 어느 하나에 해당하는 것을 말한다. 다만, 재화 또는 용역의 공급에 대한 대가에 중개 용역의 대가가 포함되어 법 제3조에 따른 납세의무자가 부가가치세를 신고하고 납부하는 경우는 제외한다. 1. 국내에서 물품 또는 장소 등을 대여하거나 사용·소비할 수 있도록 중개하는 것 2. 국내에서 재화 또는 용역을 공급하거나 공급받을 수 있도록 중개하는 것
5	그 밖에 제1호부터 제4호까지와 유사한 용역으로서 대통령령으로 정하는 용역	

국외 사업자가 제3자(비거주자 또는 외국법인을 포함한다)를 통하여 국내에 전자적 용역을 공급하는 경우에는 그 제3자가 해당 전자적 용역을 공급한 것으로 보며, 그 제3자는 사업의 개시일부터 20일 이내에 간편사업자등록을 하여야 한다(부가가치세법 53조의2 제2항). 그 제3자는 ①정보통신망 등을 이용하여 전자적 용역의 거래가 가능하도록 오픈마켓이나 그와 유사한 것을 운영하고 관련 서비스를 제공하는 자 ②전자적 용역의 거래에서 중개에 관한 행위 등을 하는 자로서 구매자로부터 거래대금을 수취하여 판매자에게 지급하는 자이다.

간편사업자등록은 일반사업자등록보다 간이한 방법으로 가능하다. 인터넷 등 정보통신망을 이용하여 국세 정보통신망에 접속하여 등록신청을 하면 된다. 사업자등록 신청 시 사업자 및 대표자 이름, 전화번호, 우편 주소, 이메일 주소 및 웹사이트 주소, 국외 사업자등록 관련 정보, 제공하는 전자적 용역의 종류, 납세관리인의 성명 등 인적 사항, 부가가치세 환급을 위한 계좌정보 등을 입력한다. 부가가치세 신고는 거주자와 같이 네 번에 걸쳐

서 하며, 국세 정보통신망에서 인터넷으로 신고할 수 있다. 효율적인 신고
와 납부를 위해 국세청장이 지정하는 세무서가 납세지가 되며, 현재 지정
된 납세지는 남대문 세무서이다. 구매자가 전자적 용역을 공급받은 때와
구매자가 전자적 용역을 구매하기 위하여 대금결제를 완료한 때 중 빠른
때가 공급시기다. 납세관리인이 대리하여 간편사업자등록 신청 및 부가가
치세 신고·납부·환급할 수 있다. 세금계산서 발급 의무는 면제된다.

　2021. 12. 8.부터 전자적 용역을 공급하는 국외 사업자에 대한 세원 관리
를 강화하기 위해, 국외 사업자가 전자적 용역을 국내에 제공하는 경우 전
자적 용역에 대한 거래명세를 그 거래 사실이 속하는 과세기간에 대한 확
정신고 기한 후 5년간 보관하도록 하고, 국세청장의 제출 요구가 있는 경
우 60일 이내에 제출하도록 개정하였다.

(3) 국세청의 디지털 플랫폼 기업에 대한 부가가치세 과세 사례

　국내사업장이 있는 외국법인이 국내에서 용역을 제공할 때는 국내사업
장 소재지에서 부가가치세를 징수·납부할 의무가 있다. 국세청은 앞에서
본 GG아시아퍼시픽(유)와 FF아일랜드에 대해 법인세를 부과하면서 부가가
치세도 부과하였다. 국내사업장으로 본 과세논거는 법인세와 같다.

　GG아시아퍼시픽(유)의 고정사업장이 국내에 없어서 부가가치세를 부과
할 수 없었다. 그러나 과세관청은 GG코리아(유)와 GG페이먼트코리아(유),
캐시서버, 콜센터, GG캠퍼스의 5개 장소가 결합하여 국내에 고정사업장을
구성한다고 보았다. GG아시아퍼시픽(유)의 본질적이고 중요한 사업 활동
은 '판매, 마케팅 및 고객지원 활동'인데, 이런 활동들이 5개 장소에서 분산
적으로 수행되었고, 그에 대한 지배관리권이 GG아시아퍼시픽(유)에 있다
고 본 것이다. 구체적으로 살펴보면, GG아시아퍼시픽(유)이 GG페이퍼먼트
코리아(유)의 사업장을 통해 GG플레이 사업에서 수익 창출의 핵심 요소에

해당하는 다양한 결제 수단을 제공하고, GG코리아(유) 사업개발팀이 대작 게임 관련 계약체결 과정 등을 전담하면서 수익 창출에 직접 기여하고, 콜센터는 이용자 민원 처리 활동에 필수적인 사업장소이고, 캐시 서버는 다운로드 속도 증가 등 GG플레이 서비스 품질을 높이고, GG캠퍼스는 GG플레이 생태계를 조성하는 중요한 장소로서, 이들 장소를 통하여 GG아시아퍼시픽(유)의 본질적이고 중요한 사업 활동이 수행되었다는 것이다. 국내 고정사업장이 GG플레이 서비스의 본질적이고 핵심적인 기능을 제공하고 운영하는 주체인 이상 부가가치세법상 '공급자'에 해당한다. 국내 고정사업장은 GG아시아퍼시픽(유)을 대신하여 용역을 제공하고 있으므로 한국 사용자가 한국 개발자의 앱을 구매한 거래 전체에 대한 수수료를 국내 고정사업장의 공급가액으로 보아 부가가치세를 과세하였다. 이 사건은 현재 조세심판원에 계류 중이다.

FF아일랜드는 국내에 고정사업장이 없는 외국법인이라는 이유로 국내 광고주들에게 세금계산서를 발행하지 않고 부가가치세를 신고하지 않았다. 그러나 과세관청은 광고 용역의 중요하고 본질적인 부분은 국내 광고주가 직접 설정한 광고 이용자에게 광고가 도달·노출되는 것이라고 보았다. 그리고 중요하고 본질적인 용역의 공급장소는 국내이므로 부가가치세를 신고·납부할 의무가 있다고 보았다. 이 사건도 현재 조세심판원에 계류 중이다.

5. 앞으로의 과제

(1) 간편사업자등록의 실효성 확보

비거주자나 외국법인이 외국에서 전자적 용역을 공급할 때, 간편사업자등록을 하도록 하고 있으나 사업자등록을 할지는 재량에 맡겨져 있다. 법적으로 이를 강제할 방법이 없다. 최근 통계를 살펴보면, 2017년에 등록업체는 79개, 납부세액은 924억 원이었으나, 2018년에는 등록업체가 95개, 납부세액은 1,328억 원으로 늘고 있는 추세이기는 하다.

〈표 12〉 최근 3년간 간편사업자 등록 수 및 납부세액 (단위: 억 원)

연도별	등록납세자 수	과세표준	납부세액
2016년	54	6,113	611
2017년	79	9,239	924
2018년	95	13,278	1,328
2019년 1월~6월	118	8,928	893

※ 출처: 한국세정신문, "구글 등 외국법인 전자용역 부가세 2천억 돌파할 듯", 2019. 10. 23.

간편사업자등록을 유도하기 위해 간편사업자에게는 세금계산서 발급 의무도 부과하지 않는다. 종전에는 전자적 용역을 공급하는 국외 사업자가 신고 또는 납부를 이행하지 않더라도 시행 초기임을 이유로 성실신고를 최대한 유도하기 위해 무신고가산세, 과소신고가산세, 납부지연가산세를 면제해주었다. 그러나 2021. 1. 1. 이후 용역을 공급하는 분부터 가산세 면제를 폐지하였다. 국내 사업자와 형평을 유지하고, 가산세 부과가 납세의무 해태에 대한 제재인 동시에 성실신고라는 예방적 기능을 담당할 수 있다는 점, 대부분 국가에서 의무를 불이행하는 간편사업자에게 국내 사업자와 마찬가지로 같은 제재 규정을 적용한다는 점을 고려한 것이다.

간편사업자 등록을 유도할 유인책과 신고 내용의 적정성을 검증할 수 있는 시스템이 필요하다. 소비자가 사용한 신용카드 해외 결제 자료를 분석하여 간편사업자 등록 대상자를 선별해 낼 필요도 있다. 미등록자에 대해서는 개별적으로 안내하거나, 미등록에 대한 과태료 등을 부과하는 방식도 고려할 수 있다. 세무적인 제재보다 간접적으로 영업상 불이익을 주어 등록을 유인할 수도 있다. 이를 위해서는 다른 부서와의 협업이 필요하다.

(2) 디지털경제 범위 확대

새로운 산업기술의 발달로 전자적 용역의 범위가 계속 확대될 것으로 예상된다. 국회는 2018년 말 부가가치세법을 개정하여 전자적 용역의 범위를 넓혔다. 이로써 온라인 광고 수입, 클라우드컴퓨팅 제공용역, 공유경제에 기반한 중개 용역도 적용받는다는 점을 명확히 하였다. 부가가치세법 제53조의2 제5호는 '유사한 용역으로서 대통령령으로 정하는 용역'이라고 하여 향후 필요한 내용을 대통령령에 규정할 수 있는 형식을 취하고 있다. 그러나 '제1호부터 제4호와 유사한 용역'이라는 요건을 충족해야 하므로 새로운 기술을 포섭하지 못하는 사례도 충분히 나타날 수 있다. 새로운 기술에 대응하기 위해서는 열거적(positive) 방식보다는 예시적(negative)방식으로 규정하는 것이 타당하다.

(3) 부가가치세의 전가 및 귀착 고려

국외 사업자 또는 디지털 플랫폼에 대한 부가가치세 과세가 재정 수입을 반드시 증가시킨다고 볼 수는 없다. 2015년 부가가치세법 개정 이후 애플은 2015년 7월부터, 구글은 2017년 11월부터 '앱스토어' 및 '구글플레이'의 국내 판에서 부가가치세를 포함한 가격을 표시하고 있다. 이에 따라 국내 앱 가격은 10%가 올랐다고 한다. 앱 판매원가가 1,000원이면 부가가치세 100원이 더해져 판매가는 1,100원이 된다. 디지털 플랫폼이 앱 개발자로부터 받는 수수료가 30%라고 했을 때, 판매원가의 30%로 계산하면 700원 + 100원(부가가치세)이 앱 개발자에게 지급되어야 한다. 그러나 어떤 플랫폼은 판매가인 1,100원의 30%인 330원을 수수료로 가져가기 때문에 앱 개발자에게 670원 + 100원(부가세)을 지급하는 예도 있다.[92] 이렇게 되면 앱 개발자가 30원의 손해를 보게 된다.

부가가치세는 소득세보다 소비자에게 쉽게 전가가 된다. 디지털 플랫폼 기업에 대한 부가가치세는 결국 소비자 및 앱 개발자에게 전가되어 소비자의 경제적 부담이 늘어날 수 있다. 국내사업장이 없는 플랫폼 기업에 대한 부가가치세 과세는 오히려 국내 소비자의 경제적 부담을 가중할 수 있는 것이다. 따라서 부가가치세 과세는 공정거래법상 독과점 및 공정경쟁에 대한 감시와 함께 이루어질 필요가 있다.

Ⅲ. 디지털 플랫폼 기반 비정형 노동 종사자

1. 디지털 플랫폼 기반 노동시장 현황

디지털 플랫폼을 기반으로 하여 수요자와 공급자 간에 맞춤형(on-demand) 경제 환경이 조성되고 있다. 이를 긱 경제(Gig Economy) 또는 공유경제(sharing economy)라고도 한다. 긱 경제에서 공급자는 누군가에게 고용되어 있지 않고, 원하는 시간에 원하는 만큼만 일시적으로 고용되어 수요자가 원하는 노동을 공급하고 수입을 얻는다. 공유경제(sharing economy)는 개인이 재화나 공간 등을 사용하지 않는 기간 동안 타인에게 제공하여 경제적 효용을 얻는 활동을 말한다. 공유경제의 전 세계 매출 규모는 2013년 150억 달러에서 2025년 3,350억 달러로 성장할 것으로 추정한다.[93]

공유경제는 주로 신생기업을 중심으로 성장하고 있다. CB INSIGHT는 기업가치가 10억 달러(약 1조 2,994억 원)를 넘는 '유니콘 기업'에 해당하는 비상장 신생기업을 인공지능, 핀테크, 교육 기술 등 15개 분야로 분류해

---

92) 경향게임스, "애플, 수상한 세금 계산법 '한국은 회피 1순위?'", 2017. 2. 23.자. (https://www.khgames.co.kr/news/articleView.html?idxno=93191)
93) PwC, The Sharing Economy: Sizing the Revenue Opportunity, 2014.

매년 발표하고 있다. 이중 상위 10위 안에는 디지털 플랫폼을 기반으로 한 공유경제 신생기업이 다수를 차지하고 있다.

〈표 13〉 유니콘 기업의 상위 10위 현황(2018년)

번호	기업명	국가	창업	주요 서비스	기업가치($B)
1	우버(Uber)	미국	2013	공유자동차	68.0
2	디디추싱(DidiChuxing)	중국	2014	공유자동차	56.0
3	샤오미(Xiaomi)	중국	2011	IT기기	46.0
4	메이퇀-디엔핑(Meituan-Dianping)	중국	2015	생활플랫폼	30.0
5	에어비앤비(Airbnb)	미국	2011	공유숙박	29.3
6	스페이스X(SpaceX)	미국	2012	우주개발	21.5
7	팰런티어(Palantir Technologies)	미국	2011	빅데이터	20.0
8	위워크(Wework)	미국	2014	공유오피스	20.0
9	루닷컴(Lu.com)	중국	2014	핀테크	18.5
10	핀터레스트(Pinterest)	미국	2012	SNS	12.3

※ 출처: 구자현·전소영, "공유경제 기대효과 및 성장가능성", 미래성장연구 5권 1호, 2019. 6.

우리나라도 공유경제 규모가 급속히 성장하고 있다. 개인 간 디지털·공유경제 규모가 전체 GDP에서 차지하는 비중은 2015년 0.001%에서 2016년 0.004%, 2017년 0.008%, 2018년 0.011%로 상승했다. 전체에서 차지하는 비중은 아직까지 크지 않지만, 성장 속도는 굉장히 빠르다. 개인 간 디지털·공유경제 규모는 2015년 204억 원, 2016년 581억 원, 2017년 1천356억 원, 2018년 1천978억 원이었다. 경제 규모가 해마다 두 배씩 커지고 있는 것을 알 수 있다. 이 중 에어비앤비 등 숙박 공유 서비스가 차지하는 비중이 가장 크다.94)

공유경제는 5가지 분야로 구분할 수 있다. 숙박과 주택 분야는 주택 등

94) 연합뉴스, "P2P공유경제 3년새 10배로 성장…공유숙박 비중 90%", 2019. 6. 6.자
(https://www.yna.co.kr/view/AKR20190605153200002)

을 단기간 숙박용으로 임대하는 것이다. 대표적으로 에어비앤비(Airbnb), 홈어웨이(HomeAway) 등이 있다. 차량 또는 승차 등 교통 분야는 차량으로 승객이 원하는 때에 원하는 곳으로 이동하는 용역을 공급하는 것이다. 대표적으로 우버(Uber), 리프트(Lyft), 그랩(Grab) 등이 있다. 노동력 제공 분야는 프리랜서 노동력과 현지 수요를 연결하는 것으로 가구 조립, 이동, 배송 및 잡역부 작업을 포함한 일상적인 작업에 도움을 주는 분야이다. 태스크래빗(TaskRabbit), 업워크(Upwork) 등이 있다. P2P 대출 서비스로 랜딩클럽(LendingClub), 펀딩써클(Funding Circle) 등도 있다.

공유경제의 성장에 따라 우버 드라이버 같은 긱 노동자(gig worker), 공유경제 공급자, 1인 유튜버 크리에이터, 1인 콘텐츠 창작자, SNS 마켓 판매자 등이 등장하였다. 디지털 플랫폼을 기반으로 수요·공급이 연계되므로 '플랫폼 노동자'라고도 한다. 수행방식에 따라 지역 기반(local-based) 및 웹 기반(web-based)으로 구분할 수 있다.

<표 14> 디지털 플랫폼 노동의 유형

운영 기반	분류	세부 분야
웹 기반 업무수행 플랫폼	온라인 인력 중개	IT/SW, 디자인 등 개발자 등
	디지털콘텐츠 창작	웹툰, 웹소설, 일러스트, 디자인 등 공모형
	클라우드 워크	데이터 입력 등
지역 기반 플랫폼 (오프라인 기반 호출형)	승객 운송	대리운전
		승차 공유(카풀형, 학원셔틀 공유 승합)
	배달	음식 배달, 퀵서비스 등
	가사 및 생활 서비스	이사, 가사서비스
		인테리어, 리모델링, 홈디자인
		돌봄서비스, 애완 케어 서비스

※ 출처: 강금봉, 「디지털 플랫폼 노동, 어디까지 와 있나-현안과 보호방안」, 경제사회노동위원회, 2019.

2017년 글로벌 플랫폼 노동 규모는 총매출액 기준 약 820억 달러로 전년 대비 65% 성장한 것으로 나타났다.[95] 한국은행은 국가별 편차가 있으나 경제활동 인구의 약 10% 정도로 추정한다. 현재 우리나라의 긱 노동자는 전체 취업자의 1.7~2.0%에 해당하는 약 47~54만 명으로 추정된다.[96] 국가 인권위원회의 조사에 따르면 월평균 플랫폼 소득은 약 153만 원으로 나타난다.[97]

2. 디지털 플랫폼 기반 노동의 과세상 고려사항

플랫폼 노동자들의 근로형태는 사용자와의 관계에서 종속성이 없으므로 근로자로 보기 힘들다. 그러나 완전히 독립된 사업자라기보다는 시간과 장소 등에 어느 정도 종속되는 면이 있다. 이런 의미에서 종속적 자영업자(dependent self-employment)의 특징을 갖고 있다고 할 수 있다. 조세정책을 설계할 때 주의를 기울여야 할 부분이다.

(1) 세원 포착의 어려움

플랫폼 노동자에 대한 과세 문제가 주목받게 된 것은 고소득 유튜버들에 대한 과세 형평성 때문이었다. 구독자가 10만 명을 넘어서는 유튜버들의 광고 수입이 한 달에 600만 원을 넘는데도 불구하고 과세가 이루어지지 않는 것이 문제였다. 플랫폼 노동은 주로 개인 간의 거래로 단기간, 시간제 근무의 특성상 세원을 포착하기가 쉽지 않다. 이런 직업군을 공식적인 과세 베이스로 포섭하기 위해 세제 혜택을 주는 사례도 있다. 벨기에는 2016

---

95) 한국은행, "글로벌 긱 경제(Gig Economy) 현황 및 시사점", 국제경제리뷰, 2019.
96) 한국고용정보원, 「플랫폼 경제종사자 규모 추정과 특성 분석」, 2018.
97) 국가인권위원회, 「플랫폼노동종사자 인권상황 실태조사」, 2019.

년 플랫폼에서 발생한 소득의 경우 연간 최고 5,100유로에 한해 소득세 10%를 감면하고 있다.[98]

한편, 디지털 플랫폼을 통해 거래하기 때문에 거래 기록이 모두 남아서 세원 포착이 상대적으로 쉬운 측면도 있다. 다만, 세원 포착을 위해서는 플랫폼 기업의 협조가 필수적으로 요청된다.

(2) 면세점 이하 수입의 증가

플랫폼 노동자들의 수입은 대부분 과세 기준선 이하로 면세 노동자의 증가가 예상된다. 고용정보원에 따르면 긱 노동자 중 36.5%가 월평균 소득이 100만 원 이하이다.[99] 국가인권위원회 보고서에서도 긱 노동을 통한 월평균 소득이 153만 원이라고 한다. 1인 가구가 이 정도 소득이면 소득세 결정 세액이 0원이다. 세원을 포착하기 위해 다양한 행정 수단을 동원한다고 해도 징수할 수 없는 경우가 태반이라면 행정비용 대비 효율성이 심하게 떨어진다. 따라서 세수를 확대하기 위한 목적보다는 세원의 투명성을 강화한다는 목적으로 접근하는 것이 타당하다. 세원의 투명성 확보는 근로장려금(EITC), 기본소득 등의 정책 논의를 할 수 있는 시발점이다.

(3) 납세협력의무 이행의 어려움

플랫폼 노동자들은 일반적으로 소득액이 적고 일시적으로 노무를 제공하므로 세금신고를 해야 하는지 모르는 경우가 많을 것이다. 세법 규정을 잘 모르기 때문에 과세 집행에 어려움이 발생할 수 있다. 따라서 맞춤형 세금 안내, 체크리스트 제공, 맞춤형 세무 교육, 홍보 등 전방위적인 지원이

---

98) 국회예산정책처, 앞의 보고서, 2020.
99) 한국고용정보원, 앞의 보고서.

필요하다.

또한 세금 신고를 단순화하여 납세협력비용을 줄이는 것도 필요하다. 예를 들어, 에스토니아는 2015년 우버 등과 합의하여 플랫폼 노동자는 세금 및 세관 위원회(the Tax and Customs Board)가 미리 작성하여 제공한 양식을 이용하여 소득을 신고할 수 있도록 하고 있다.

(4) 소득 유형 분류의 어려움

플랫폼 노동자는 사용자에 대한 종속성을 인정하기 힘들어 근로소득으로 원천징수할 수 없다. 그렇다면 이들의 수입은 사업소득이나 기타소득이 될 것이다. 사업소득은 사업성 인정이 관건이다. 사업성을 인정하려면 영리 목적으로 계속적, 반복적으로 업무를 수행해야 한다. 일시적·우발적인 소득은 기타소득으로 분류된다. 그러나 영리 목적이라면 일회성이라도 사업소득이 되므로 사업소득과 기타소득의 구분은 절대적인 것이 아니라 상대적이다. 따라서 소득의 성질이 무엇인지 규명하는 것이 필요하다.

(5) 업무관련 비용 구분의 어려움

플랫폼 노동자들은 별도의 사무실 공간 없이 집에서 근무하는 경우가 많다. 그렇다 보니 업무 관련 비용과 사적 비용이 혼재된 경우가 흔하다. 장부를 기장할 때 필요경비를 정확히 안분하는 것이 중요하다. 그러나 영세한 납세자에게 이를 기대하는 것은 쉽지 않다. 납세자들에게 구체적인 안분기준을 사전에 고시 하던가, 안분이 기술적으로 어려우면 일정 비율을 업무 비용으로 인정하는 것이 필요하다. 우리 세법은 증명서류 없이도 매출액의 일정 비율을 업무비용으로 인정하는 단순경비율과 기준경비율 제도를 두고 있기는 하다. 그러나 이를 인정받기 위해서는 전년도 매출액이 일정 금액 이하여야 한다. 전년도 매출액에 상관없이 플랫폼 노동에 대한 경비율 고시도 검토해볼 수 있다.

3. 해외 주요국의 대응[100]

애스키스(Asquith)는 공유경제 및 긱 경제의 확산이 초래하는 부가가치세 문제에 대한 정책 대응 방안 여덟 가지를 제시한 바 있다.[101] 종합적이고 포괄적인 방안으로 정책적 시사점이 크다. 해외 주요국의 사례를 보기 전에 살펴볼 의미가 있다.

①납세의무에 대한 교육 강화 등을 통한 자발적 납세 순응 유도이다. 예를 들어, 영국의 공유경제 플랫폼 노동자에 대한 맞춤형 교육 자료 제작이 있다.

②공공데이터의 활용이다. 예를 들어, 프랑스의 스크랩 핑, 크롤링 툴을 활용한 자료 수집이다.

③부가가치세 신고 납부 과정의 단순화이다. 예를 들어, 호주에서는 플랫폼 판매자들에게 소득과 매출 세액만을 신고하도록 하고 있다.

④디지털 플랫폼에 의한 자발적 조치 활용이다. 예를 들어, 영국의 디지털 플랫폼에 과세 관련 정보 요청이다.

⑤디지털 플랫폼에 의한 정보 공유 의무화이다. 예를 들어, 영국, 프랑스 등의 플랫폼 기업에 거래내역 보고의무 부여이다.

⑥결제와 관련된 기관들에 의한 정보 공유 의무화이다. 예를 들어, EU의 신용카드회사, 은행, 온라인 결제 서비스 회사, 전자지갑 등 관련 기관들에 정보 공유 의무화이다.

---

100) 국회예산정책처, 앞의 보고서, 2020.를 참조함.
101) Asquith, "The Gig and Sharing Economies: Millions of New Entrepreneurs; Billions in lost VAT", 2020.

⑦디지털 플랫폼을 공급자로 간주하는 방안이다. 예를 들어, 디지털 플랫폼이 소비자와 판매자 사이의 거래를 촉진(facilitate)한 경우 부가세 신고·납부 의무를 부과하는 것이다.

⑧플랫폼 판매자와 플랫폼 사이의 관계를 고용인과 피고용인 관계로 규정하는 방안이다. 예를 들어, 호주와 캐나다는 디지털 플랫폼에 10%의 소비세 납세의무를 부과한다.

(1) OECD

OECD는 조세행정포럼(FTA) 참여국을 대상으로 디지털 플랫폼을 통한 거래에 대해 다양한 과세상 접근방법을 조사하였다. 그 결과 2019년 공유경제 부문에 대한 효율적 과세 방안('The Sharing and Gig Economy: Effective Taxation of Platform Sellers')보고서를 발표하였다. 이 보고서에서는 디지털 플랫폼을 통해 주로 개인 간 이루어지는 일시적인 재화 및 용역의 거래 활동을 공유경제로 인식하고 있다. 플랫폼을 통해 재화나 용역을 공급하는 개인 등 공유경제 공급자를 납세대상자로, 개별 공급자가 얻은 소득에 대한 소득세를 분석 대상으로 하고 있다.

다양한 접근방법과 대응 방안을 유형화하면 〈그림 21〉과 같다. 행정적 규제로 납세 교육 및 맞춤형 안내, 공개자료를 통한 납세협력 제고 등이 있다. 법적 규제로는 플랫폼 사업자의 정보 제공 의무 및 원천징수 의무 부여 등이 있다. 인터넷망을 이용한 국제 거래에 대해 국가 간 정보교류 목적의 다자간 협정을 체결하는 것도 권고하고 있다.

〈그림 21〉 공유경제 및 긱 경제에서의 효율적 과세 방안

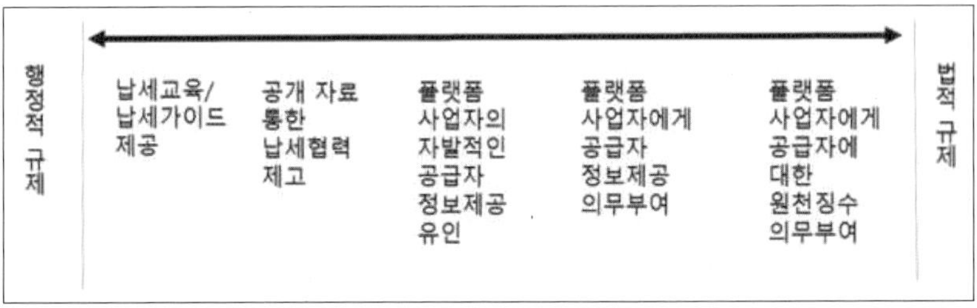

※ 출처: OECD, 「The Sharing and Gig Economy: Effective Taxation of Platform Sellers: Forum on Tax Administration」, 2019.

(2) 미국

미국은 국세청에 '긱 경제 조세센터(Gig Economy Tax Center)'를 설치하여 세무 정보와 납세신고를 안내하고 있다. 연간 순수익 400달러 이상을 번 경우에 소득 신고서를 제출한다. 공유경제 활동과 관련하여 사용한 건물, 기계, 자동차, 비품 등에 대한 감가상각비를 공제받을 수 있다. 사적 용도와 사업 용도로 동시에 사용한 비용은 사업 용도로 사용한 기간과 면적에 해당하는 부분만 공제받을 수 있다.

(3) 호주

호주도 각종 매체를 통해 지속적으로 홍보하고 있다. 공유경제 공급자와 긱 노동자는 세무신고를 위해 총수입과 관련 비용에 대한 증빙서류를 갖추어야 한다. 해당 거래와 관련성이 있고, 증빙서류를 갖춘 비용만 공제받을 수 있다. 공유경제에 사용된 자산이 사업 용도와 사적 용도가 혼합되어 있으면, 비용을 배분하여 사업 용도로 쓰인 부분만 공제 가능하다. 비용 공제가 가능한 유형은 〈표 15〉와 같다.

〈표 15〉 호주의 공유경제 및 긱 노동에서 공제 가능한 비용 유형

승차 공유 (라이드소싱)	주택의 부분 또는 전체 임대	자산 공유	용역 제공
■ 감가상각 ■ 플랫폼 지급수수료 ■ 연료 ■ 리스비용 ■ 주차비용 ■ 승객이 지급하지 않은 톨게이트 비용	■ 지자체 요금 ■ 자산 관련 대출 이자 ■ 전기와 가스비 ■ 자산에 대한 보험 ■ 청소비용 ■ 수선비용 ■ 플랫폼 지급수수료	■ 자산의 수선 또는 서비스(설치, 수리, 유지 등) ■ 감가상각 ■ 보험 ■ 등록비용(예: 차량, 카라반/RV 차량, 보트)	■ 출장비용 ■ 자산의 수선, 유지, 교체 ■ 자택사무실 비용

※ 출처: 최정희, "호주의 공유경제활동에 대한 과세제도", 외국법제정보 제5호, 한국법제연구원, 2019.

(4) 영국

영국은 최근에 온라인 채팅 등을 활용하여 소규모 사업자들의 납세 편의를 도모하고 있다. 숙박 공유나 차량 공유 등의 공유경제 공급자들과 긱 노동자들이 얻은 소득은 대부분 사업소득에 속한다. 한편 디지털 플랫폼을 활용하여 주차장 공유 서비스를 공급한 개인이 얻은 소득은 부동산 임대소득으로 분류한다. 1인당 연간 1,000파운드의 표준공제를 도입하여 소득이 1,000파운드 미만인 개인 공급자는 소득세 과세 대상에서 제외하고 있다.

4. 우리나라의 대응

(1) 소규모 수입에 대한 기타소득 신설

디지털 플랫폼을 통해 물품이나 장소를 대여하는 경우 소득세법상 사업소득 또는 기타소득으로 과세가 된다. 구별 기준은 영리를 목적으로 하여 계속성과 반복성이 있는지이다. 만약 그렇다면 사업소득으로 과세할 것이

고, 그렇지 않다면 기타소득으로 과세한다. 사업소득과 기타소득은 세액 산출방식이 다르므로 소득의 분류를 어떻게 하느냐에 따라 세액이 달라진다. 사업소득은 매출액에서 필요경비를 공제하고 다른 소득과 종합 합산하여 누진세율로 과세한다. 한편 기타소득은 총수입금액에서 필요경비를 공제한 금액이 300만 원을 넘으면 종합합산되고, 그 이하이면 기타소득에 대해서만 원천징수하고 과세가 종료된다.

정부는 공유경제에 대응하기 위해 2018년 12월에 소득세법을 개정하여 「전자상거래 등에서의 소비자보호에 관한 법률」에 따라 통신판매중개를 하는 자를 통하여 물품 또는 장소를 대여하고 연간 수입금액 500만 원 이하의 사용료로서 받은 금품을 기타소득으로 추가하였다. 따라서 60%를 필요경비로 인정받고 나머지 40%에 대해 원천징수 세율 22%만큼만 원천징수하고 과세 절차가 종료된다(소득세법 제21조 제1항 제8의2호).

(2) 신규 업종코드 부여

정부는 세적을 관리하기 위하여 2020년부터 숙박 공유, 1인 크리에이터, SNS 마켓 등에 새로운 업종코드를 부여하였다.

SNS 마켓은 블로그, 카페 등 각종 사회관계망서비스 채널을 이용하여 물품 판매, 구매 알선, 중개 등을 통해 이익을 얻는 산업활동을 말한다. SNS 마켓을 이용한 통신판매업의 업종코드는 525104이다. 소비자가 원하는 경우 현금영수증을 발급해야 하며, 2021. 1. 1.부터는 건당 10만 원 이상 현금거래 시 소비자의 요청이 없어도 의무적으로 현금영수증을 발급해야 한다. 직전 연도 수입금액이 3억 원 이상이면 복식부기 의무자이고, 3억 원 미만이거나 당해 연도에 신규로 사업을 개시했다면 간편장부대상자이다.

숙박 공유업자는 업종코드 551007로 사업자등록을 해야 한다. 숙박 공유업은 일반인이 빈방이나 빈집 같은 여유 공간(숙박 공간)을 여행객들에게 유상으로 제공하는 것으로 온라인 중개 플랫폼에 등록하여 숙박 공간을 사용하고자 하는 임차인에게 공간을 공유·사용하게 함으로써 대가를 받는 산업활동으로 정의하고 있다.

1인 미디어 창작자는 인터넷·모바일 기반의 미디어 플랫폼 환경에서 다양한 주제의 영상 콘텐츠를 제작하고 이를 다수의 시청자와 공유하여 수익을 창출하는 신종 직업을 말한다. 유튜브, 아프리카 TV, 트위치 등에 영상을 공유하는 유튜버, 크리에이터, BJ, 스트리머 등이 이에 해당한다. 인적 고용관계나 별도의 사업장 등 물적 시설을 갖추고 있으면 과세 사업자에 해당한다(업종코드 921505, 미디어콘텐츠 창작업). 이 경우 과세 사업자로 사업자등록을 하고 부가가치세를 납부해야 한다. 반면 독립된 자격으로 근로자를 고용하지 않고 물적 시설 없이 수익을 발생한다면 면세사업자에 해당한다(업종코드 940306, 1인 미디어콘텐츠 창작자). 이 경우 면세사업자로 사업자등록을 하지만, 부가가치세를 신고할 의무는 없다. 사업장 현황신고는 해야 한다.

<표 16> 새로운 경제활동에 대한 신규 업종코드

업종코드	세분류명	세세분류명	적용범위 및 기준	기준경비율 (%)	단순경비율 (%)
551007	일반 및 생활숙박시설 운영업	숙박공유법	일반인이 빈방이나 빈집 같은 여유공간(숙박공간)을 여행객들에게 유상으로 제공하는 것으로 온라인 중개 플랫폼에 등록하여 숙박공간을 사용하고자 하는 임차인(GUEST)에게 공간을 공유·사용하게 함으로써 대가를 수령하는 산업활동	20.4	82.9
525104	통신판매업	SNS마켓	블로그·카페 등 각종 사회관계망서비스(SNS)채널을 이용	8.30	86.0

			하여 물품판매, 구매, 알선·중개 등을 통해 수익을 얻는 산업활동 *(사회관계망서비스) 특정한 관심이나 활동을 공유하는 사람들 사이의 관계를 구축해주는 온라인 서비스(페이스북, 트위터 등)		
921505	영화, 비디오물 및 방송 프로그램 제작업	미디어콘텐츠 창작업	인적 또는 물적시설을 갖추고 인터넷 기반으로 다양한 주제의 영상 콘텐츠 등을 창작하고 이를 영상 플랫폼에 업로드하여 시청자에게 유통함으로써 수익이 발생하는 산업활동	14.2	80.2
940306	기타자영업	1인미디어 콘텐츠창작자	인적 또는 물적시설없이 인터넷 기반으로 다양한 주제의 영상 콘텐츠 등을 창작하고 이를 영상 플랫폼에 업로드하여 시청자에게 유통함으로써 수익이 발생하는 산업활동, 인적용역자의 콘텐츠 창작 등에 따른 수입 포함 (예시)유튜버, BJ, 크리에이터 등	16.8	64.1

※ 출처: 국세청, 경비율 업종코드 개편안내, 2019. 9.

업종코드가 중요한 이유는 업종코드에 따라 기준경비율과 단순경비율이 달라지기 때문이다. 필요경비로 인정받기 위해서는 원칙적으로 장부를 기장해야 한다. 그러나 영세사업자는 현실적으로 장부를 기장하기 힘들므로 기준경비율이나 단순경비율로 비용을 추계해서 소득을 계산하고 있다. 기준경비율 제도는 주요경비(매입비, 임차료, 인건비)는 증빙이 있어야 필요경비로 인정하고 기타경비는 일정 비율에 따라 필요경비로 인정하는 것이다. 한편 필요경비 전부를 일정 비율에 따라 경비로 인정하는 것을 단순경비율 제도라고 한다. 업종코드마다 기준경비율과 단순경비율이 다르므로 세액 계산에서 차이가 난다.

단순경비율이나 기준경비율로 비용을 추계해서 신고하려고 해도, 직전 연도 수입금액의 제한이 있다. 예를 들어, 인적·물적 시설을 갖춘 미디어콘텐츠 창작자는 직전 연도 수입금액이 3천 6백만 원 미만이어야 단순경비율이나 기준경비율을 적용할 수 있다. 인적·물적 시설이 없는 1인 미디어콘텐츠 창작자는 직전 연도 수입금액이 2천 4백만 원 미만이어야 가능하다. 직전 연도에 기준 수입금액이 넘어가면 증빙서류를 갖추어 경비를 입증해야 한다. 납세자가 사업과 관련된 경비라는 점을 일일이 입증해야 하는 어려움이 있다.

(3) 결제대행업자의 자료 제출

플랫폼 노동에 속하는 공급자는 대부분 1인 사업자이고, 개인 대 개인으로 한시적으로 노동을 공급하므로 자진신고를 하지 않으면 소득 파악이 어렵다. 세무 행정의 효율을 높이기 위해 디지털 플랫폼 등으로부터 판매 대행 자료 등을 제출받는 것이 낫다. 우리 정부는 부가가치세법 제75조에 근거하여 '전자상거래 등 관련 자료 제출에 관한 고시'를 시행하고 있다. 이 고시에서는 결제대행업자는 결제 의뢰자의 사업자등록번호, 대표자 주민등록번호(생년월일), 결제 대행 건수, 결제 수단별 결제 대행 금액, 결제 연월 등 결제 대행 내역을 국세청장에게 제출해야 한다. 오픈마켓, 소셜커머스, 앱 마켓, 게임 아이템 등이 해당한다.

5. 국세청 과세 사례

(1) 소득 유형의 구분 문제

기타소득과 사업소득은 계속·반복적으로 업무를 했는지로 구분한다. 일회적으로 했더라도 향후 계속·반복적으로 할 것이라면 사업소득이 된다. 그런데 이런 구분 기준은 플랫폼에 기반한 1인 사업자의 소득에 있어서 명확한 기준을 제시하기 어렵다. 플랫폼 노동자들은 일반적으로 일회성 업무 또는 부업 정도로 생각하는 경향이 많으므로 기타소득으로 신고하려고 할 것이다.

과세 실무에서도 소득 구분이 쟁점이 된 사건들이 있다. 과세전적부심사 사건 중에 도메인 이름 양도소득과 관련한 사례가 있다. 청구인이 도메인 이름을 양도하고 그 대가로 수취한 외화소득을 종합소득세로 신고하지 않자, 과세관청에서 사업소득에 해당한다고 하여 종합소득세를 과세하였다.[102] 청구인은 1999년부터 2004년까지 경매, 국내·외 도메인 교환, 외국 브로커를 통한 매입, 일반 도메인 보유자로부터의 매입 등 다양한 경로로 도메인을 취득하여 해외 도메인 중개 거래 사이트에 약 2,000개의 도메인을 올린 후, 거래가 성사되면 수수료(약 15%)를 제외한 대금을 수취하였다. 청구인은 2013년 2개, 2014년 12개, 2015년 7개, 2016년 6개의 닷컴(.com) 도메인을 해외 도메인 거래 사이트를 통해 양도하였다. 그리고 외화 수입으로 2,200만 원을 수취하였다. 청구인은 자신의 본업이 있으므로 기타소득에 해당한다고 주장하였다. 그러나 국세심사위원회에서는 한국표준산업분류상 전자상거래업에 해당하는 것으로 보아 사업소득으로 과세하는 것이 적법하다고 판단하였다.

---

102) 국세청 적부 2019-0183, 202. 5. 13.

플랫폼 노동의 특징 중 하나는 다른 직업과 병행할 수 있다는 점이다. 그렇다 보니 사업성이 있다고 생각하기보다는 보조적 활동 정도로 생각하고 기타소득으로 신고하기 쉽다. 그러나 상품이나 용역의 제공이 단 일회에 그친다고 하더라도 계속·반복성이 있는 경우에는 사업소득으로 볼 여지가 있다. 횟수보다는 상품이나 용역 제공의 성격이 더 중요하다.

(2) 사업소득의 필요경비 인정 문제

사업소득 금액을 계산할 때 필요경비에 해당하는 금액을 공제받을 수 있다. 필요경비는 해당 과세기간의 총수입금액에 대응하는 비용으로 일반적으로 용인되는 통상적인 것이다(소득세법 제27조). 법에서는 필요경비의 정의에 관해서만 규정하고 있고, 구체적으로 필요경비로 인정되는 비용을 열거하고 있지는 않다. 해당 사업의 종류와 내용에 따라 필요경비의 인정 범위가 달라진다. 그러나 일반적으로 사업자가 가사와 관련하여 지출하였음이 확인되는 경비는 필요경비로 보지 않는다(소득세법 시행령 제61조).

플랫폼을 기반으로 하는 1인 사업자는 별도의 인적·물적 시설 없이 집에서 혼자 사업을 하는 사례가 많다. 사정이 이렇다 보니 사업경비와 가사경비가 혼재되어 있을 수밖에 없다. 지출 용도를 엄격하게 관리하고 있다면 이에 따르면 되겠지만, 그렇지 않으면 매출에서 그 경비를 안분해야 한다. 하지만 필요경비에 대한 증명책임이 납세자에 있다 보니 필요경비로 인정받지 못하는 사례가 종종 발생한다.

국세청 심사사례에서 게임을 장르로 하는 웹소설 작가의 필요경비가 문제 된 경우가 있다.[103] 청구인은 게임 장편소설의 작가로서 종합소득세 신

---

103) 국세청 심사 소득2019-0022.

고를 하면서 산정한 필요경비에 증비서류를 제대로 갖추지 못했다. 과세관청은 필요경비를 과대 반영했다고 해서 수정신고를 안내하였다. 청구인이 주장한 필요경비는 구글플레이에서 모바일 게임 체험 비용, 개인 가사도우비 비용, 작업실 보안경비, 세무사 수수료 비용, 집필 작업 보조비용 등이었다. 과세관청은 이 중에서 세무사 수수료 비용과 집필 작업 보조비용은 필요경비로 인정하였지만, 나머지는 부인하였다. 가장 큰 비중을 차지하는 것은 모바일 게임 체험 비용이었다. 이 비용은 청구인이 구글플레이에서 카드로 결제했으므로 지급 사실은 인정되었다. 하지만 업무 관련성이 있는지가 문제 된 것이다. 청구인은 판타지 소설 작가로 데뷔했지만 8년간 무명 작가로 거의 수입이 없었다. 그러다가 새로운 분야인 게임 장편소설에 도전하였다. 청구인은 게임 소설의 특성상 청구인이 직접 게임을 하면서 얻은 게임 스토리와 구매한 아이템이 창작의 직접적인 아이디어를 제공했다고 주장하였다. 과세관청은 게임 지출 비용이 하루 평균 110만 원 정도이고, 게임 내용과 소설 내용이 일치하지 않는 부분도 있어 인과관계를 인정할 수 없다고 하였다. 구매한 아이템이 무엇인지, 아이템의 보관 및 재판매 여부에 대한 자료도 제출하지 않아 당기 비용인지 자산 성격인지 확인할 수 없다고 보았다. 또한 청구인이 집에서 일하였으므로 가사도우미 비용이나 보안 경비 비용 같은 것은 가사비용과 업무비용이 혼재되어 있는데, 이를 구분 경리하지 않아 구분할 방법이 없으므로 전부 부인하였다.

6. 앞으로의 과제

(1) 납세신고 간소화

새로운 공유경제 활동을 통해 다수의 노동자가 적은 소득을 벌고 있다. 고용정보원의 2018년 보고서에 따르면 긱 노동자 중 36.5%가 월 평균 100

만 원 이하의 소득을 벌고 있다. 국가인권위원회의 2019년 보고서에 따르면 긱 노동을 통한 월평균 소득이 153만 원으로 나타난다.

플랫폼 노동자를 제도권 안으로 편입하려면 세금 신고를 간소화하는 시스템이 필요하다. OECD가 발표한 개인 공급자에 대한 효율적인 과세 방안의 내용 중 첫 번째가 바로 세법의 간소화이다. 기본공제액 인상, 고정 세율 선택 허용, 단순경비율 적용, 소액 소득에 대한 신고 의무 면제(비과세) 등의 방법을 도입하여 납세자들이 따라야 할 절차를 간소화하는 방안이다.

<표 17> 세법 간소화 사례

구분	내용
헝가리	본인 명의로 등록된 3개 이하의 부동산(최대 8개 객실) 소유자가 연간 90일 이내의 단기 임대를 하는 경우, 객실당 102 유로만을 개인소득세에 합산
덴마크	■ 휴일 주택임대소득에 대한 기본공제액 인상(2,900유로→5,300유로). 다만, 디지털 플랫폼이나 대리인 등을 통해 소득이 국세청에 신고되는 경우에 한하며, 신고되지 않을 경우에는 기본공제액을 1,500유로로 제한. ■ 주거용 주택에서의 단기 임대소득에 대해 4,000유로의 기본 공제 허용 등
이탈리아	단기 임대소득에 대해 임대인이 표준 소득세율 대신 고정 소득세율(21%)을 선택할 수 있도록 허용
노르웨이	2018년부터 30일 미만 단기 임대소득 중 1,000유로를 초과하는 부분에 대해 15%의 표준공제 및 23%의 세율 적용
영국	2017년 4월 시작하는 과세연도부터 단기 임대 및 일시 양도소득이 연간 1,000 파운드 이하인 경우 신고의무 면제

※ 출처: OECD, 「The Sharing and Gig Economy: Effective Taxation of Platform Sellers: Forum on Tax Administration」, 2019(김민창·김준현, "OECD 공유경제에 대한 효율적 과세방안의 주요내용 및 시사점", 외국입법 동향과 분석 제59호, 국회입법조사처, 2020. 9. 재인용)

우리 세법에서는 간이과세자를 4,800만 원에서 8,000만 원으로 상향하였다. 또한 매출액 3,000만 원 미만인 사업자는 부가가치세를 면제해주고 있다. 디지털 플랫폼을 통한 개인사업자 중 상당수가 면세나 간이과세 범위에 머무를 확률이 높다. 세금 신고를 간소화하기 위해서는 일괄 공제, 종합 합산 신고 배제, 단일세율로 과세, 신고의무 면제 등을 검토할 수 있다. 이는 어디까지나 공유경제의 공급자에 대한 특별한 세제 혜택을 주는 것이므로 정당성과 필요성에 대한 사회적 합의가 선행되어야 할 것이다.

플랫폼 노동은 기존의 사업과 달리 비용 공제가 가능한 범위가 모호한 경우가 많이 있다. 과세기간 동안 자가 사용이 함께 이루어지고 있기 때문이다. 본인이 사용하지 않는 기간 동안 임대하여 발생한 소득에 대해 비용으로 공제 가능한 항목과 범위가 어디까지인지 그 기준을 제시할 필요가 있다. 감가상각비나 매입비용, 인건비 등을 임대 기간과 자가 사용 기간별로 안분해야 할지도 기준을 마련하고 친절하게 안내하는 것이 좋다.

(2) 플랫폼 사업자의 협력의무 제도화

플랫폼 노동은 새로운 경제형태로서 납세자가 겸업할 수 있고, 자발적으로 세금 신고를 하지 않으면 세원을 포착하기 어렵다. 해외 디지털 플랫폼을 사용한다면 소득 파악이 더 어려울 수밖에 없다. 과세관청이 다수의 플랫폼 노동자들의 소득을 파악하는 것은 현실적으로 어렵다. 따라서 징세의 효율성이나 납세 협력 비용의 절감을 위해서는 과세관청이 플랫폼 기업과 협조체제를 구축하는 것이 필요하다. 프랑스는 2020년부터 국내·외 모든 플랫폼 사업자에 대해 사용자의 수입 정보를 과세당국에 제출하도록 의무화하고 있다. 스페인도 2019년부터 관광지 숙박 임대업을 중개하는 플랫폼 사업자가 해당 활동에 관한 정보(숙박시설 및 소유자 관련 정보, 임대소득 및 기타 정보 등)를 과세당국에 통보하도록 의무화하고 있다.

플랫폼 기업의 협조방식은 플랫폼 사업자가 자발적으로 사용자의 수입 정보를 제공하도록 하는 것부터 법적으로 강제하는 것, 원천징수의무를 부과하는 것까지 다양하다. 가장 낮은 단계로는 플랫폼 사업자를 통해 정보를 수집하는 것이다. 하지만 종국적으로는 플랫폼 사업자에게 원천징수 의무를 부과하여 거래와 동시에 관련 세금을 납부하도록 하는 것이 효율적이다.

(3) 성실신고 유도

대부분 개인 공급자들은 공유경제 활동으로 인한 수입을 부수적이고 비정기적인 수입으로 인식해서 신고 의무를 소홀히 하는 경우가 많다. 따라서 홈페이지, 소셜 미디어, 언론사 등 다양한 매체를 통해 적극적으로 납세 의무와 절차를 홍보하고 교육할 필요가 있다. 최근 국세청은 국세청의 유튜브와 블로그로 세금 교육과 홍보를 하고 있다. 디지털 플랫폼 기업과 협조하여 플랫폼 내에서 맞춤형 교육과 안내를 제공하는 것도 필요하다.

신고를 하더라도 신고 방법이나 소득금액 계산, 필요경비 해당 여부 등을 판단하기 힘들어 신고 누락이 있을 수도 있다. 과세관청이 신고내용을 사후에 검증하거나 세무조사를 하는 것보다는 사전에 신고내용을 자세히 안내하는 것이 성실신고를 유도하는데 더 효과적이다. 이를 위해서 신용카드의 외환 내역, 웹스크래핑이나 웹 크롤링 등 첨단 IT 기술을 활용하여 웹사이트로부터 가격, 거래량 및 체류 기간 등의 공개정보를 자동으로 수집한 후 매출액 등을 추정하고 이를 바탕으로 미리 채움 신고서(pre-filed tax return)를 제공하는 것을 검토할 필요가 있다. 종국적으로 세금 신고가 ONE-STOP으로 이루어지도록 하는 것이 이상적이다.

<표 18> 납세자 교육 사례

구분	내용
그리스	■ 2017년 숙박부문에서의 공유경제에 대한 법률 승인 이후 과세당국 홈페이지에 단기 부동산 임대업의 등록절차, 단기 임대 신고절차, 조사 수행 및 납세의무와 위반 시 벌칙 등에 대한 정보를 게재 ■ 2018년 8월부터 앱을 통해서도 관련 정보 제공
덴마크	■ 국세청에 공유경제 전담 홈페이지를 개설, 부동산 임대 소득 계산 및 신고서 작성 등을 안내 ■ 2018년부터 대규모 온라인 플랫폼 사업자에게도 홍보, 체크리스트 및 세금 신고와 관련된 지침 제공
프랑스	국세청 홈페이지에 공급자의 납세의무에 대한 지침을 게재, 언론을 통해 지침의 주요 내용을 홍보
헝가리	행정당국이 공급자가 지켜야 할 의무사항을 수록한 리플릿을 작성하여 디지털 플랫폼에 게시하며 정기적으로 업데이트
아일랜드	단기 숙박 임대소득에 대한 세금 신고 매뉴얼 및 지침 발표
스페인	휴일 개인주택 임대의 납세의무 지침을 국세청 홈페이지에 게재
이탈리아/일본	단기 숙박 임대의 납세의무 및 관련 규정을 해설하는 교육용 비디오 제작
호주	국세청에서 7개 언어로 제작된 라디오 홍보, 소셜 미디어, 비디오 및 광고 등 다양한 수단을 통해 공유경제에 관한 캠페인 전개
노르웨이	국세청에서 소셜 미디어를 통해 납세의무자들이 이를 인지할 수 있도록 캠페인 전개

※ 출처: OECD, 「The Sharing and Gig Economy: Effective Taxation of Platform Sellers: Forum on Tax Administration」, 2019(김민창·김준현, "OECD 공유경제에 대한 효율적 과세방안의 주요내용 및 시사점", 외국입법 동향과 분석 제59호, 국회입법조사처, 2020. 9. 재인용)

Ⅳ. 데이터세(Data Tax)

1. 데이터 거래 및 산업 현황

4차 산업혁명 시대를 데이터의 시대라고 한다. 과거에 산업 발전의 원동력이 석유였다면, 앞으로 올 시대는 '데이터'가 원동력이 될 것이다. 이런 의미에서 데이터를 미래 사회의 '원유'라고도 한다. 데이터는 2010년 이후 경영 부문에서 주목받기 시작했다. 이때부터 데이터가 폭발적으로 증가하면서 축적되었다. 데이터는 그 자체로 원시 자료의 의미 밖에는 없지만, 여러 자료를 수집하여 가공하면 새로운 정보를 발견할 수 있다. 최근에는 빅데이터(Big Data)라는 이름으로 디지털화된 데이터의 가치가 주목받고 있다.

초창기에는 데이터가 조직 내의 자산에 머물렀으나, 점차 '데이터 공유'로 패러다임이 전환되고 있다.104) 조직 내부뿐만 아니라 조직 간에도 데이터 공유를 통해 서비스 혁신을 촉진하는 것이 목표가 되고 있다. 유럽연합 집행위원회(EC)는 2019. 7. 15. 데이터공유지원센터(SCDS, Support Center for Data Sharing)를 발족하여, 데이터를 주고 받을 수 있는 공유 환경을 만드는 데 노력하고 있다. EC는 데이터 공유를 '적용 가능한 기술, 재정, 법률 및 조직적 사용 요건을 전제조건으로 타인의 사용을 위해 데이터 접근을 제공하는 행위'라고 정의하고 있다. 데이터 공유 개념과 더불어 데이터 주체도 조직에서 개인으로 전환되고 있다. 정보 주체인 개인의 데이터 주권 또는 자기정보통제권 보장이 중요하게 논의되고 있다.

데이터 거래는 데이터 주체가 데이터를 직접 판매하는 경우와 데이터 거래소를 통해 판매하는 경우가 있다. 데이터 판매자는 구매자가 원하는 데이터로 가공·통합하고 품질을 높이는 등 데이터의 가치를 창출한다. 이들은 가치 있는 데이터들을 수집, 저장, 가공, 통합하여 재판매하는 일을 주로 하고 있다. 한국데이터거래소, 금융데이터거래소 등이 있다. 데이터 시장에는 데이터 생태계가 형성되어 있다. 이는 데이터 주체, 데이터 브로커(중개자), 데이터 구매자로 이어지는 순환구조이다. 즉, 데이터 구매자가 구매한 데이터에 자신의 내부 데이터를 융합시켜서 활용하고, 그러한 경제활

---

104) 한국데이터산업진흥원, 「데이터산업백서」 통권25호, 2022, 31쪽.

동을 통해서 데이터 판매자에게 가치 있는 데이터가 다시 전달되는 형태라
고 할 수 있다.

　데이터 거래는 공공기관과 민간기업 간에도 이루어지고 있다. 예를 들
어, 지방자치단체는 버스, 택시 등 운송데이터와 통신사 기지국 데이터를
결합하여 심야 버스 노선을 조정하거나, 장애인 콜택시 운행의 최적 장소
와 시간 등을 분석하여 정책에 활용하고 있다.[105]

〈그림 22〉 데이터 거래 체계

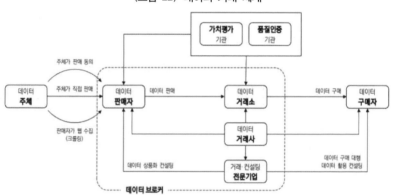

※ 출처: 정준화·박소영, "데이터 거래 활성화를 위한 거래소·거래사·크롤링의 현황과 개
　선과제", 현안분석 254호, 국회입법조사처, 2022. 7.

　데이터 거래 시장 성장률은 연 6.4% 수준이며, 데이터 판매에 참여하는
기업 비중은 21%이다. 데이터 산업은 데이터 처리 및 관리 솔루션 개발·공
급업, 데이터 구축 및 컨설팅 서비스업, 데이터 판매 및 제공 서비스업으로
구분할 수 있다. 이 중에서 데이터 판매 및 제공 서비스업 시장이 11조
4,071억 원으로 가장 높은 비중을 차지한다.

　국내 데이터 산업 시장의 성장률은 높은 편이다. 우리나라가 미국, 영국,

---

105) 유경상 외 2, "빅데이터와 교통정책의 연계방향", 서울연구원, 2017.

중국, 스위스에 이어 데이터 경제 5위라고 한다.[106] 한국데이터산업진흥원
에 따르면 지난 5개년 연평균 성장률이 12.6%였는데, 앞으로도 이 추세로
계속 성장한다면 2027년에는 47조 원을 넘어설 것으로 추정한다.

〈그림 23〉 국내 데이터 산업 시장 규모 (단위: 억 원)

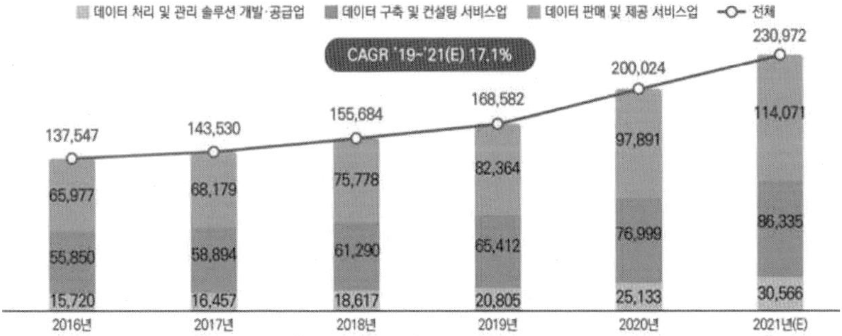

※ 출처: 한국데이터산업진흥원, 「데이터산업백서」, 통권25호, 2022, 89쪽.

2. 정부의 데이터 산업 정책

정부는 데이터 기반 확충 및 활용, 데이터 산업진흥, 데이터 보호 등을
위해 정책 및 법 제도를 시행해오고 있다. 「공공데이터의 제공 및 이용 활
성화에 관한 법률」(이하 '공공데이터법')에서는 데이터 개방뿐만 아니라 데
이터 품질 제고, 데이터 표준화, 데이터 제공 절차 및 분쟁조정 등에 관한
사항을 담고 있다. 정부 내의 데이터 공유와 활용을 위해 「데이터 기반 행
정 활성화에 관한 법률」을 제정하였다. 자율주행 자동차나 디지털 트윈,
AR, VR 등의 산업을 활성화하기 위해 「국가공간정보 기본법」에서는 공간
정보의 제공 등을 규정하고 있다. 「데이터 산업진흥 및 이용 촉진에 관한

---

106) Bhasker Chakravorti et al., "Which countries are leading the data economy?",
Harvard Business Review, 2019. 1. 24.

기본법」(이하 '데이터 산업법')에서는 데이터의 가치를 평가할 수 있는 기법과 평가체계의 수립, 데이터 플랫폼 지원 사업, 품질인증 사업, 데이터 산업 관련 각종 지원 등의 내용을 담고 있다.

데이터 권리의 핵심은 '데이터 전송 요구권'이다. 2020년 「신용정보의 이용 및 보호에 관한 법률」에 최초로 신설되었다. 전송 요구권은 모든 개인정보에 인정된 것이 아니라, 신용정보에 국한해서 데이터 이동권이 보장되었다. 이를 근거로 하여 2022. 1. 5. 마이데이터 사업이 시작되었다.[107] '마이데이터'는 정보 주체가 본인 정보를 적극적으로 관리·통제하고 이를 신용, 자산, 건강 관리 등 스스로 필요한 분야에 주도적으로 활용하는 것을 목표로 한다. 현재는 주로 개인이 금융사, 보험사 등에 정보 제공을 동의하고, 금융사 등은 개인에게 적합한 맞춤형 금융상품을 추천해주는 서비스를 제공한다. 2022년 개인정보보호법 개정안에 전송 요구권이 명문화되었다. 개정법이 시행되면 모든 분야에서 마이데이터 사업이 활성화될 것으로 보인다.

3. 데이터의 역외 유출 및 개인정보 보호 문제

데이터는 인터넷을 기반으로 하므로 국경의 제한을 받지 않는다. 데이터의 중요성이 드러나면서 국가 간 데이터 이동의 필요성도 증가하고 있다. 그러나 국경을 넘는 데이터의 이동은 개인정보 보호뿐만 아니라 국가 안보에도 영향을 미칠 수 있으므로 무제한으로 허용될 수는 없다. 여기서 국가 및 개인이 생성한 데이터에 대해서 그 소유 범위와 사용 방법을 스스로 결정할 수 있는 권한이 확보되어야 한다는 차원에서 '데이터 주권(Date Sovereignty)'이라는 개념이 등장하였다.[108]

---

107) 신용정보협회에 따르면 2022년 12월 기준으로 마이데이터 사업을 위한 본인신용정보관리업의 본허가를 취득한 기업은 64개이다(https://www.cica.or.kr/14_mydata/mydata_05.jsp).

이와 관련하여 최근 유럽사법재판소(CJEU)에서 판결이 선고되었다.[109] 2000년 미국과 EU는 일명 '세이프 하버(Safe harbor) 협정'을 맺고 세이프 하버 원칙을 준수하는 기업은 'EU 정보보호 지침(GDPR)'에 따른 적절성을 충족하는 것으로 보고 개인정보의 국가 간 이전을 허용하였다. 그러나 미국의 정보기관이 유럽인의 개인정보를 열람했다는 스노든의 폭로가 나오면서, 오스트리아 활동가 겸 법대생인 막스 슈렘스(Marx Schrems)는 세이프 하버 협정이 무효라고 주장하며 2012년 법원에 소송을 제기했다. 페이스북이 유럽 정보보호법을 위반하여 방대한 양의 개인정보를 수입하였으며,[110] 미국 정부에 자신의 개인정보가 들어가면 프라이버시권 등이 침해된다는 이유에서였다. 2015년 10월 유럽사법재판소는 EU 회원국들의 개인정보 이용에 대한 감독 권한이 '세이프 하버' 협정보다 우위에 있다면서, EU 회원국들의 감독 권한을 침해한 세이프 하버 협정이 무효라고 판결했다. 이후 2016년 8월 구글, 페이스북 등 미국 기업들이 유럽에서 미국으로 데이터를 보내려면 유럽이 정한 정보보호 기준을 준수했음을 스스로 입증하도록 하는 '프라이버시 쉴드(Privacy Shield)' 협정이 도입되었다.

슈렘스는 프라이버시 쉴드에 의해 이전된 개인정보가 GDPR 수준으로 관리되고 있는지에 대한 감시 체계가 미흡한 점, 미국 정부가 EU 회원국 시민들의 개인정보까지 감시할 수 있는 점 등 프라이버시 쉴드의 결함을 지적하며 다시 소송을 제기하였다. 유럽사법재판소는 프라이버시 쉴드가

---

108) 김현경, "데이터주권과 개인정보 국외이전 규범 합리화 방안 연구", 성균관법학 제31권 제4호(2019. 12.), 598쪽.

109) 한국인터넷진흥원, "유럽사법재판소의 프라이버시 쉴드 무효 판결 분석", 2020. 7.(Case C-311/18 Data Protection Commissioner v Facebook Ireland Limited and Maximillian Schrems).

110) 슈렘스의 요청에 따라 페이스북이 공개한 자료는 무려 1,222쪽 분량으로, 위치 정보는 물론 친구 관계, 채팅 주제, 정치적 논쟁의 '좋아요' 빈도 등 모든 기록이 수집되고 있었으며 이는 슈렘스가 페이스북에 가입한 지 3년, 본격적인 활동을 한 지 1년의 기간 내에 수집된 정보였다.

EU 법률이 요구하는 수준의 적절한 개인정보 보호 수준을 제공하지 못하였다고 판단하였다. 국가 안보·공익·법 집행의 목적으로 국가기관이 접근 가능한 개인정보 처리기준이 EU와 미국이 같을 필요는 없으나 비례성의 원칙을 기반으로 엄격한 기준을 마련할 필요가 있으며, 국가 안보를 목적으로 미국의 개인정보 접근을 가능하게 하는 제도적 보호조치 및 정보 접근과 관련하여 정보 주체에게 명확한 정보 제공 등이 필요하다고 판단하였다. 또한 개인정보 보호를 위한 데이터 수출자(컨트롤러)의 보완 조치 의무(적절한 보호 수준, 정보 주체 권리 이행, 효율적인 법적 구제 방안 보장)를 포함하여 명시해야 한다고 하였다. 판결의 취지에 따른 보완 조치가 완료되기 전까지 미국으로의 데이터 이전이 원활하지 않을 것으로 보인다. 이번 판결을 통해 개인정보의 적절한 보호 수준 유지를 위해 데이터 수출자(컨트롤러)의 역할이 더 중요해졌다.

우리 개인정보 보호법에서는 개인정보처리자가 개인정보를 국외의 제3자에게 제공할 때에는 정보주체에게 알리고 동의를 받도록 규정하고 있다(제17조). 형식적인 동의만 있으면 아무 제한없이 개인정보가 국외로 이전될 수 있는 것이다. 이런 문제점으로 인해 2022년 개정안에는 이용자의 동의 외에도 개인정보가 이전되는 국가의 개인정보 보호체계, 정보주체 권리 보장 범위, 피해구제 절차 등이 국내 개인정보 보호 수준과 실질적으로 동일한 경우, 개인정보보호위원회가 인정하는 인증을 받은 경우에 국외로 개인정보를 이전할 수 있다는 규정을 두었다. 관련 위법 사항이 발견되면 개인정보보호위원회가 개인정보처리자에게 국외 이전 중지 명령을 내릴 수도 있다(개인정보 보호법 개정안 제28조의8).

4. 데이터세의 내용

우리나라에서 데이터세 논의는 2020년부터 활발해졌다. 코로나로 인해 전 세계가 팬데믹에 휩싸이면서 디지털 플랫폼 기업의 급성장과 기본소득 정책이 나오면서부터이다. 기본소득은 보편적 복지 차원에서 전 국민에게 일정 금액의 소득을 지급하는 것이다. 기본소득을 주장하는 사람들은 알래스카의 영구기금(Alaska Permanent Fund) 사례를 대표적으로 들고 있다. 알래스카 유전은 법률적으로 알래스카주의 공공 소유이지만 수익을 주민 모두에게 조건 없이 기본소득으로 분배하고 있다. 기본소득의 정책적 효과가 긍정적으로 분석된다면 이를 도입하기 위한 재원 조달이 필수적으로 요구된다. 재원 조달의 한 방편으로 데이터세가 논의되고 있는 것이다.

데이터와 빅데이터를 구분하는 견해에서는 빅데이터세라고 말하기도 한다. 납세의무자는 빅 테크 기업이 주 대상이지만, 과세대상이나 과세표준, 세율 등에 대해 합의된 내용은 없다. 또한 OECD에서 논의되는 디지털세나 몇몇 EU 국가 등에서 시행하고 있는 디지털 서비스세와 어떻게 다른지, 이중과세는 아닌지 등에 대한 명확한 지침도 없는 상태이다. 유럽에서 비트세(Bit-tax) 논의가 잠시 있었으나, 데이터에 관한 과세제도를 마련한 국가는 아직 없다. 비트세는 데이터 사용량을 과세대상으로 하고, 데이터 사용자를 납세의무자로 하는 과세안이었다.

우리나라에서 논의되는 내용을 간략하게 살펴본다. 한 견해는 국민 개개인의 인적정보를 포함하여 일상에서 각종 경제활동 등을 통해 생산된 데이터를 사용한 기업들을 대상으로 그 데이터의 사용 대기를 국가가 조세로 징수하는 것이 데이터세라고 정의한다. 이는 인공지능을 통한 가공 기술이 주요 핵심인 IT 기업에 원시 데이터(raw data)를 마치 원재료(raw material)의 대가로 보고 징수하는 개념이라고 한다. 데이터세는 소득과세의 형태가 아닌 데이터의 사용량이나 거래량을 기준으로 한 물품세(소비 과세) 형태로 상정한다.111) 과세표준을 데이터 거래가격으로 하므로 원시 데이터의 가격 측정 방법이 간결하고 합리적이어야 한다. 시장접근법, 비용접근법,

수익관점법에서 가격을 측정할 수 있다. 원시 데이터를 제공하는 개인을 대리하여 정부가 그 수수료 혹은 세금을 징수하여 개인들에게 기본소득 형태로 나누어 주는 것이다.

다른 견해는 데이터세의 정의를 거래 또는 사용에 초점을 맞추지 않고 데이터의 생산·가공·구축·판매(제공) 등으로 발생하는 소득 전체로 확대하여 광의의 개념으로 설정한다. 이때 데이터세는 데이터의 사용으로 인한 소득에 대한 과세이므로 디지털세의 일부분에 해당한다.112) 그러나 이 견해는 과세제도로서 데이터세 설계의 한계 또한 지적한다. 일단, 데이터는 물리적 실재(physical presence)가 필요하지 않으므로 거래나 유통의 특정 단계를 식별하는 것이 어려워 데이터 거래 또는 사용에 대해 과세하기 어렵다. 산업 내에서 온라인과 오프라인은 융합되어 있으므로 데이터의 사용으로 인한 수익을 명확하게 분리할 수 없다. 만약 분리할 수 있다고 하더라도 원시 데이터 자체의 경제적 가치를 평가하기 어렵다. 결국 OECD의 디지털세가 도입되면 새로운 디지털 서비스세나 유사한 과세를 부과할 수 없으므로, 데이터세라는 새로운 과세제도를 도입할 수 없는 국면으로 접어들었다고 평가한다.

또 다른 견해는 빅데이터세를 일종의 사회 구성원 전체에 대한 배당으로 보는 견해이다.113) 빅데이터는 개별 데이터의 단순한 총합이 아니고, 만약 개별 데이터에 대한 가격 책정이 가능하다고 하더라도 그 금액이 매우 싼 값일 것이므로 빅데이터의 거래가 과세대상이 되어야 한다고 본다. 빅데이

111) 김신언, "기본소득 재원으로서 데이터세 도입방안", 세무와 회계연구 통권23호(제9권 제4호), 한국세무사회, 2020.
112) 한국지방세연구원, 「디지털세 도입 논의 동향과 지방세 시사점 -데이터세 도입논의를 포함하여-」, 2021.
113) 금민, "기본소득과 빅데이터 공동소유권", 기본소득 한국네트워크 쟁점토론, 2020.

터는 사회 구성원의 공동소유이므로 빅데이터 기금과 같은 기관을 만들고, 이 기관이 플랫폼 기업의 영업이익 일부를 거두어들여 사회 구성원 모두에게 무조건적·개별적으로 배당하는 것을 구상한다. 빅데이터세를 신설하여 전액을 기본소득으로 배분할 수도 있다고 본다. 빅데이터세를 일종의 빅데이터 배당으로 본다. 이 견해에서 구상하고 있는 빅데이터세는 플랫폼 기업의 소득세 개념이다. 즉, 기업이 데이터 수집을 시작한 시점을 기준으로 삼고 그 해의 영업이익과 과세연도의 영업이익을 비교하여 그 기간 영업이익 증가분에 대하여 일정 비율로 과세하는 것이다. 법인세 과세표준이 200억 원을 초과하는 기업으로, 세율을 10%로 제안하고 있다. 이 방식이 복잡하다면 대안으로 법인세 과세표준 200억 원을 초과하는 기업의 당기순이익에 1~2%를 추가 법인세로 과세할 수도 있다고 본다.

해외에서의 논의를 살펴본다.114) 먼저, 데이터세를 소비세(excise tax) 형태로 부과하자는 주장이 있다. Arthur Cordell이 주장한 비트세(bit tax)가 여기에 해당한다. 비트세는 디지털 네트워크상 정보의 흐름에 기반을 둔 소비 또는 매출에 과세를 하는 것이다. 최근 Ben-Shalar는 수집된 정보의 양과 질을 모두 고려하여 더 많은 정보를 수집하는 회사에 더 많은 세금을 부과하는 것이라고 한다. 그러나 비트세는 전 세계적으로 비판을 받고 거의 모든 정부가 수용을 거부하였다.

몇몇 학자들은 데이터 배당세를 주장한다. 상당한 양의 개인정보와 데이터를 수집하고 보관하는 것을 사업모델로 하는 회사에 부과하는 것이다. 정부는 세수를 확보한 후, 회사에 데이터를 제공한 개인들에게 배당을 지급한다. Hughes는 5%의 세금을 부과하면 매년 1,000억 달러 이상을 지급할 수 있을 것으로 추정한다. 최근 뉴욕에서 두 개의 법안이 소개되었다. 뉴욕

---

114) Omri Marian, Taxing Dada, Brigham Young University Law Review. 511, 2022.

의 개인 데이터로부터 소득을 얻고 있는 회사에 대해 5%의 추가 세금을 부과하는 내용이었다. 그러나 지지를 이끌어 내지는 못했다.

데이터 공유 명령을 주장하는 견해도 있다. 데이터에 대한 세금을 부과하되, 금전으로 납부받는 것이 아니라 데이터 자체를 물납받는 형태이다. 데이터의 가치를 객관적으로 평가할 수 있어야만 물납이 가능할 것이다. 그러나 데이터는 사용하는 주체와 목적에 따라 경제적 가치가 상이하므로 데이터 자체를 세금으로 징수하는 것은 어려울 것으로 예상된다.

소비세로서 데이터세를 상정하기는 하지만 데이터의 사용자에게 과세하는 것이 아니라, 데이터 이전을 담당하는 인터넷 데이터 기반시설을 소유한 자에게 과세하는 방안을 주장하는 견해도 있다. 더 많은 데이터가 이전될수록 더 높은 세금이 부과된다. 그러면 데이터 기반시설을 소유한 자는 데이터 비용을 소비자에게 전가하게 된다. 대리세(surrogate tax)의 형태로 부과하면서도 데이터 사용자에 대한 직접세의 효과를 발휘하게 된다.

개별 데이터의 사용에 대해 세금을 부과하는 것이 아니라 데이터의 수집가에게 세금을 부과하자는 견해도 있다. 어떤 원천(source)으로부터 나왔는지를 묻지 않고 수집된 데이터 전체에 세금을 부과하는 것이다.

마지막으로 데이터 수집에 대한 사용료(loyalty)로 데이터세를 부과하자는 견해가 있다. 데이터를 미래 사회의 원유라고 한다. 그렇다면 원유의 채굴에 사용료를 부과하는 것처럼 데이터의 수집에 사용료를 부과하자는 것이다.

5. 향후 논의 과제

정부에서는 아직 데이터세에 대해 논의하고 있지 않다. 마이데이터 사업과 관련하여 데이터 공유를 통한 산업 발전과 정보보호가 우선 당면한 과제이다. 데이터 산업법 제30조에서는 세제 지원에 관한 일반 규정만을 담고 있다. 국가 또는 지방자치단체는 데이터 산업의 촉진을 위하여 관련 사업의 수행과 관련한 국세 또는 지방세를 조세특례제한법, 지방세특례제한법 및 그 밖에 조세 관계 법률 및 조례로 정하는 바에 따라 감면할 수 있다. 그리고 데이터산업과 관련한 각종 지원시책을 시행할 때는 중소기업기본법 제2조의 중소기업자를 우선 고려하여야 한다(데이터 산업법 제31조).

정부는 데이터 정보의 공유를 통해 데이터 산업을 발전시키고자 한다. 현재 개인정보 보호법 개정안이 국회를 통과하면 신용정보뿐만 아니라 모든 정보에 대해 마이데이터가 확대될 것이다. 따라서 데이터세를 부과하는 것은 자칫 데이터 산업 발전을 저해하는 요소로 작용할 수 있다는 우려도 있다.

원시 데이터를 종합·가공하여 탄생한 빅데이터는 기업의 마케팅과 사업 전략을 세우는 데 결정적인 역할을 하고 있다. 기업은 빅데이터 자체를 사고팔면서 수익을 창출할 수도 있다. 그런데 원시 데이터를 제공하는 개인들의 역할은 무시되고, 아무런 보상을 받을 수 없다. 물론 맞춤형 서비스를 받을 수 있다는 측면에서 어느 정도 보상이 있다고 생각할 수도 있다. 그러나 데이터의 주체로서 개인의 역할이 주목받으면서 그에 합당한 보상체계를 요구하는 사회적 분위기가 만들어지고 있다. 데이터 사용에 대한 대가-그것이 세금, 수수료, 부담금의 어떤 형태이든-를 징수할 수 있는지를 연구할 필요가 있다. 몇 가지 검토 사항에 대해 기초적인 논의를 해 본다.

(1) 디지털세 도입에 따른 이중과세

OECD에서 논의하는 디지털세는 아직 전 세계적으로 합의가 되지는 않았지만, 조만간 합의가 이루어지게 될 것이다. Pillar 2의 최저한세에 대해서는 모델규정이 나왔고, 우리나라는 2022년 국조법 개정에 이 내용을 구체적으로 포함하고 있다. Pillar 1의 과세권 배분 규정은 아직 합의되지 않았지만, 상당히 구체화되고 있다. 만약 디지털세가 시행되면 각국에서 시행하고 있는 디지털 서비스세나 이와 유사한 과세는 폐기해야 한다. 국제적 이중과세에 해당하기 때문이다. 데이터세를 어떻게 설계하느냐에 따라 디지털세와 이중과세가 될 수도 있고 그렇지 않을 수도 있다. 〈표 19〉에서 보는 바와 같이 디지털세는 소득에 대한 과세이고, 디지털 서비스세는 매출에 대한 소비세이다. 따라서 두 개의 세목은 같은 디지털 매출액에 대한 과세로서 중복과세에 해당할 수 있다. 만약 데이터세를 매출에 대한 소득과세로 부과한다면 이중과세가 될 우려가 있다. 그러나 데이터의 사용을 과세대상으로 설계한다면, 디지털세와 과세대상이 달라서 이중과세에 해당하지 않는다. 물론 경제적 이중과세를 어디까지 확장할 수 있는지에 따라 달라질 수는 있다. 국제적 분위기를 보면 데이터세보다 디지털세가 먼저 도입될 가능성이 크다. 그렇다면 디지털세와 이중과세가 되지 않도록 데이터세를 설계할 수도 있다.

〈표 19〉 디지털 관련 세제 비교

구분	과세 목적	성질	과세표준	세율
디지털세	다국적기업의 조세회피 방지	소득세	소득 (수익-비용)	Pillar1의 경우 각국의 법인세율, Pillar2의 경우 최저한세 15%
디지털 서비스세	다국적 디지털 플랫폼 기업의 조세회피 방지	소비세	초과 글로벌 매출액	매출액의 2~7%로 국가별로 다름
데이터세	디지털 플랫폼 기업의 데이터 이용에 대한 과세 -기본소득의 재원 확보	소비세, 소득세 논의가 있음	(빅)데이터 가치	10% 논의 있음

(2) 조세 원리에 부정합

데이터세는 원시 데이터의 사용에 대해서 부과하든, 빅데이터의 사용에 대해서 부과하든 데이터라는 원재료에 대해 부과하게 된다. 과거에는 자본과 노동을 투입하여 수익을 창출했다면, 이제는 데이터를 투입하므로 빅데이터를 원재료로 볼 수 있는 것이다. 우리 세제는 크게 소득에 대한 과세와 재산의 보유에 대해 과세, 특정 거래에 대한 과세로 구분할 수 있다. 데이터세는 데이터의 이전에 대한 과세이므로 특정 거래에 대한 과세로 볼 수 있다. 그러나 데이터는 원재료에 해당하므로 기업의 소득에서 원재료 매입 가격으로 처리하여 비용으로 공제될 것이다. 그렇게 되면 과세의 실익이 크게 없을 수 있다. 또한 조세 부담으로 원재료 가격이 올라가면 최종소비자의 구매가격도 높아질 수 있다. 즉, 조세의 부담이 데이터 제공자에게 전가되는 경제적 효과가 생길 수 있다.

　과세의 정당성을 주장하는 견해는 데이터가 공공재의 성격이 있다는 점을 강조한다. 디지털 기업이 공공재인 데이터를 이용하여 수익을 창출했으므로 세금을 내는 것이 정당하다는 것이다. 이렇게 보면 데이터세는 응익과세와 유사한 성격이라고 할 수 있다. 응익과세에서는 혜택을 본 자에게 세금을 부과한다. 데이터 사용에 대한 수혜자는 일차적으로 빅테크 기업이지만, 그 혜택이 다시 소비자나 판매자에게 돌아오는 생태계 구조를 갖고 있다. 데이터 사용은 맞춤형 서비스 제공으로 소비자에게 다시 편익을 제공하기 때문이다. 따라서 조세로 부과하는 것이 적절하지 않은 면이 있다. 조세가 아닌 부담금이나 수수료 형태로 설계하는 것이 더 적절할 수 있다.

(3) 데이터 가치 평가의 어려움

　데이터세를 과세하기 위해서는 데이터의 가치를 평가해야 하는 문제가 있다. 데이터 유통 산업을 증진하고 필요한 경우 세제나 부담금을 부과하기 위해서는 객관적이고 합리적인 가치 평가가 꼭 필요하다. 원시 데이터의 가치는 사실 미미하지만, 무수히 많은 원시 데이터를 수집·가공하여 빅데이터로 만들면 무한한 가치가 창출된다. 하지만 데이터 구매자의 사용

목적에 따라 그 가치가 달라질 수 있는 문제는 여전히 존재한다. 이런 점들로 인해 데이터 가치 평가는 굉장히 어려운 작업이다.

정부도 이를 인식하고 데이터 기본법에서 과학기술정보통신부 장관은 데이터의 가치를 평가할 수 있는 평가 기법과 평가체계를 수립하여 공표할 수 있다고 규정하였다(제14조). 이를 위해 유통되는 데이터에 대한 가치 평가를 전문적·효율적으로 하기 위하여 가치평가기관을 지정할 수 있다. 과학기술정보통신부는 2022. 7. '데이터 가치평가기관 지정 및 운영에 관한 지침'을 마련하였다. 지침에서는 데이터의 객관적 가치를 등급이나 점수, 가액 등으로 평가하기 위한 데이터 가치평가기관의 지정 요건 등을 정립하고 있다. 데이터 가치 평가는 데이터의 유형·특성, 활용 목적 및 용도에 따라 시장접근법, 수익접근법, 원가접근법 중 어느 하나를 사용하거나 두 개 이상을 함께 사용할 수 있다(지침 제4조). 시장접근법은 대상 데이터와 같거나 유사한 데이터가 유통 시장에서 거래된 가치를 비교·분석하여 상대적인 가치를 산정하는 방법이다. 수익접근법은 대상 데이터의 경제적 수명 기간 동안 데이터 활용으로 인하여 발생할 미래의 경제적 효익에 적정 할인율을 적용하여 현재가치로 환산하는 방법이다. 원가접근법은 대상 데이터를 생산하는데 지출된 금액을 기초로 하여 데이터의 가치를 산정하거나, 같은 경제적 효익을 가지고 있는 데이터를 생산·구입하는 데 지출되는 금액을 추정하여 가치를 산정하는 방법이다.

실제 데이터 가치평가기관이 얼마나 객관적이고 합리적인 가치 평가 기준을 정립할 것인지는 앞으로 지켜봐야 한다. 이를 위해서는 전문성과 공정성을 갖춘 가치평가기관을 지정하는 것이 중요하다. 2022년 11월 현재 신용보증기금, 한국평가데이터(KoDATA)를 비롯해 개인신용 조회회사(CB사) 등 14곳이 가치평가기관 지정 신청서를 제출하였다고 한다. 데이터 가치평가기관은 기술사, 변호사, 데이터 경력자 등 전문인력 6인을 포함해 10인 이상을 상시 고용하고 평가 수행 조직 체계를 구축해야 한다. 또한 평가

기법을 수행할 수 있는 평가모델, 정보통신망과 평가에 필요한 시설과 장
비를 보유해야 한다.

제6장

4차 산업혁명에 따른
신종 세원에 대한 대응

Ⅰ. 암호화폐115)

1. 암호화폐 시장의 성장

암호화폐(crypto-currency)는 디지털 화폐(digital-currency), 가상화폐(virtual -currency) 또는 암호자산(crypto-assets), 사이버머니(Cybermoney), 가상자산 (virtual-assets) 등 다양한 용어로 불린다.116) 2008년에 사토시 나카모토라는 가명의 인물이 자신의 논문에서 비트코인(bitcoin)을 소개하면서 대표적인 암호화폐로 등장하였다. 비트코인은 채굴(mining)을 통해 획득할 수 있다. 비트코인의 총 발행 규모는 2,100만 비트코인으로 한정되어 있어서 투자 가치 를 인정받고 있다. 비트코인의 거래는 블록체인(Block Chain) 기술을 사용한 다. 블록체인 기술의 특성상 거래내역의 위·변조가 불가능하고, 중앙통제기관 이 없어 익명성이 보장된다.

미국 등에서는 암호화폐라는 용어를 사용하지만, 우리나라 법령에서는 '가상자산'이라는 용어를 사용하고 있다. 금융위원회는 가상자산을 '거래상 대방으로 하여금 교환의 매개 또는 가치저장의 수단으로 인식되도록 하는 것으로 전자적 방법으로 이전 가능한 증표 또는 그 증표에 관한 정보'로 정의하였다. 이에 따라 특정금융정보법 제2조 제3호에서 가상자산은 '경제 적 가치를 지닌 것으로서 전자적으로 거래 또는 이전될 수 있는 전자적 증

---

115) 이 장의 내용은 저자의 "4차 산업혁명이 조세에 미치는 영향", 법학연구 제25집 제4 호, 인하대학교 법학연구소, 2022. 논문에서 간략히 소개한 내용을 자세하게 수정· 보완한 것이다.

116) 2019년 G20은 자금세탁 규제안을 마련하면서 용어를 암호화폐(cryptocurrency)로 통 일하였고, 국제회계기준위원회는 암호자산(crypto asset)으로 통일하였다고 한다.

표'라고 정의하고 있다. 다만, 선불전자지급 수단, 게임물의 이용을 통하여 획득한 유·무형의 결과물, 전자등록주식, 전자어음, 전자증권 등을 제외하고 있다.

암호화폐가 블록체인 기술과 함께 소개되었을 때만 해도 일종의 도박이라고 해서 경시하거나 자금세탁의 수단이라고 불법화하는 분위기가 있었고, 이를 원천적으로 차단해야 한다는 목소리도 있었다. 그러나 4차 산업혁명에서 블록체인이 기반기술로서 활용도가 높아지면서 암호화폐 거래도 활발해지고 있다. 전 세계적으로 암호화폐 종류는 2020. 2. 9. 기준으로 총 2,398개이며, 시가총액은 미화 2,872만 달러 규모로 이른다. 최근에는 세계 최초의 비트코인 ETF인 'Purpose 비트코인 ETF(BTCC)'와 'Evolve 비트코인 ETF(EBIT)'가 캐나다에서 출시되었으며, 브라질에서도 두 가지 비트코인 ETF 상품(QR ETF와 해시덱스 ETF)이 증권거래소에서 거래되고 있다.

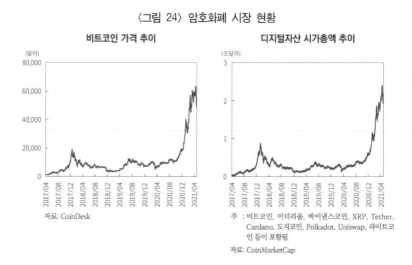

〈그림 24〉 암호화폐 시장 현황

※ 출처: 심수연, "글로벌 디지털자산 시장 동향", 자본시장포커스 2021-9호, 자본시장연구원, 2021. 5. 3.

한국블록체인협회에서 발표한 우리나라의 암호화폐 거래현황을 살펴보면, 일 평균 거래금액은 15,805억 원(2019년도), 9,790억 원(2020년도), 142,385억 원(2021년 1~4월)이고, 투자자 수는 94만 명(2019년도), 121만 명(2020년도), 533만 명(2021년 1~4월)으로 각각 나타난다. 암호화폐 대표라고 할 수 있는 비트코인의 연도 말 가격을 살펴보면 가격의 등락이 심하긴 하지만 대체로 폭등하고 있는 것을 알 수 있다.

〈표 20〉 비트코인 연도별(연도 말 기준) 가격 (단위: 천 원)

연도	가격	연도	가격
2014	341	2018	4,265
2015	506	2019	8,343
2016	1,192	2020	31,596
2017	18,674	2021	62,027

이렇듯 암호화폐에 관한 관심이 폭발적으로 증가하면서, 채굴(mining)과 양도, 교환 등을 통해 막대한 차익이 실현되고 있다. 문제는 법의 미비로 암호화폐 거래차익에 대한 과세가 제대로 이루어지지 않아 일명 '코인 세 테크'가 은밀하게 이루어진다는 것이다. 한 예로 부동산 중개업자인 甲은 2017년 암호화폐 채굴업체 관련 투자자 유치 수당 등으로 받은 비트코인 시세가 급상승하면서 100억 원대 부자가 됐다. 그는 2018년 1월 국내 대형 암호화폐 거래소인 빗썸에서 50억 원 상당의 비트코인 333개를 현금화해 85억 원짜리 상가 건물을 매입했다. 추가로 35억 원을 대출받았고, 부동산 취득세로 4억 5,000만 원을 납부했다. 국세청은 甲에게 건물 매입 자금 50억 원 출처에 대한 해명 자료를 요구했다. 甲은 지난 5년간의 소득 내역과 비트코인 거래내역 등을 제출했고, 두 달여간 네 차례 국세청에 출석해 강도 높은 세무조사를 받았다. 그러나 국세청은 최종적으로 과세를 보류하였다. 그는 세 차례에 걸쳐 진행된 서울신문과의 인터뷰에서 "(나를 조사했

던) 국세청 관계자도 혼란스러워했다"라며 "비트코인 수익이 양도소득세인지 근로소득세인지의 기준도 모호하다며 최종 결정을 내릴 수 없다고 했다"라고 밝혔다.117) 가족 간에 암호화폐를 증여하여 고가의 부동산 등을 매입해도 증여세가 부과되는 예는 거의 없었다.

금융상품의 거래 차익이나 자본이득에 대한 과세는 하면서 암호화폐의 양도차익에 대한 과세가 이루어지지 않는 것은 문제이다. 조세 형평을 고려했을 때, 암호화폐 거래로 발생한 이익에 대해서도 과세의 필요성이 커지고 있다. 해외 주요국은 암호화폐 거래로 인한 이익에 대해 과세하는 것이 일반적이다. 그러나 암호화폐의 법적 성격을 어떻게 보는지에 따라 과세 여부나 구체적인 과세 방법이 다르다. 우리나라도 2019년 비거주자의 암호화폐 거래 이익을 기타소득으로 판단하여 최초로 과세를 하였다. 이후 법령 개정으로 내국인의 암호화폐 거래에 대해서 과세를 명확히 하였다. 그러나 암호화폐의 법적 성격, 가치 평가 방법, 소득의 성격 등에 대해 많은 논란이 있다. 또한 주식이나 다른 금융상품의 양도소득과 형평성에 대한 문제 제기도 꾸준히 이어지고 있다.

2. 암호화폐의 법적 성격과 과세상 쟁점

암호화폐에서 파생되는 경제적 이익에 대해 과세하기 위해 암호화폐의 법적 성질이 먼저 규명되어야 한다. 암호화폐가 자산인지, 금융상품인지, 화폐인지 등의 논의가 있다. 암호화폐는 가치의 등락이 심하고, 중앙은행에 의한 강제통용력이 없으므로 현행 법령상 통화로 보기 힘들다. 암호화폐가 결제 수단으로 사용되는 점에서 유가증권의 특성도 있다고 보인다. 그러나

---

117) 서울신문, "암호화폐 팔아 85억 건물 매입… 국세청 "기준 없다" 無과세", 2020. 6. 16.자. (https://www.seoul.co.kr/news/newsView.php?id=20200616001020)

유가증권은 권리가 화체되어 있는 증권인데, 암호화폐 자체는 별도의 권리
나 청구권이 없으므로 유가증권으로 보기도 힘들다. 금융투자상품으로 보
기 위해서는 발행자와 투자자 간의 채권·채무 관계가 있어야 하는데, 암호
화폐는 결제 수단에 불과하므로 금융투자상품으로 보기도 힘들다.

　최근 한국회계기준원은 통상적인 영업 과정에서 판매를 위해 암호화폐
를 보유하고 있다면 재고자산이라고 회신하였다. 그 외에는 식별 가능한
비화폐성 자산으로 기업이 통제하고 미래 경제적 효익이 그 기업에 유입될
것으로 기대되는 자산에 해당하므로 무형자산이라고 본다.118) 법원도 「범
죄수익은닉의 규제 및 처벌 등에 관한 법률」상 몰수의 대상이 되는 '무형
자산'에 해당한다고 보았다.119) 판결이유는 이렇다.

> "비트코인은 경제적인 가치를 디지털로 표상하여 전자적으로 이전, 저
> 장 및 거래가 가능하도록 한, 이른바 '암호화폐'의 일종인 점, 피고인은
> 위 음란사이트를 운영하면서 사진과 영상을 이용하는 이용자 및 음란사
> 이트에 광고를 원하는 광고주들로부터 비트코인을 대가로 받아 재산적
> 가치가 있는 것으로 취급한 점에 비추어 비트코인은 재산적 가치가 있는
> 무형의 재산이라고 보아야 하고…(생략)"

　스위스를 제외한 해외 주요국은 암호화폐를 경제적 가치가 있는 자산으
로 보고, 암호화폐 매매차익에 대해 자본이득세를 부과한다. 암호화폐를 자
산으로 보게 되면, 자본이득(capital gain)으로 과세를 할지, 기타소득으로
과세할지가 문제 된다. 법인은 어느 경우로 보던 기업의 순자산이 증가하
므로 법인세를 부과할 수 있다. 다만, 개인이 납세의무자인 경우가 문제 된
다. 자본이득으로 보게 되면 암호화폐를 금융상품과 유사한 것으로 인정하

---

118) 한국회계기준원, K-IFRS 질의회신 요약발표(2019-I-KQA017), 2019. 12. 31.
119) 대법원 2018. 5. 30. 선고 2018도3619 판결.

는 것이고, 여기에 손익 통산이나 이월 공제 등을 적용해야 한다. 거래소를 통하지 않은 개인 간의 거래에 대해서 취득가액 산정도 쉽지 않을 것이므로 과세상 어려움이 예상된다. 한편 자본이득이 아닌 일반소득으로 과세할 때, 납세의무자가 사업자라면 사업소득에 해당하여 큰 문제가 없을 것이다. 다만, 납세의무자가 사업자가 아닌 개인일 때 기타소득의 항목에 암호화폐 거래로 인한 이익을 새로이 추가하여야만 과세할 수 있다. 우리 소득세법이 열거주의 방식을 취하고 있어서, 열거된 소득 이외에는 과세할 수 없기 때문이다.

3. 해외 주요국의 과세제도[120]

(1) 미국

미국 국세청은 2014년 3월 암호화폐는 현행법상 통화가 아니라 '자산(property)'이라고 보고, 암호화폐 매각으로 인한 경제적 이익에 대해 자본이득세를 부과한다는 방침을 발표하였다.[121] 거래 대가로 암호화폐를 수취하면 수령 시점을 기준으로 공정시장가치를 총소득에 포함하여 소득세 신고를 하여야 한다. 일회성 채굴 활동에 따른 소득일 경우 기타소득이고, 계속·반복적으로 수행하는 채굴 활동에서 발생하는 소득은 사업소득이다. 암호화폐를 주식, 채권과 같은 투자 목적의 자본자산으로 보유할 때는 암호화폐 거래 손익은 취득 및 매각 시점의 공정시장가치(시가)의 차액을 자본손익으로 평가하고 보유 기간에 따라 차등 과세한다. 법인세와 관련하여 암호화폐 채굴을 비롯한 모든 거래에서 생긴 이익은 법인의 익금을 구성하여 법인세의 과세대상이 된다. 직원에게 암호화폐를 급여로 지급했다면 지

---

120) 국회예산정책처, 「4차 산업혁명에 따른 조세환경 변화와 정책 과제」, 2020 참조.
121) IRS, Notice 2014-21, "IRS Virtual Currency Guidance", 2014. 3.

급 당시의 공정시장가치로 평가하여 근로소득세를 원천징수해야 한다. 암
호화폐와 관련된 소득을 정확하게 신고하지 않거나, 지연 신고할 때는 가
산세 부과 대상이 되고, 형사처벌의 대상이 되기도 한다. 2019년에 새롭게
등장한 암호화폐 취득방식인 하드포크(hard fork)나 에어드랍(air drop)을 통
한 취득도 과세대상에 포함하고 있다.122)

　연방 차원에서는 부가가치세가 없고, 주 정부에서는 판매세(Sales Tax)를
부과한다. 그러나 현재 대다수의 주 정부는 암호화폐에 대한 판매세 지침
이 없는 상태라고 한다.

(2) 영국

　영국 국세청은 2014년 3월에 암호화폐의 과세상 취급을 발표하고, 2019
년과 2022년에 업데이트하였다.123) 암호화폐 채굴, 거래, 교환, 결제, 기타
서비스 제공 등으로 수입을 얻는 사업자는 그 수입에 대해 세금을 납부해
야 한다. 채굴은 활동 정도나 조직, 위험, 상업성에 등을 고려하여 종합소
득으로 과세할 수도 있고, 자본이득으로 과세할 수도 있다. 암호화폐는 일
종의 무형자산으로 취급되고, 개인이 암호화폐를 처분할 때 자본이득세로
과세한다. 개인이 급여로 암호화폐를 받거나 금융거래를 수행하는 사업으

---

122) 하드포크(hard fork)는 블록체인 프로토콜이 어느 한 시점에서 급격하게 변경되는 것
　　을 뜻한다. 블록체인이 두 갈래로 나뉘는 것이다. 개발자들은 이전 버전의 프로토콜
　　에서 심각한 보안상 취약점을 발견했을 때, 혹은 소프트웨어에 새로운 기능을 추가
　　하거나 개선하려 할 때 하드포크를 한다. 하드포크로 인해 신규 암호화폐가 만들어
　　지기도 하는데, 이는 암호화폐 가격에 큰 영향을 미친다. 에어드랍(airdrop)은 일반적
　　으로 암호화폐 프로젝트에 대한 프로모션을 위해 암호화폐 거래소에 상장하거나
　　Iintial Coin Offering을 할 때 무료 코인이나 토큰을 지갑 주소로 전송하는 행위를
　　말한다(네이버 지식백과, 용어로 보는 IT).
123) 영국 국세청, "Cryptoassets manual"(2014, update 2022) (https://www.gov.uk/hmrc-
　　internal-manuals/cryptoassets-manual)

로 인정된다면 종합소득세가 부과된다. 에어드랍을 대가 없이 받는 경우나 사업 활동의 일부로 받는 것이 아니면 종합과세의 대상이 되지 않는다. 하지만 향후 처분할 때는 자본이득세가 부과될 수 있다.

채굴을 통해 얻는 것은 부가가치세 과세대상이 아니고, 채굴업자가 받는 수수료는 금융거래로 비과세된다. 암호화폐가 기존 통화와 교환될 때는 부가가치세가 부과되지 않는다.

(3) 독일

독일도 암호화폐를 과세 목적상 경제적 자산으로 취급한다. 독일은 사적인 판매 거래에 대해서 소득세를 비과세하고 있다. 상업성이 없거나 투기 목적이 아닌 개인 간의 사적인 거래이다. 이에 따라 암호화폐 보유 기간이 1년 이상이면 소득세가 면제된다. 1년 이내 거래가 이루어졌으면 거래 규모가 600유로를 넘지 않으면 비과세한다. 만약 1년 이내에 처분하면 최고 45%의 누진세율을 적용하여 소득세가 과세된다.

2018년부터는 암호화폐가 지급 결제 수단으로 사용되는 경우 별도로 과세대상이 되지 않는다. 이는 2015년 유럽연합 사법재판소가 비트코인이 대체결제통화로 사용될 때 부가가치세 지침 제135조 제1항 e에 따라 면세 대상에 해당한다고 판단하였기 때문이다.

(4) 일본

일본은 2016년 관련 법을 개정하여 암호화폐를 현금과 동등한 법적 지불수단으로 규정하였다. 암호화폐로 가전제품을 구매하거나 전기요금 등을 납부할 수 있다. 2017년 세법을 개정하여 암호화폐를 매각하거나 상품을 구매하기 위해 사용하고 다른 암호화폐로 교환하면 원칙적으로 기타소득

(잡소득)으로 분류하고, 7단계 누진세율로 종합과세한다. 잡소득 계산 시 손실은 오로지 잡소득과 통산할 수 있을 뿐이다. 법인이 보유한 암호화폐에서 발생한 거래차익은 양도 손익을 구성하며, 시가법으로 평가하여 각 사업연도의 소득금액에 계상한다. 2019년 세법 개정에서 법인세와 관련하여 기말 평가, 양도 손익, 신용거래 등에 대한 과세상 취급을 구체적으로 정하였다. 2016년 법 개정으로 암호화폐가 지급 결제 수단으로 인정됨에 따라 소비세 과세대상에서 제외하였다.[124]

(5) 호주

호주 국세청은 2014년 8월 암호화폐에 대한 과세상 취급을 발표하였다. 호주 국세청은 암호화폐를 자산으로 본다. 투자 목적으로 보유한 암호화폐를 처분할 때 발생한 차익은 자본이득으로 보아 과세한다. 암호화폐의 판매 또는 증여, 거래 또는 교환, 명목화폐로 변환, 상품이나 서비스를 얻기 위한 사용 등이 처분에 해당한다. 통상적인 사업 과정에서 매매·교환을 위한 암호화폐 판매수익은 자본이득이 아닌 일반적 소득으로 분류한다. 소득세법상 개인이 채굴 또는 근로의 대가로 받은 암호화폐는 소득에 산입한다. 채굴업체는 사업연도 말 보유한 암호화폐에 대한 회계처리 의무를 진다. 채굴로 인한 소득은 5단계 누진세율이 적용되며 소득세로 과세한다. 부가가치세법상 암호화폐를 화폐로 판단하지는 않지만, 2017. 7. 1.부터 암호화폐의 판매, 구매에 대해 소비세를 과세하지 않는다. 암호화폐 구매에 대해서도 매입세액을 공제하지 않는다.[125]

---

124) 일본 국세청, 仮想通貨に関する税務上の取扱いについて, 令和元年12月20日(https://
www.nta.go.jp/publication/pamph/pdf/virtual_currency_faq.pdf)
125) https://www.ato.gov.au/General/Other-languages/In-detail/Information-in-other-languages/
Cryptocurrency-and-tax/?page=1#Personal_use_assets_and_cryptocurrency

(6) 스위스

스위스는 암호화폐를 현금이나 동산의 성격으로 보아 자본이득세를 부과하지 않는다. 대신 개인 투자자의 거주지 주(canton)에서는 재산세를 부과한다.

<표 21> 주요국의 암호화폐 과세제도 비교

국가명	가상자산의 성격	분류	다른 소득과의 합산 여부	세 율
미국	자산	통상소득(1년미만) 자본소득(1년이상)	종합과세 분류과세	10~37% (1년 미만) 15% / 20% (1년 이상)
일본	지불수단	잡소득	종합과세	15~55% (지방세 10% 포함)
영국	투자자산	자본소득	분류과세	10% / 20%
프랑스	자산(동산)	자본소득	분류과세	19%~
독일	사적 자산	기타소득(1년미만)	종합과세	최대 45%

※ 출처: 기획재정부, "2020년 세법 개정안 문답자료", 2020. 7. 22.

4. 우리나라의 입법 대응

우리나라는 2017년 말부터 전국적으로 암호화폐 투기 열풍이 가열되면서 커다란 사회 문제가 되었다. 특히 범죄수익 은닉 등의 용도로 사용되자, 정부는 2018년 금융위원회 주도로 자금세탁 방지 가이드라인을 제정하였다. 이후 2020년 3월에 특정금융정보법을 개정하여 가상자산을 법제화하였다.

세제상으로는 2014년에 부가가치세와 관련하여 국세청의 예규가 나온 것이 처음이었다. 비트코인(Bitcoin)이 화폐로서 통용될 때는 부가가치세 과세대상에 포함되지 아니하는 것이나, 재산적 가치가 있는 재화로서 거래될 때는 부가가치세법 제4조에 따라 부가가치세 과세대상에 해당하는 것이라는 내용이었다(서면법규과-920, 2014.08.25.). 정부는 가상자산 거래로부

터 발생하는 소득에 대해 2021년 10월부터 소득세를 부과하는 것을 목표로
하여 2020년 소득세법을 개정하였다.

(1) 거주자의 가상자산 소득에 대한 과세 신설 (소득세법 §14, §21, §37, §84 등)

학계에서는 암호화폐 소득에 대해 양도소득세, 거래세 또는 기타소득세
로 과세하는 방안 등이 각각 논의되었다. 양도소득세는 암호화폐를 자본적
자산으로 보고 자산의 양도로 인해 실현된 소득을 과세대상으로 하는 것이
다. 거래세는 증권거래세와 같이 암호화폐 거래 시마다 간접세의 형태로
과세하는 것이다. 기타소득세는 일시적·우발적 소득으로 발생한 소득으로
보고 과세하는 것이다.

정부는 거주자의 가상자산 양도 등의 소득에 대해 기타소득으로 과세하
는 규정을 소득세법에 신설하였다. 과세대상은 특정금융정보법 제2조 제3
호의 가상자산을 양도·대여함으로써 발생하는 소득이며, 소득 구분은 기타
소득이다. 소득금액의 계산은 총수입금액(양도·대여의 대가)에서 필요경비
(실제 취득가액과 거래 수수료 등 부대비용 등)를 차감하는 방법이다. 가상
자산을 여러 차례에 걸쳐 취득할 수 있으므로 이때 취득가액 평가 방법은
가상자산 사업자를 통한 거래의 경우에는 이동평균법을, 그 외 경우에는
선입선출법을 사용한다.[126] 2022년 소득세법 시행령을 개정하여 가상자산
주소별로 필요경비를 계산하도록 명확히 하였다. 가상자산 주소는 가상자
산의 전송 기록 및 보관 내역을 관리하는 고유식별번호를 말한다(소득세법
시행령 제88조).

---

126) 이동평균법은 재고자산을 매입할 때마다 평균단가를 다시 계산하는 방식이고, 선입
선출법은 먼저 매입한 재고자산이 먼저 판매되었다는 가정 하에 재고자산의 가액을
결정하는 방식이다.

이미 보유하고 있는 가상자산의 경우에는 의제 취득가액을 적용한다. 즉, 법 시행 전에 보유한 가상자산의 취득가액은 국세청장이 고시한 가상자산 사업자가 취급하는 가상자산의 경우는 해당 사업자가 2022. 1. 1. 0시 현재 공시한 가격의 평균액으로 한다. 그 외의 가상자산의 경우는 가상자산사업자 및 그에 준하는 사업자가 공시하는 2022. 1. 1. 0시 현재 가상자산 가격으로 한다. 이는 법 시행일 전에 보유하던 가상자산은 사실상 취득가액 산정이 어려워 납세협력비용이 과도하게 들기 때문에 이를 보완하기 위해서이다.

거주자의 소득금액은 다른 소득과 종합합산되지 않고, 20%의 단일세율로 분리과세 한다. 원천징수 대상에서도 제외된다. 매년 5. 1부터 5. 31.까지 연 1회 신고·납부해야 한다. 과세기간 내 손실이 발생했으면 손익 통산이 허용된다. 과세 기간별 소득금액 250만 원 이하는 과세에서 제외된다.

양도소득이 아니라 기타소득으로 과세하는 배경에 대해 기획재정부는 국제회계기준이 판매 목적 보유가 아닌 가상자산을 무형자산으로 취급하고 있고, 현행 소득세 과세체계에서 상표권 등 무형자산에서 발생한 소득을 기타소득으로 과세하고 있는 점을 고려한 것이라고 한다.[127]

소득세 과세는 애초에는 2022. 1. 1.부터 시행하기로 하였으나, 계속 시행이 유예되어 2022년 세법 개정에서 2025. 1. 1.부터 양도 및 대여하는 분에 대해 시행하기로 하였다. 따라서 의제 취득가액도 2025. 1. 1. 0시 기준이다.

(2) 비거주자·외국법인의 가상자산소득에 대한 과세 신설

국세청은 2019년 비거주자의 가상자산소득을 기타소득으로 보고, 거래

---

127) 기획재정부, 2020. 7. 22. 보도자료, "2020년 세법 개정안 문답자료".

소에 원천징수 의무를 부과하는 과세를 하였다. 현재 이 사건은 법원에 계속 중이다. 과세 당시에는 거주자는 물론 비거주자의 가상자산 소득에 대해 어떻게 과세를 해야 할지에 대해 아무런 규정이나 사회적 합의가 없었다. 이에 정부는 거주자의 기타소득을 신설하는 동시에, 비거주자에 대해서도 과세하는 규정을 신설하게 되었다. 다만, 기획재정부는 거주자의 가상자산 거래로 발생한 소득에 대한 과세 근거 규정은 신설에 해당하지만, 비거주자에 대해서는 현재 포괄적으로 규정되어 있는 과세 근거를 명확히 한 것이라는 견해이다.128)

과세대상은 비거주자·외국법인이 가상자산을 양도·대여함으로써 발생하는 소득이다(법인세법 제92조, 제93조, 제98조, 소득세법 제119조, 제126조, 제156조). 이때 특정금융정보법상 가상자산 사업자가 보관·관리하는 가상자산을 인출하는 경우를 포함한다. 소득 구분은 기타소득으로 한다. 2022년 세법 개정 시 가상자산 교환·입고·인출시 양도·취득가액 산정방식을 명확히 하였다. 비거주자·외국법인이 입고·인출 시 거래의 기준이 되는 가상자산(기축 가상자산)의 거래가액에 교환 비율을 적용하여 양도·취득가액을 산정한다. 이때 기축 가상자산의 거래가격이란 교환거래 체결 시점에 코인마켓 사업자가 선택하는 시가 고시 가상자산 사업자의 원화 시장에서 거래되는 기축 가상자산의 가격을 말한다.

거주자와 달리 비거주자는 자발적인 신고·납부를 기대하기 힘들므로 소득을 지급하는 자가 원천징수를 하는 방법으로 과세를 한다. 가상자산 사업자를 통하여 양도·대여·인출 시에는 가상자산 사업자가 원천징수의무자가 된다. 원천징수 금액은 양도가액의 10%와 양도차익의 20% 중 적은 금액으로 한다.

---

128) 기획재정부, 2020. 7. 22. 위 보도자료.

Min [양도가액 × 10%, (양도가액 − 취득가액 등) × 20%]

소득을 지급하는 때(가상자산 사업자가 보관·관리하는 가상자산을 인출하는 때 포함)에 원천징수를 하여야 한다. 그리고 가상자산 또는 원화(양도·대여 대가) 인출 시 인출일의 다음 달 10일까지 원천징수 금액을 납부해야 한다.

한편 우리나라와 조세조약이 체결된 국가의 거주자는 조세조약에 따라 비과세·면제를 받을 수 있다. 혜택을 받기 위해서는 '원천징수 비과세·면제 신청서'를 관할 세무서에 제출해야 한다.

(3) 가상자산 사업자에 대한 과세자료 제출 의무 신설

암호화폐 거래는 중앙집중형이 아니라 분산장부 방식으로 익명성이 보장되기 때문에 거래를 포착하기 쉽지 않다. 따라서 소득 누락을 방지하기 위해서는 가상자산 거래소의 협조가 절대적으로 필요하다. 이에 정부는 가상자산 사업자에게 과세자료 제출 의무를 부과하는 규정을 신설하였다(소득세법 제164조의4). 제출해야 하는 정보는 가상자산 거래명세서와 가상자산 거래집계표이고, 거래가 발생한 날이 속하는 분기 종료일의 다음다음 달 말일까지 납세지 관할 세무서장에게 제출하여야 한다.

(4) 해외금융계좌 신고 대상에 해외 가상자산 거래 계좌 포함

거주자가 해외 가상자산 거래소를 통하여 가상자산을 거래하는 경우 소득을 파악하기가 곤란하다. 정부는 해외 가상자산 거래와 관련하여 세원 정보를 확보하기 위해 해외금융계좌 신고 대상에 해외 가상자산 거래 계좌를 포함하는 법 개정을 하였다(국조법 제34조). 신고 기준 금액은 당해 연도의 매월 말일 중 어느 하루라도 보유계좌 전체 잔액의 합계액이 5억 원을 초과한 경우이다. 당해 연도의 매월 말일 중 보유계좌 잔액의 합계액이 가장 큰 날 현재 보유하고 있는 모든 해외금융계좌에 보유하고 있는 모든 자산(예·적금, 증권, 보험, 펀드 등)을 신고해야 한다. 신고의무 위반자에 대해서는 과태료(미신고금액의 10~20%, 20억 원 한도), 명단공개, 형사처벌의 제재를 한다.

법 개정으로 이제는 은행 계좌, 증권계좌, 파생상품 계좌뿐만 아니라 특정금융정보법상 가상자산 및 그와 유사한 자산의 거래를 위하여 개설한 계좌까지 신고해야 한다. 또한 해외금융계좌를 취급하는 해외금융회사의 범위에 특정금융정보법상 가상자산 사업자 및 그와 유사한 해외 가상자산 사업자를 포함하였다.

(5) 가상자산 평가 근거 신설

상속재산은 피상속인에게 귀속되는 모든 재산으로, 금전으로 환산할 수 있는 경제적 가치가 있는 모든 물건, 재산적 가치가 있는 법률상 또는 사실상의 모든 권리를 포함한다(상증세법 제2조 제3호). 다만, 피상속인의 일신(一身)에 전속(專屬)하는 것으로서 피상속인의 사망으로 인하여 소멸하는 것은 제외한다. 증여재산은 증여로 인하여 수증자에게 귀속되는 모든 재산 또는 이익을 말하며, 금전으로 환산할 수 있는 경제적 가치가 있는 모든 물건, 재산적 가치가 있는 법률상 또는 사실상의 모든 권리, 금전으로 환산할 수 있는 모든 경제적 이익을 포함한다(같은 조 제7호). 따라서 현재도 별도로 암호화폐를 상속세 또는 증여세의 과세대상에 포함할 필요 없이 과세할 수 있다. 다만, 암호화폐의 재산가치 평가 방법, 암호화폐의 물납 허용 여부, 사이버 공간상 암호화폐의 소재지 결정 방안 등 세부 규정이 필요하다.

정부는 2020. 12. 22. 상증세법을 개정하여 암호화폐의 평가 방법을 규정

하였다(상증세법 제65조 제2항, 시행령 제60조 제2항). 특정금융정보법 제7
조에 따라 신고가 수리된 가상자산 사업자 중 국세청장이 고시하는 가상자
산 사업자의 사업장에서 거래되는 가상자산은 평가 기준일 전·이후 각 1개
월 동안에 해당 가상자산 사업자가 공시하는 일 평균가액의 평균액으로 한
다. 그 밖의 가상자산은 국세청장이 고시하는 가상자산사업자 외의 가상자
산 사업자 및 이에 준하는 사업자의 사업장에서 공시하는 거래일의 일 평
균가액 또는 종료시각에 공시된 시세가액 등 합리적으로 인정되는 가액으
로 평가한다. 가상자산 평가를 위한 가상자산사업자는 2021. 12. 28. 현재
〈표 22〉와 같다.

<표 22> 가상자산 평가를 위한 가상자산 사업자

상호	사업장소재지	지정기간
두나무 주식회사	서울시 강남구 테헤란로4길 14	2022.1.1.~
주식회사 빗썸코리아	서울시 강남구 테헤란로 124	2022.1.1.~
주식회사 코빗	서울시 강남구 테헤란로5길 7	2022.1.1.~
주식회사 코인원	서울시 용산구 한강대로 69	2022.1.1.~

(6) 가상자산의 강제징수 규정 신설

국세청은 2021. 3. 15.부터 가상자산 거래소로부터 체납자의 가상자산 보
유현황 자료를 수집·분석하여 압류 등 강제징수를 실시하였다. 당시에는
구체적인 강제징수 방법이 법으로 규정되어 있지 않았다. 다만, 하급심 법
원에서 채권 가압류가 가능하다는 결정이 있었다.[129] 특정금융정보법상 암

---

129) 거래소에 대한 가상자산 출급청구채권을 가압류 대상으로 인정(울산지방법원 2018.
1. 5.자 2017카합10471 결정), 가상자산 전송, 매각 등 이행청구권을 가압류 대상으
로 인정(서울중앙지법 2018. 2. 1.자 2017카단817381 결정), 가상자산 반환청구채권
을 가압류 대상으로 인정(서울중앙지법 2018. 3. 19.자 2018카단802743 결정), 구매
대행업자에 대한 가상자산 지급청구권을 대상으로 가압류 인정(서울중앙지법 2018.
4. 12.자 2018카단802516 결정)한 결정이 있었다.

호화폐를 자산으로 보고 있고, 대법원 또한 가상자산을 몰수의 대상이 되는 무형자산으로 보고 있었기 때문에 가압류가 가능했다. 이렇게 가상자산 출급청구채권을 가압류하자 소유자들이 자진하여 체납액을 납부하였다. 가상자산으로 재산을 은닉한 고액 체납자 2,416명에 대하여 약 366억 원을 현금으로 징수하거나 채권을 확보하였다.[130]

정부는 2022년 세법 개정 시 가상자산의 특성을 고려하여 강제징수 규정을 보완하여(국세징수법 제35조, 제55조, 제66조, 같은 법 시행령 제43조의2), 구체적인 압류 방식을 법에 규정하였다. 가상자산 압류 시에는 가상자산의 이전을 요구할 수 있다. 제3자(가상자산 거래소 등)가 보관 중인 가상자산의 경우 그 제3자에게 이전 요구를 할 수 있다. 만약 이전 요구에 응하지 않으면 수색을 통해 압류할 수 있다. 압류한 가상자산을 시장에서 매각할 수 있다는 규정도 추가하였다. 특정금융정보법에 따른 가상자산 사업자를 통해 거래가 가능한 가상자산은 시장에서 매각할 수 있다. 2022. 1. 1. 이후 압류·매각하는 경우부터 적용한다.

5. 국세청의 가상자산 거래소에 대한 과세 사례

2019년 말 과세당국은 국내 암호화폐 거래소의 외국인(비거주자) 회원의 암호화폐 원화 출금액 전체를 기타소득으로 판단하고, 거래소인 BB코리아닷컴을 원천징수의무자로 보아 원천징수 미납분 약 803억 원을 과세하였다. 투자자가 BB의 웹사이트에 회원가입을 하고 가상계좌(전자지갑)를 부여받은 후 여기에 예수금을 입금하고, 가상통화 거래를 하는 구조이다. 비거주자 회원이 원화 예수금을 출금한 금액은 기타소득에 해당하므로 기타소득으로 원천징수해야 한다는 것이다. 과세관청은 2015년부터 2017년까지 비거주자

---

130) 국세청 2021. 3. 15. 보도참고자료, "비트코인 등 가상자산을 이용하여 재산을 은닉한 고액 체납자 2,416명, 366억 원 현금징수·채권확보"

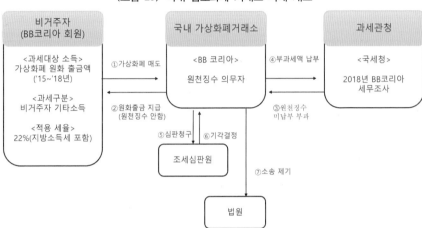

〈그림 25〉 국내 암호화폐 거래소 과세 개요

※ 출처: 국회예산정책처, 「4차 산업혁명에 따른 조세환경 변화와 정책 과제」, 2020. 6, 106쪽을
수정한 것임.

의 기타소득에 대한 원천징수 세액과 법인세액을 각 과세하였다.

다른 암호화폐 거래소인 (주)CC에 대해서도 2021년 3월 비거주자의 기
타소득에 대한 원천징수 미납분으로 12억 원을 과세하였다.

본 과세는 비록 비거주자에 대한 과세이긴 하지만 암호화폐 거래로 인한
소득에 대한 최초의 과세라는 점에서 의미가 있다. 과세의 쟁점은 암호화
폐의 법적 성격을 '자산'으로 볼 수 있는지, 필요경비에 대한 인정 없이 원
화 출금액 전액을 순소득으로 간주할 수 있는지, 비거주자의 거주지국과
체결한 조세조약에 저촉되는 것은 아닌지 등이었다. 청구법인은 불복했지
만, 국세청의 과세전적부심사청구와 조세심판원의 심판청구에서 기각되어
현재 법원에 계속 중이다.

(1) 비거주자 여부

암호화폐를 거래한 사람이 거주자 개인이라면 소득세법상 열거된 소득에 가상자산 거래이익이 없으므로 과세할 수 없다. 하지만 비거주자라면 국내원천소득에 해당하는 한 과세할 수 있다. 즉, 과세관청은 거주자에 대해서는 과세할 수 없었고, 비거주자에 대해서만 과세할 수 있었다. 거주자와 비거주자 구분은 소득세법상 연중 183일 이상 국내에 체류하거나 국내에 주소를 두고 있는지를 기준으로 한다. 이는 객관적인 사실로 판단해야 한다. 납세의무자가 아무리 비거주자라고 주장해도 객관적인 사실로 미루어 보아 거주자로 판정된다면 과세할 수 있다.

그런데 가상자산 거래소에서의 거래는 비실명거래이기 때문에 주민등록번호나 외국인등록번호 등으로 그가 거주자인지 아닌지를 판단할 수가 없었다. 과세관청은 회원가입 절차에서 회원이 비거주자에 체크한 것을 두고 비거주자로 판단하였다. 비거주자에 해당하는지는 객관적 사실로 판단해야 하는데, 회원이 스스로 한 체크 표시만을 신뢰하고 비거주자로 판단할 수 있는지 문제 된다.

(2) 비거주자의 국내원천소득 해당 여부(암호화폐의 법적 성격)

소득세법 제119조(비거주자의 국내원천소득) 제12호는 기타소득을 포괄적으로 규정하고 있다. 마목은 '부동산 외의 국내 자산을 양도함으로써 생기는 소득'으로, 카목은 '국내에 있는 자산과 관련하여 받은 경제적 이익으로 생긴 소득'으로 규정하고 있다. 따라서 암호화폐의 법적 성격을 화폐가 아니라 자산으로 볼 수 있어야만 과세할 수 있다. 과세 당시에는 특정금융정보법에 가상자산의 정의도 없을 때였다. 암호화폐의 법적 성격에 대해서 국내에 통일된 의견이 존재하지 않았다. 다만, 해외 주요국은 대부분 자산

(property)으로 인정하고 있었다. 국내에서는 한국회계기준원에서 회계처리 시 무형자산으로 본다고 의견을 피력한 바가 있다. 대법원도 암호화폐가 자산으로서 몰수의 대상이 된다고 판결하였다.

과세관청은 자산에는 경제적 가치가 있는 유·무형의 재산이 모두 포함되므로 암호화폐는 자산에 해당한다고 보았다. 따라서 암호화폐 거래 이익은 국내 자산을 양도함으로써 생긴 기타소득에 해당한다고 판단하였다.

(3) 소득의 구분

과세관청은 암호화폐 인출액을 소득세법상 비거주자의 기타소득으로 보고 필요경비에 대한 인정 없이 원화 출금액 전액을 순소득으로 간주하여 과세하였다. 소득세법 제156조 제1항 제3호에서는 비거주자의 국내원천 기타소득에 대해서는 그 지급금액의 100분의 20을 납부해야 한다고 규정하고 있다. 필요경비에 대한 공제 규정이 없으므로 취득원가나 수수료 등을 전혀 공제하지 않았다.

만약 암호화폐 양도차익을 양도소득으로 본다면 손익 통산이나 필요경비 공제 등이 적용되었을 것이다. 기타소득으로 볼 것인지, 양도소득으로 볼 것인지에 따라 구체적인 과세액 산정방식이 달라진다.

(4) 가상자산 사업자의 원천징수의무 존재 여부

소득세법 제156조 제1항에 따르면 국내원천소득으로 국내사업장에 귀속되지 아니한 소득의 금액을 비거주자에게 지급하는 자는 그 소득을 지급할 때 원천징수해야 한다. 그러나 가상자산 사업자는 비거주자에게 국내원천소득을 직접 지급하는 자가 아니다. 단지 중간에서 중개할 뿐이고, 그에 대한 대가로 수수료를 받고 있을 뿐이다. 따라서 가상자산 사업자를 원천징수의무자로 보기 위해서는 법리 검토가 필요하다.

소득세법 제156조 제6항에서는 유가증권을 자본시장법에 따른 투자매매업자 또는 투자중개업자를 통하여 양도할 때는 투자중개업자가 원천징수해야 한다고 규정하고 있다. 제11항에 따르면 금융회사 등이 내국인이 발행한 어음, 채무증서, 주식 또는 집합투자증권을 중개 또는 대리하는 경우에는 그 금융회사와 해당 내국인 간에 대리 또는 위임관계가 있는 것으로 보아 원천징수의무가 있다. 과세관청은 위 규정을 적용하여 가상자산 거래소인 청구법인에 기타소득을 원천징수할 의무가 있다고 보았다. 청구법인은 회원에게 출금액을 지급하기 전에 출금 수수료를 제외하고 송금하고 있으므로 같은 방법으로 기타소득세 원천징수가 가능하다는 것이다.

(5) 조세조약상 기타소득의 과세권 유무

만약 비거주자의 출금액을 양도소득으로 본다면, 부동산 외의 자산에 대한 양도소득에 대해서 조세조약상 거주지국 과세 원칙을 취하고 있으므로 원천지국인 우리나라에 과세권이 없다. 기타소득으로 보는 경우에도 대부분의 조세조약에서는 원천지국에서는 과세권이 없고 거주지국에만 과세권이 있다. 소득을 수취하는 비거주자의 거주지국에 따라 우리나라와 조세조약이 체결된 국가라면 비과세될 가능성이 상당히 크다. 따라서 개별적인 비거주자의 거주지국이 어디인지가 중요하다. 그러나 과세관청은 만약 그러한 조세조약이 체결되어 있다고 하더라도 조세조약상 비과세 혜택을 받으려면 비거주자가 비과세·면제 신청서, 제한세율 적용신청서를 제출해야만 한다고 본다. 이 사건에서 청구법인의 비거주자인 회원은 그런 신청을 한 사실이 없으므로 설령 조세조약이 체결되어 있다고 하더라도 조세조약상 비과세·면제 혜택을 받을 수 없다는 것이다.

(6) 조세심판원의 결정(조심 2020서7378, 2022. 01. 18.)

조세심판원은 이상의 쟁점을 심리한 후 청구법인의 불복 청구를 기각하였다. 다만, 가산세 부분에 대해서는 청구법인에 원천징수의무를 기대하는 것이 불가능했다는 이유로 청구를 인용하였다. 기각한 이유는 이렇다.

> "우선 쟁점①과 관련하여 청구법인은 쟁점 거래차익이 과세대상 국내 원천소득이 아니고 「소득세법」 및 「법인세법」상 원천징수의무자도 아니라고 주장하나, 「소득세법」119조는 비거주자의 국내원천소득으로 '국내법에 따른 면허·허가 또는 그 밖에 이와 유사한 처분에 따라 설정된 권리와 그 밖에 부동산 외의 국내자산을 양도함으로써 생기는 소득'(제12호 마목)을, '국내에서 하는 사업이나 국내에서 제공하는 인적용역 또는 국내에 있는 자산과 관련하여 받은 경제적 이익으로 인한 소득'(제12호 카목)을 열거하고 있고, 「법인세법」제93조 제10호 바목 및 차목 또한 위와 같은 소득을 외국법인의 국내원천소득이라고 규정하고 있는바, 쟁점가상자산은 경제적 가치를 디지털로 표상하여 전자적으로 이전, 저장 및 거래가 가능한 것으로 재산적 가치가 있는 무형의 재산이라고 보이는 점(대법원 2018.5.30. 선고 2018도3619 판결, 같은 뜻임), 쟁점 거래차익은 국내 금융계좌를 통해 원화로만 지급되고 있는 점, 회원들이 이 사건 거래소에서 거래하는 쟁점가상자산에 대해서는 청구법인의 책임 하에 관리되고 있는 점, 「소득세법」제156조 및 「법인세법」제98조에 비추어 청구법인에 쟁점거래차익에 대한 원천징수의무가 없다고 단정하기 어려운 점 등을 종합할 때 처분청이 쟁점가상자산을 비거주자 및 외국법인의 국내원천 기타소득으로 보고 청구법인에 쟁점 거래차익에 관한 기타소득세(원천징수분) 및 법인세(원천징수분)를 과세한 처분은 잘못이 없다(조심 2020서 859, 2021.12.7. 같은 뜻임)고 판단된다."

가산세 부분에 대한 인용 이유는 이렇다.

"다음으로 쟁점②와 관련하여 처분청은 청구법인이 쟁점 거래차익에 대한 원천징수의무가 있음을 몰랐다고 보기 어려우므로 원천징수 관련 가산세를 감면할 정당한 사유가 없다는 의견이나, 세법상 가산세는 과세권의 행사 및 조세채권의 실현을 용이하게 하기 위하여 납세자가 정당한 이유 없이 법에 규정된 신고·납세의무 등을 위반한 경우에 법이 정하는 바에 의하여 부과하는 행정상의 제재이므로 단순한 법률의 부지나 오해의 범위를 넘어 세법 해석상 의의(疑意)로 인한 견해 대립이 있는 등으로 말미암아 납세의무자가 그 의무를 알지 못하는 것이 무리가 아니었다고 할 수 있는 때 또는 그 의무의 이행을 그 당사자에게 기대하는 것이 무리라고 하는 사정이 있는 경우에는 이를 과할 수 없다고 할 것(대법원 2021.1.28. 선고 2020두44725 판결, 같은 뜻임)인바, 그동안 쟁점가상자산의 성격 및 과세대상 여부 등에 관하여 합의된 해석이 있었다고 보이지 않고, 쟁점가상자산 거래소득에 대한 구체적인 법령 역시 2020.7.22.에서야 개정안이 발표된 점 등을 종합할 때 청구법인에 쟁점 거래차익에 관한 원천징수의무 및 지급명세서제출의무를 기대하는 것은 사실상 무리라고 보이므로 이 사건 처분 중 원천징수납부등불성실가산세 및 지급명세서제출불성실가산세는 부과하지 않는 것이 타당하다고 판단된다."

6. 앞으로의 과제

(1) 소득의 분류 및 과세 방법 논의

학계의 여러 논의에도 불구하고 입법적으로 기타소득으로 과세하는 것으로 정리가 되었다. 기타소득으로 과세하면서 분리과세, 단순 비례세율로 원천징수 함으로써 과세가 종료된다. 기타소득으로 과세하는 것은 징수가 편리하다는 장점이 있다. 하지만 가상자산을 '자산'으로 보면서도 일시적, 우발적 성격의 기타소득으로 분류하는 것은 소득 개념에 불일치하고, 유가증권 등 유사 자산과 과세 형평성에 문제가 생길 수 있다.

기타소득으로 입법은 되었지만, 여전히 자본이득으로 보아 양도소득으로 과세를 변경해야 한다는 견해도 존재한다.[131] 실제로 기타소득으로 소득분류를 해 놓았지만, 구체적인 과세 방식은 주식 양도소득 또는 금융투자소득에 대한 과세 방법과 매우 유사하다.

국회예산정책처에서 발간한 2021년 개정세법의 심사 경과와 주요 내용 중 가상자산 소득분류 변경 및 과세 시행시기 1년 유예에 관한 부분을 살펴보면, 발의된 여러 의원 안이 찬성과 반대 등으로 입장이 다양한 것을 알 수 있다. 〈표 23〉에서 보듯이 과세 시행일만 유예하자는 견해도 있지만, 기본 공제와 세율까지도 조정하자는 견해가 있다.

〈표 23〉 가상자산 소득분류 변경 및 과세 시행시기 유예안

구분	현행	노웅래 의원 안	윤창현 의원 안	유경준 의원 안	조명희 의원 안
소득분류	기타소득	금융투자소득	-	-	기타소득
기본공제 (과세최저한)	250만 원	5천만 원	-	-	5천만 원
세율	20%	20% / 25% (3억이하/초과)	-	-	20% / 25% (3억이하/초과)
과세시행	2022. 1. 1.	2023. 1. 1.	2023. 1. 1.	2014. 1. 1.	2023. 1. 1.

과세 유예에 대해 찬성하는 견해는 ①거래소 점검 결과 등을 고려할 때 일반 투자자의 조세저항 방지 ②합리적 과세를 위해서는 손익 계상 시스템 구축이 선행될 필요 ③과세 시행 전 가상자산 취득가액 산정 및 양도차익 신고 등을 위한 시스템 구축 ④법적 정비, 과세대상자 안내 및 교육 등 충분한 준비가 필요하다는 이유를 든다.

반대하는 견해는 ①코스피 수준에 육박하는 가상자산 거래 규모를 고려

---

131) 이경근, "가상자산에 대한 정부 세법 개정안의 평가 및 개선방안", 세무와 회계 연구 통권 23호(제9권 제4호), 2020, 541쪽.

할 때 가상자산 과세 유예 조치는 가상자산에 대한 투기를 조장하는 신호가 될 수 있고 ②이미 여야 합의를 통해 국회에서 법안을 통과시킨 점을 강조하였다.

찬반 논의 끝에 개인의 가상자산 취득가액, 해외에서 취득한 가상자산, 거래소 간 거래 등에 대한 정보를 수집할 과세 인프라를 제대로 구축하기 위해 과세 시행시기를 현행 2022. 1. 1.에서 2023. 1. 1.로 유예하는 것으로 여야가 합의하였다. 다시 2022년 말에 여야 합의로 2025. 1. 1.부터 시행하는 것으로 유예하였다.

암호화폐 거래 손익을 기타소득으로 분류할지, 자본이득으로 보아 양도소득으로 과세할지, 기본 공제의 문제, 과세표준 구간에 따른 세율의 차등 문제 등은 아직 진행형이라고 할 수 있다. 또한 암호화폐 투자와 주식 투자는 같은 자본이득을 목적으로 하는 투자이므로, 금융투자소득의 과세 방법과 통일하는 것도 고려할 필요가 있다. 법 시행 전에 충분한 검토가 이루어져야 하고, 법 시행 이후에도 계속하여 시장 모니터링을 통해 개정이 이루어질 필요가 있다. 이미 과세자료를 수집·관리하기 위한 전산시스템 구축이 2021년 12월 말까지 완료되었고, 거래소 간 거래내역은 납세자의 정보 공개 동의 시 국세청이 파악할 수 있으므로 인프라는 어느 정도 갖추어져 있다. 특별한 이유없이 정치적인 이유로 과세를 계속 유예하는 것은 과세 형평을 저해하고, 암호화폐 투기를 조장할 우려가 있다.

(2) 법인세의 세부 사항 마련

법인세는 순자산 증가설에 따라 포괄적 소득 개념을 취하고 있다. 법인의 순자산을 증가시키는 거래로 인해 발생한 소득은 모두 익금을 구성하며, 법인세로 과세할 수 있다. 암호화폐 거래로 인해 이익이 발생하였다면 법인세를 과세하는 데에 어려움이 없다. 다만, 암호화폐의 평가 방법과 평가손익의 인식 시기 등과 같은 세부적인 사항을 마련할 필요가 있다.

2018년 한국회계기준원에 따르면 암호화폐와 관련하여 재무상태표 공시 시 보유 목적 및 기간이 1년 미만인 경우에는 유동자산, 1년 이상인 경우에는 비유동자산으로 분류할 수 있다고 한다. 정부는 2022. 2. 17. 법인세법 시행령을 개정하여 가상자산은 선입선출법에 따라 평가해야 한다고 규정하였다(제77조). 앞으로 세부적인 사항들을 보충해나가야 한다.

(3) 부가가치세 과세 명확화

부가가치세를 과세하기 위해서는 재화나 용역의 공급에 해당하여야 한다. 그러나 현행법상 암호화폐를 재화나 용역으로 구분할 근거는 불명확하다. 만약 암호화폐를 지급 결제 수단으로 인정하면 부가가치세 과세대상에서 제외될 것이다. 우리나라에서도 2018년도에 152여 곳의 오프라인 매장에서 암호화폐로 결제할 수 있었으며, 최근에는 거래소가 업무제휴를 하면서 더 늘어나고 있다. 유명 명품점에서도 암호화폐를 결제 수단으로 허용하면서 지급 결제 수단의 기능이 더 강화될 것으로 보인다. 유럽사법재판소는 암호화폐가 지급 수단 이외의 다른 목적이 없고 법정통화를 대체하는 존재로서 거래 당사자들 사이에서 인식·수용되고 있다면 통화 기타 유사물로 보는 것이 합리적이라고 한다. 따라서 EU의 부가가치세법상 비과세 대상으로 판단하였다(ECJ Case C-264/14, 2015). 현재 결제수단으로 사용되는 암호화폐에 대한 부가가치세 과세는 사실상 비과세에 국제적 합의가 이루어졌다고 할 수 있다.

세법 개정에서는 부가가치세에 대한 부분이 빠져있다. 실무상 예규 해석에 의존하고 있다. '비트코인(Bitcoin)'이 화폐로서 통용될 때는 부가가치세 과세대상에 포함되지 아니하는 것이나, 재산적 가치가 있는 재화로서 거래될 때는 부가가치세법 제4조에 따라 부가가치세 과세대상에 해당한다(서면법규과-920, 2014.08.25.)'는 예규가 일찍부터 있었다. 기획재정부 예규도 가상자산의 공급은 부가가치세 과세대상에 해당하지 않는다고 한 바가 있다(기획재정부 부가가치세제과-145, 2021.03.02.). 최근에는 재화나 용역을 구매하고 암호화폐로 결제한 경우에는 현금영수증 발급 대상에 해당하지 않는다는 예규가 나왔다(기획재정부 소득세제과-162, 2021.03.12.). 최근 암호화폐의 채굴 등과 관련하여 부가가치세 매입세액 공제 여부에 대한 질의도 많이 들어오고 있다. 실제로 블록체인 기반 IT 플랫폼 개발 용역에 대해 부가가치세 매입세액 공제를 받았다가 세무조사에서 적발되는 예도 있다. 이는 사업자가 조세를 회피하려는 의도보다는 암호화폐 거래에 대한 부가가치세 과세 실무가 납세자들에게 확실한 지침을 주고 있지 못하기 때문이다. 과세당국은 개별 건마다 회신을 하고 있지만, 관련 법령에 명확히 규정하는 것이 필요하다.

(4) 조세조약상 소득을 둘러싼 문제

대부분 국가에서는 암호화폐 처분 관련 소득을 자본이득으로 취급하여 양도소득세로 과세한다. 조세조약에서는 원천지국에 있는 부동산에 대한 자본이득이 아닌 한, 자본이득은 원천지국에 과세권이 없고 거주지국만 과세권을 갖는다. 이런 점에서 조세조약이 체결된 비거주자나 외국법인의 암호화폐 양도소득은 우리나라에서 과세할 수 없다.

그런데 우리나라는 비거주자나 외국법인의 가상자산 양도소득을 기타소득이라고 분명히 규정하였다. 이처럼 비거주자나 외국법인의 가상자산 양도소득을 기타소득으로 명확히 분류하여 법령화한 외국 입법례를 찾기 힘들다.132) 우리나라가 체결한 대부분 조세조약에서 기타소득은 원천지국에 과세권이 없고, 거주지국에서만 과세할 수 있다고 규정하고 있다. 조세조약이 체결되어 있지 않은 국가에 대해서는 기타소득을 주장할 수 있지만, 조세조약이 체결되어 있는 국가와는 소득의 성질을 두고 분쟁이 생길 수 있다. 향후 소득의 구분에 있어서 체약국과 이견이 생길 수 있으며, 납세자의 예측 가능성을 저해할 수 있다.

(5) 해외 암호화폐 거래소 및 개인 간 거래 시 과세 공백 방지

암호화폐 거래는 여러 당사자 간에 빈번하게 일어나기 때문에 납세자가 성실하게 자진신고를 하지 않는 이상 과세당국이 파악하기 쉽지 않다. 이에 따라 개정법에서는 가상자산 사업자에게 과세자료 제출 의무를 부과하고, 비거주자에게 출금액을 지급할 때 원천징수의무도 부과하였다. 그러나 이는 어디까지 국내 가상자산 사업자를 대상으로 하는 것일 뿐이다.

전 세계에 200여 개의 암호화폐 거래소가 있다. 순위별로 크립토닷컴(Crypto.com), 오케이엑스(OKX), 배틀 인피니티(Battle Infinity), 디파이 스왑(DeFi Swap), 프라임 XBT(PrimeXBT), 바이낸스(Binance), 업비트(Upbit), 빗썸(Bithumb), 바이비트(Bybit), 제미니(Gemini), 비트스탬프(Bitstamp), 후오비(Huobi), 크라켄(Kraken) 등이다. 국내 거주자가 해외 암호화폐 거래소를 이용한다면 법적으로 암호화폐 거래소의 협력의무가 없고 사실상 이를 기대하기 힘들다. 그렇다면 국내 입법은 암호화폐 투자자들이 거래소를 국내에서 해외로 이전하는 효과만 발생시킬 뿐 세수 측면에서 기대하는 바를 달성할 수 없게 된다. 과세 공백을 막기 위해서나 국내 암호화폐 거래소에서의 이탈이 발생하지 않기 위해서라도 보완 방안을 마련하는 것이 시급하다. 또한 암호화폐 거래소를 거치지 않고 P2P(개인 간 거래)로 거래하면 과

---

132) 이경근, 앞의 논문, 548쪽.

세당국이 거래를 포착하기 어렵다. 아이피(IP) 추적을 할 수 있다고 해도 대상자가 많으면 행정비용이 너무 많이 소요된다.

정부는 입법적으로 해외금융계좌 신고 대상에 가상자산을 추가하여, 투자자가 해외에 있는 가상자산도 신고하도록 하였다. 하지만 적발이 되지 않는 이상 추적은 불가능하다. 정부는 OECD 자동 금융정보교환 공통보고기준(CRS)에 가상자산을 포함하는 것을 추진하고 있다. 향후 빅데이터 분석과 국제공조를 강화하여 과세형평을 도모하는 것이 필요하다.

II. NFTs(Non-Fungible Tokens, 대체불가능토큰)[133]

1. NFT 의의 및 사용 용도

토큰(token)은 권리나 법적 지위 등을 표상하는 증표이다. 예전부터 버스토큰이나 카지노 칩처럼 우리 생활에 활용되어 왔다. 온라인에서도 토큰이 발행될 수 있다. 하지만 온라인 토큰은 디지털 형태이기 때문에 무한 복제가 가능하고, 복제품에 대한 진위를 확인하기 힘들다. 이런 이유로 토큰이 활용되는데 한계가 있었다. 그러나 블록체인 기술이 활용되면서 원본 증명이 가능한 대체불가능토큰(Non-fungible tokens, 이하 'NFT'라 함)이 발행되기 시작하였다. 블록체인 기술은 분산원장(distributed ledger, DLT)을 사용한다. 거래 기록이 중앙에 집중적으로 보관되는 것이 아니라, 분산 네트워크 내의 모든 참여자(peer)가 거래 정보를 합의 알고리즘에 따라 서로 공유한다. 따라서 거래내역의 위조나 변조가 거의 불가능하여 거래의 투명성이 높고 신뢰성이 강화된다.

---

133) 이 부분은 저자의 "대체불가능토큰(NFTs) 거래에 대한 과세 가능성 연구", 사법 62호, 사법발전재단, 2022. 논문을 수정·보완한 것이다.

〈그림 26〉 암호토큰의 세 가지 유형

Payment/Exchange tokens

Payment/Exchange tokens are a means of payment for goods or services

Buy a pair of shoes in Bitcoin on OpenBazaar platform

Security tokens

Security (investment) tokens may provide to the holder, the ownership of assets and entitlements to use them, dividend distribution (profit sharing) and voting rights

Digital investment Vehicle (DAO) provide holders with voting rights and share future profits

Utility tokens

Utility tokens provide token holders with access to a function provided directly by the token issuer

Filecoin provide token holders available space on computers to store data

※ 출처: Deloitte, "Are token assets the securities of tomorrow?", 2019. 2.

　블록체인에서 구현되는 토큰이란 자산이나 통화, 접근권에 대한 분산원장에 기초한 자산의 디지털 표현(representation)이다. 거래에 있어서 중간 매개자나 중앙기관이 필요 없고 개인과 개인 간 거래(P2P)로 가능하다. 암호화 기술(cryptography)을 사용하므로 암호토큰(crypto-token)이라고 한다. 암호토큰은 주로 디지털 화폐로 사용된다. 이 외에도 자산,[134] 접근권,[135] 지분,[136] 투표권,[137] 수집품,[138] 동일성 식별,[139] 증명서,[140] 쿠폰이나 상품권[141], 도메인,[142] 게임 아이템 등으로도 사용할 수 있다. 암호자산(crypto

---

134) 금, 부동산, 자동차, 석유, 에너지, 게임 아이템 등 유형 또는 무형의 자산에 대한 소유권을 증명하는 것으로 사용할 수 있다.
135) 회의의 발언권, 배타적인 웹사이트, 호텔 방, 자동차 임대 등 디지털 자산 또는 실물 자산에 접근할 권한을 주는 데 사용할 수 있다.
136) 법인격 있는 단체(예를 들어 주식회사)나 디지털 조직{예를 들어 DAO(탈중앙화 조직)}에서 주주권을 나타낸다.
137) 디지털 또는 법적 시스템에서 투표권을 주는 데 사용할 수 있다.
138) 크립토펑크나 미술품과 같은 디지털 수집품을 상징한다.
139) 아바타와 같은 디지털 동일성이나 주민등록번호와 같은 법적인 동일성을 확인하는 데 사용할 수 있다.
140) 결혼 증명, 출생증명, 대학 졸업장 등의 증명서로 사용될 수 있다.
141) 특정 서비스에 대한 접근이나 특정 서비스를 위한 지급으로 사용될 수 있다.

-asset) 또는 암호토큰은 〈그림 26〉과 같이 크게 세 가지의 전형적인 유형으로 구분할 수 있다.

지불형 토큰은 ICO(Initial Coin Offerings)를 통해 지불이나 교환수단으로 사용되는 토큰이다. 분산원장 플랫폼을 통해 상품이나 서비스 사용을 위한 대가로 지불되거나 가치를 저장하기 위한 목적이다. 비트코인이 대표적이다. 그러나 대부분 국가에서는 중앙은행에서 발행되는 것이 아니므로 명목화폐(Fiat Currency)로 인정하지 않는다.

기능형 토큰(utility token)은 발행자가 직접 제공하는 특정한 물건이나 기능(예를 들어, 데이터 저장 기능)에 접근권을 부여하기 위해 발행된다. 토큰 소유자가 서비스나 물건, 행사 등에 접근, 사용, 참가할 권리를 부여한다. 일종의 바우처라고 할 수 있다.

증권형 토큰(security token)은 현금이라기보다는 금융 수단에 가깝다. 소유권과 같은 권리를 제공하는 자산에 대해, 특정한 수익이나 미래의 현금 흐름에 따른 이익을 분배하는 기능을 가진다. 증권형 토큰은 주식이나 채권, 펀드 등과 같은 증권의 디지털 표현이다.

현재는 결제 수단이나 수집품, 미술품 등에 많이 사용되고 있지만, 블록체인 기술이 금융에 도입되면서 증권형 토큰이 주목받을 것으로 예상된다.

암호화한 디지털 자산으로는 비트코인과 같은 암호화폐(cryptocurrency)와 암호토큰이 있다. 양자의 차이는 암호화폐는 블록체인 프로토콜에서 직접 발행되는 반면, 암호토큰은 블록체인을 사용하는 플랫폼에 의해 만들어진다. 예를 들어, 이더(Ether)가 이더리움 블록체인의 암호화폐라면, 이더리움 블록체인을 사용하는 수많은 다른 토큰들이 있다. 수많은 토큰 중에 고

---

142) 이더리움에서는 지갑 주소를 특정 알파벳이나 숫자로 표현하는 도메인을 제공한다. 이 도메인을 NFT로 발행하여 거래할 수 있다.

유한 주소를 가진 것을 NFT라고 한다. NFT는 스마트 계약(smart contract)[143]의 구성요소로 존재한다. 일반적으로 대체가능한 토큰은 ERC-20 표준화를 따르고, NFT는 ERC-721 표준화를 따른다. 모든 NFT는 고유의 코드값을 가지고 있어서 다른 NFT와 교환이 성립하지 않고 세상에 하나밖에 없다는 의미에서 '대체불가능'하다고 한다. 한 번에 공적인 소유자는 한 명만 존재하며, 소유권 증명을 수정하거나 복사할 수 없다. NFT 창작자는 자신이 창작자라는 증명을 쉽게 할 수 있고, 희소성을 결정할 수 있고, 거래될 때마다 저작료를 받을 수 있으며, 직접 NFT를 판매할 수 있다. 창작자의 주소는 토큰의 메타데이터의 한 부분이므로 메타데이터를 수정할 수 없고, 거래될 때 자동으로 저작료가 계산되어 지갑으로 들어온다. 요약하자면, NFT는 내재가치(디지털콘텐츠를 기초자산으로 하여 발행), 고유성(기초자산에 따라 가격이 다르게 결정), 희소성(소유권과 저작권으로 인해 이용, 처분이 제한)을 특징으로 한다. 이런 점에서 NFT를 '블록체인 방식을 사용한 디지털 원본증명서'라고 말한다.[144]

2. NFT 산업 현황

2015년 7월 이더리움이 나오면서 NFT가 언급되기 시작했다. 2017년 라바랩스는 1만 개의 크립토펑크 NFT를 만들었다. 처음에는 사람들의 관심을 끌지 못했지만, 희귀성과 한정성 때문에 고가에 거래되기 시작했다. 같

---

143) 계약 당사자가 사전에 협의한 내용을 미리 프로그래밍하여 전자 계약서 문서 안에 넣어두고, 이 계약 조건이 모두 충족되면 자동으로 계약 내용이 실행되도록 하는 시스템이다. 기존의 블록체인 1.0 기술이 '과거에 일어났던 일'을 기록한다면, 스마트 계약 기능을 구현한 블록체인 2.0 기술은 '미래에 일어날 일'을 미리 기록해 둘 수 있다. (해시넷, http://wiki.hash.kr/index.php/%EC%8A%A4%EB%A7%88%ED%8A%B8_%EA%B3%84%EC%95%BD, 2020. 10. 20. 확인)
144) 이임복, 「NFT 디지털 자산의 미래」, 천그루숲, 2022, 29쪽.

은 해에 대퍼랩스는 이더리움 기반의 고양이 수집 NFT인 크립토키티를 만들었다. 크립토키티는 다른 고양이와 교배를 통해 눈 색, 귀 모양, 입 모양 등 각기 다른 단 하나의 고양이를 만드는 게임이다. 출시 후 한달 만에 8만 건 이상 거래되었고, 이용자 수는 한 때 6만 명에 달하기도 했다.[145]

최근에는 NFT 아트가 주목을 받고 있다. 2021년 3월 비플의 모자이크 작품 '매일: 첫 5,000일'이 뉴욕 크리스티 경매에서 6,934만 달러(약 785억 원)에 낙찰되었다. 미술을 전공하지 않은 일반인들의 NFT 작품이 고액으로 거래되기도 한다. 예를 들어, 2021년 7월 12세 소년 베냐민 아흐메드의 '이상한 고래' NFT가 40만 달러(약 4억 6,000만 원)에 거래되었다. 국내에서는 2021년 3월 마리킴의 작품 '미싱 앤 파운드'가 288이더리움(약 6억 원)에 판매되어, 한국 미술품 NFT의 효시라고 평가된다. 이처럼 NFT 아트가 높은 가치를 인정받으면서 NFT는 투자의 대상이 되었다.

명품 브랜드도 NFT 아이템을 만들어 메타버스에서 판매하고 있다. 예를 들어, 구찌는 2021년 현실에는 없고 가상세계에서만 존재하는 가방이나 아바타의 의상을 판매하고 있다. 이 외에도 다양한 기업들도 NFT에 뛰어들고 있다. 어도비는 포토샵에서 작업한 결과를 NFT로 쉽게 만들 수 있는 기능을 추가하겠다고 발표하였다. 트위터도 프로필 변경을 NFT로 할 수 있도록 하겠다고 발표하였다. 디즈니는 VeVe라는 전용 앱에서 디즈니가 보유한 콘텐츠를 NFT로 발행하기 시작했다. 금융 분야에서도 NFT와 관련하여 디지털 자산 담보대출, 자산의 디지털 유동화, NFT 거래소, 디지털 자산 관련 정보의 제공 등 다양한 금융서비스 제공이 예상된다. 2022년 1월 마스터카드는 가상자산 거래소인 코인베이스와 업무협약을 맺고 디지털 지갑을 통하지 않고 마스터카드의 신용카드나 직불카드로 NFT를 구매할 수 있게 하였다.

---

145) 이임복, 앞의 책, 55쪽.

<표 24> 2021년 NFT 시장 통계

분야	거래량(USD)	판매 수	소유자 수	평균가격 (USD)	2021년 생성된 NFT 수량	확인된 총 NFT 수량
콜렉터블 (수집)	8,471,807,117	4,500,827	718,888	1,882	2,408,423	6,018,262
아트 (예술)	2,798,220,643	774,307	212,579	3,282	427,165	1,639,782
블록체인 게임	5,177,192,804	20,986,532	1,722,714	207	15,719,929	21,156,291
메타버스	513,868,780	133,452	54,333	3,850	58,138	496,953
유틸리티 및 금융	530,836,246	543,479	336,953	976	334,814	1,328,071

※ 출처: NonFungible '2021년 연간 NFT 시장 보고서'(성덕근, "NFT의 현황과 쟁점", 한국법학원 현안보고서 제2022-01호, 2022. 4. 29. 10쪽에서 재인용).

카카오도 계열사인 그라운드X를 통해 NFT 사업을 진행하고 있다. '클레이튼'이라는 블록체인 체계 안에서 개인들이 민팅할 수 있는 '크래프터 스페이스', 직접 큐레이팅한 작가들의 작품을 판매하는 NFT 거래소인 '클립드롭스'를 연결하고 있다. 카카오톡 안에 블록체인 지갑인 '클립'도 클레이튼을 기반으로 하고 있다. 네이버의 라인은 2019년에 암호화폐 거래소인 '비트맥스'를 설립하고, 2020년 '링크'코인을 상장했다. 라인은 암호화폐 지갑인 '라인 비트맥스 월렛'을 통해 NFT의 발행·관리는 물론 라인 메신저로 쉽게 주고 받을 수 있게 할 예정이다.[146] 우리나라 금융기관은 가장 초보 단계인 수탁(Custody) 서비스를 시작하고 있다. 수탁은 전자지갑과 같이 고객이 보유하고 있는 가상자산(비트코인 등)을 업체가 보관해서 외부 해킹이나 보안키 분실 등의 위험을 관리해주는 서비스이다. 이를 통해 확보한 고객 정보를 기반으로 거래, 운용, 발행 등 다양한 영역으로 비즈니스 모델을 확장하는 것이 목표이다. 국내 주요 기업들이 NFT와 관련하여 추진하였거나 계획하고 있는 내용은 <표 25>와 같다.

---

146) 이임복, 앞의 책, 245쪽.

〈표 25〉 국내 주요 기업들의 NFT 관련 활동 및 동향

기업명	NFT 관련 활동 및 동향
NAVER	네이버 관계사인 라인(LINE)의 자회사 '라인 테크 플러스'는 일본에서 제페토(ZEPETO)용 NFT를 한정판으로 발행
KAKAO	KAKAO의 자회사 그라운드X가 개발한 블록체인 플랫폼 클레이튼(Klaytn)을 기반으로 한 NFT를 발행
아프리카TV	인기 BJ들의 생방송 '다시보기 VOD', 'BJ 아바타' 등을 NFT로 발행 & NFT 컨텐츠 마켓플레이스인 'AFT마켓' 설립
스튜디오드래곤	디지털 자산 거래소인 코빗(Korbit)에 자사가 제작한 드라마 '빈센조'에 나온 굿즈를 NFT로 발행
SM Ent	자회사인 디어유(DearU)를 통해 메타버스 및 NFT로 사업을 확정할 예정
하이브	디지털 자산 거래소 '업비트' 운영사 두나무와 NFT 사업을 위한 합작사를 2022년 2월 말 미국에 설립 완료
JYP Ent	'업비트' 운영사 두나무와 NFT 사업을 위한 합작법인(JV)을 설립하기로 하였으나 2022년 4월 초 백지화됨
엔씨소프트	2022년 3분기 북미·유럽에 NFT를 적용한 게임인 '리니지W'를 출시할 예정
컴투스홀딩스	2022년 4월 중으로 'C2X NFT 마켓플레이스'라는 거래소 오픈 예정
크래프톤	서울옥션블루, 엑스바이블루 등에 지분 투자를 통해 크래프톤 IP를 활용한 NFT 아바타 제작
한컴	블록체인 게임 서비스 플랫폼 플레이댑과 함께 한글을 소재로 한 NFT 게임을 개발 중이며, 2022년 6월에 출시 계획

※ 출처: 성덕근, "NFT의 현황과 쟁점", 한국법학원 현안보고서 제2022-01호, 2022. 4. 29.

암호화 자산 분석그룹인 Chainalysis에 따르면 2021년 글로벌 NFT 시장의 거래총액은 409억 달러로 나타난다. 총 36만 명의 NFT 소유자가 약 270만 개의 NFT를 보유하고 있으며, 이 중 약 9%의 소유자가 전체 NFT의 약 80%를 보유하고 있다고 한다. 무엇보다 증가 속도가 놀랍다. 전 세계 NFT 시가총액은 2021년 4월 말 기준 25억 달러 이상으로 2020년 12월 기준 시가총액 약 3.3억 달러에 비해 약 7배 이상 증가하였다.[147]

---

147) 하온누리, "대체불가능토큰 시장 동향과 규제 논의", 자본시장포커스 2021-23호, 자본시장연구원, 2021. 11.

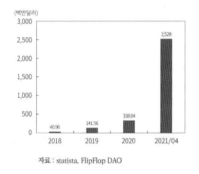

〈그림 27〉 NFT 시가총액

자료 : statista, FlipFlop DAO

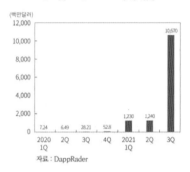

〈그림 28〉 NFT 거래대금

자료 : DappRader

※ 출처: 하온누리, "대체불가능토큰 시장 동향과 규제 논의", 자본시장포커스, 자본시장
연구원, 2021.에서 재인용

3. P2E(Play to Earn) 게임과 NFT

P2E 게임은 게임을 하면서 얻은 아이템(옷이나, 검, 방패 같은 아이템,
메타버스 속 가상 부동산 등)을 판매해서 돈을 벌 수 있는 게임을 말한다.
예를 들어, 엑시인피니티(Axie Infinity)는 엑시(Axie) 3마리를 사서 게임 속
던전을 돌면서 몬스터를 물리치거나 다른 플레이어들과 싸워서 이겨야 하
는 게임이다. 싸움에서 이기면 SLP 포션을 받을 수 있고, 이것을 거래소에
서 현금으로 바꿀 수 있다. 엑시를 현금화할 때 가격은 암호화폐 거래소의
가격을 따른다. 필리핀에서는 매일 35만 명이 접속하여, 생계형으로 게임을
한다는 말까지 할 정도이다. 국내 게임회사인 위메이드는 미르4를 글로벌
버전으로 출시했다. 게임 참여자들은 흑철이라는 광물을 캐서 10만 개 이
상을 모으면 1드레이코라는 게임 화폐로 바꿀 수 있다. 드레이코는 위믹스
와 교환하고, 위믹스는 다시 암호화폐 거래소에서 현금화할 수 있다.
국내 서버에서 이용할 수 있는 P2E 게임은 나트리스가 제공하는 무한돌판
삼국지이다. 매일 주어지는 '일일 퀘스트'를 통해 '무돌코인'을 얻는다. 이 코
인은 '클레이 스왑'이라는 사이트에서 암호화폐 클레이로 교환할 수 있다.

이를 빗썸 등 클레이를 취급하는 암호화폐 거래소에서 환전할 수 있다. 실제로 돈을 벌 수 있는 게임이라는 소문이 퍼지면서 엄청난 인기를 끌었다. 하지만 현재 서비스가 중단된 상태이다. 우리나라는 법적으로 P2E 게임이 불가능하다. 게임물관리위원회가 사행성을 이유로 등급분류 결정을 취소하였기 때문이다.[148] 이보다 앞서 스카이피플에서도 '파이브스타즈 포 클레이튼(Five Stars for Klaytn)'을 출시하였다. 이 역시 게임물관리위원회가 사행성을 이유로 등급분류취소를 통보하였다. 그러나 집행정지신청이 인용되어 현재 서비스는 계속 중이다. 2023. 1. 13. 서울행정법원은 등급분류 취소에 대한 스카이피플의 소송을 기각하였다. 조만간 서비스가 중단될 전망이다. 게임산업진흥법상 '사행성 게임물'을 금지하고 있다. 사행성 게임물이란 베팅이나 우연적인 방법으로 결과가 결정되는 게임물로서 그 결과에 따라 재산상 이익 또는 손실을 주는 것을 말한다(게임산업진흥법 제2조 제1의2호). 게임물관리위원회는 현재 P2E 게임에 의한 게임머니나 아이템 등이 사행성 게임이라고 보고 있다. 2022. 6. 16. P2E 게임 32종에 대해 '등급분류 취소'를 통보했다. 구체적으로 P2E 및 NFT가 모두 존재하는 게임(15종), P2E 기능만 존재하는 게임(7종), NFT 기능만 존재하는 게임(10종) 등이다.[149]

모든 P2E 게임에 NFT가 적용되지는 않는다. 하지만 게임 속 아이템, 건물 등에 NFT가 적용되면 희소성과 영구성을 갖게 된다. 이런 특성으로 인해 가치 상승의 기대를 할 수 있으므로 투자의 대상이 된다. 2021년 X드레이코라는 NFT 거래소가 오픈했는데 아이템과 캐릭터가 거래된다. 미르4 게임 이용자들은 자신이 가진 아이템을 NFT로 만들어 여기서 거래를 한다

---

148) 아시아타임즈, 2022. 1. 17. "게임위 손들어준 법원…韓 P2E 게임 '꼼수 론칭' 안 먹힌다", (https://m.asiatime.co.kr/article/20220117500117)
149) 시사저널e, 2022. 6. 29. "국내 P2E게임 32종 유통…게임위, 무더기 취소통보", (http://www. sisajournal-e.com/news/articleView.html?idxno=277922)

고 한다. 가장 비싼 아이템은 약 9,656만 원에 거래되기도 하였다. 자신이 직접 캐릭터를 NFT로 만들어 1억 3,000만 원에 판매하기도 한다.[150] P2E 시장은 전 세계적으로 성장하고 있다.

생각건대, 사행성 도박과 P2E 게임은 구별을 해야 한다. 우연적 요소가 있다고 하여 게임 콘텐츠 자체가 곧 사행성 게임물이라고 단정할 수 없고 게임 콘텐츠의 이용자가 환전함으로써 도박을 실현하는 문제는 현금거래의 방지와 규제의 문제로 접근해야 한다는 견해는 경청할만하다.[151] 획득한 NFT 게임 아이템을 거래할지는 게임 이용자의 의사에 달린 것이지 우연에 의해 획득할 수 있다는 것만으로 사행성이 있다고 할 수 없다. 그리고 확률형 아이템은 우연에 의해 취득하지만, 주어진 임무를 완수하거나 캐릭터끼리 교배하여 새로운 캐릭터를 만들어 내는 것을 우연이라고 볼 수 있는지도 의문이다. P2E 게임에 대한 규제가 완화된다면 NFT 거래 시장이 더욱 활성화될 것이다.

4. NFT의 법적 성격

가상자산이란 경제적 가치를 지닌 것으로서 전자적으로 거래 또는 이전될 수 있는 전자적 증표(그에 관한 일체의 권리를 포함한다)를 말한다(특정금융정보법 제2조 제3호). 같은 호 단서에서는 가상자산에서 배제하는 것을 열거하고 있다.[152] 법 규정의 체계상 명칭이나 블록체인을 적용한 기술

---

150) 이임복, 앞의 책, 181쪽.
151) 정해상, "블록체인 게임(Dapp Game) 아이템 거래와 사행성의 관계", 서강법률논총 제9권 제3호(2020. 10), 130쪽.
152) ①화폐·재화·용역 등으로 교환될 수 없는 전자적 증표 또는 그 증표에 관한 정보로서 발행인이 사용처와 그 용도를 제한한 것, ②「게임산업진흥에 관한 법률」 제32조 제1항제7호에 따른 게임물의 이용을 통하여 획득한 유·무형의 결과물, ③「전자금융

인지와 무관하게 가상자산의 개념에 포함하되, 타법상 규제 대상이거나 규제 대상으로 삼기 부적절한 대상을 가상자산의 개념에서 배제하고 있는 구조이다.

가상자산의 지갑에 있는 주소에는 소유자의 암호화키 정보가 들어있을 뿐 그 주소가 누구의 것인지 그 신원을 특정할 방법이 없다. 특정금융정보법상 가상자산에 해당하면 가상자산 거래소는 금융정보분석원장에게 각종 신고 의무를 이행해야 하고, 자금세탁 등 의심 거래나 고액 거래를 보고해야 한다. 특정금융정보법의 시행으로 가상자산을 거래하려는 개인이 거래 중개소에 입금하기 위해서는 반드시 은행에서 실명 확인을 거친 계좌를 통해야만 할 수 있으므로 신원을 확인하는 것이 가능해졌다. 이를 토대로 가상자산 거래로 인한 소득에 대해 개인은 기타소득으로 소득세를, 법인은 법인세를 신고·납부하도록 제도화했다. 만약 NFT의 법적 성격이 가상자산이라면 가상자산에 대한 과세를 따르므로 특별히 문제 될 것이 없다.

하지만 NFT의 콘텐츠와 기능이 점점 다양해지면서 법적 성격을 일률적으로 말하기 힘들게 되었다. 예를 들어, 유가랩스에서 시작한 BAYC(Bored Ape Yacht Club)의 NFT는 원숭이 모양의 디지털 시각예술 작품을 표상하는 토큰이다.[153] 이 토큰은 경제적 가치가 있고, 양도가 가능하다. BAYC의

거래법」 제2조제14호에 따른 선불전자지급 수단 및 같은 조 제15호에 따른 전자화폐, ④「주식·사채 등의 전자등록에 관한 법률」 제2조 제4호에 따른 전자등록주식등, ⑤「전자어음의 발행 및 유통에 관한 법률」 제2조제2호에 따른 전자어음, ⑥「상법」 제862조에 따른 전자선하증권, ⑦거래의 형태와 특성을 고려하여 대통령령으로 정하는 것은 제외한다. 위임을 받은 대통령령에서는 ⑧「전자금융거래법」 제2조 제16호에 따른 전자채권, ⑨발행자가 일정한 금액이나 물품·용역의 수량을 기재하여 발행한 상품권 중 휴대폰 등 모바일기기에 저장되어 사용되는 상품권, ⑩그 밖에 제1호 및 제2호에 준하는 것으로서 거래의 형태와 특성을 고려하여 금융정보분석원의 장이 정하여 고시하는 것을 제외한다(특금법시행령 제4조).

153) Bored Ape Yacht Club 홈페이지(https://boredapeyachtclub.com/#/home).

NFT를 보유한 사람만 커뮤니티 회원이 될 수 있고, 파티나 공연, VIP 경매 등 각종 행사에 참여할 수 있다. 일종의 회원권의 역할을 한다. 또한 NFT 대표 원숭이 이미지로 상품을 만들어 파는 등 2차적 저작물작성권까지 부여하고 있다. 이 토큰을 보유한 사람은 추가 NFT나 Ape라는 암호화폐를 받을 수 있어 일종의 배당금을 지급하는 수익증권의 성격도 있다. 이렇듯 여러 형태의 NFT가 만들어지고 있으며, 하나의 NFT도 어떤 기능을 결합할 것인지에 따라 복합적인 성격을 가질 수 있다. NFT의 법적 성격을 하나로 정의하기 곤란한 이유이다.

국제자금세탁방지기구(FATF)는 2021. 10. 발표한 가상자산 및 가상자산 사업자 관련 가이드라인에서 NFT가 상호교환성(interchangeable)보다는 유일성(unique)이 있고, 실제로 수집용(collecctible)으로 사용되고 있으므로 가상자산에 해당하지 않는다고 하였다. 다만, NFT가 결제나 투자 목적으로 사용되는 경우 가상자산으로 간주하여 규제하여야 하며, 실제 기능과 개별국가 상황에 따라 맞춤형 규제 적용을 권고하였다.[154] 우리 금융위원회도 이와 같은 취지로 NFT는 일반적으로 가상자산으로 규정하기 쉽지 않은 측면이 있지만, 결제·투자 등의 수단으로 사용되면 개별 사안별로 봤을 때 일부 해당할 가능성이 있다고 보고 있다. 한국금융연구원이 수행한 '대체불가능토큰(NFT)의 특성 및 규제방안(2021. 12.)' 연구용역 보고서에서는 NFT를 다섯 가지 유형으로 분류하고 각각의 가상자산성에 대해 분석한 바 있다. 구체적인 내용은 이렇다.

① 게임아이템: 게임아이템 거래수단으로 활용되는 경우 가상자산 해당 가능성 높음.

---

154) FATF, Updated Guidance for a Risk-Based Approach to Virtual Assets and Virtual Asset Service Providers, 2021. (https://www.fatf-gafi.org/publications/fatfrecommen dations/documents/guidance-rba-virtual-assets-2021.html)

② NFT 아트: 일반적으로는 가상자산의 정의에 해당하지 않는 것으로 보는 것이 타당함. 다만, 실제로 시장에 거래목적물로 나오고 광고 되는 것이 NFT 자체라면 가상자산의 정의를 충족하는 것으로 볼 수도 있음.

③ 증권형 NFT: 증권형 토큰은 가상자산의 정의에서 제외하는 방식으로 입법적인 보완이 필요

④ 결제수단형 NFT: 가상자산 정의를 충족

⑤ 실물형 NFT: 수집품에 가까워 가상자산의 정의에 해당한다고 보기 어려움.

결과적으로 게임 아이템과 결제 수단형 NFT는 가상자산의 정의를 충족 하지만, 기타 유형은 법적 성격을 일률적으로 말할 수 없다고 보았다.

NFT는 암호화폐와 마찬가지로 디지털 자산의 일종이다. 그러나 암호화 폐는 대체가능한 반면, NFT는 본질적으로 대체불가능한 특징이 있다. 지불 기능이 없으므로 일률적으로 가상자산으로 보기 힘든 측면이 있다. 오히려 개별 NFT의 발행 형태에 따라 가상자산에 해당하는지에 대한 결론은 달라 질 수 있다. 이는 NFT의 기능과 NFT를 발행할 때 계약 사항 및 약관의 내 용 등을 종합적으로 고려해야 한다는 것을 의미한다.

5. 해외 현황[155)]

(1) 미국

미국의 증권위원회(SEC)는 2017. 7. 25. 탈중앙화된 자율조직에 의해 공

---

155) 성덕근, "NFT의 현황과 쟁점", 한국법학원 현안보고서 제2022-01호, 2022. 4. 29.와 하온누리, " 대체불가능토큰 시장 동향과 규제 논의", 자본시장포커스(2021. 11.), 자 본시장연구원 자료를 바탕으로 하였음.

급되는 토큰은 '투자계약'이므로 '유가증권'에 해당한다고 보았다. 한편 미국 상품선물거래위원회(CFTC)는 암호화폐를 상품거래법상의 '상품'으로 파악하고 있다. 미국 재무부의 재정 범죄 단속 네트워크(FinCEN)는 암호화폐와 관련한 업무를 처리하는 금융기관을 대상으로 은행업무비밀법에 따른 자금세탁 방지 법령의 적용지침을 발표하였다. 그러나 NFT에 관해서는 아직 규제기관이 어디인지도 명확하지 않고 특정 법안이 없다.

(2) 유럽연합

유럽집행위원회(EC)는 NFT는 한정적인 교환수단이며 쉽게 교환이 힘들다는 특성이 있어 가상자산의 범위에서 제외하였다. 그러나 2020년 9월 가상자산 발행자나 관련 서비스를 제공하는 유럽 내 모든 시민과 기업 그리고 이들과 거래하려는 모든 비EU 기업들에 적용될 '암호화 자산 규제 방안(Markets in Crypto-Asset, MiCA)'를 발표하였다. 이 법은 2022. 3. 14. 유럽의회 경제통화위원회에서 통과되었으며, 2024년부터 시행되면 유럽연합의 모든 회원국은 가상자산에 대해 단일 규제체계 아래에 놓이게 된다. 초안에는 NFT에 규제가 언급되어 있지 않다. NFT는 내재가치와 희소성을 지니고 있어 금융거래 목적으로 사용될 수 있는 범위가 제한적이므로 사용자와 시스템에 대한 위험이 적다는 이유에서이다. 하지만, MiCA에서는 암호자산을 '분산원장 기술 또는 유사한 기술을 사용하여 전자적으로 이전되고 저장될 수 있는 가치 또는 권리의 디지털 표현'으로 정의하고 있어 앞으로 NFT에 관한 내용도 추가될 수 있다.

(3) 독일

독일은 2020. 1. 1.부터 암호자산을 독일 은행법상 '금융상품'으로 규정하고 있다. 암호자산은 중앙은행이나 공공기관이 발행하거나 보증하지 않고 화폐의 법적 지위를 보유하지 않지만, 자연인이나 법인이 교환이나 지불수단으로 받아들이거나 투자 목적으로 사용될 수 있고 양도될 수 있는 가치를 디지털로 표현한 것이라고 정의하고 있다. NFT도 독일 은행법상 금융상품으로 분류될 가능성이 있다.

(4) 영국

영국은 2014년부터 세계 최초로 비트코인을 법정통화로 인정하고 제도권 내로 편입하였다. 그러나 NFT에 대해서는 아직 명확한 지침을 제시하지 않았다. 영국 금융행동당국(Financial Conduct Authority, FCA)은 규제토큰과 비규제토큰을 구별하고 있는데, NFT는 그 사이에서 경계가 모호한 특정 투자와 유사한 권리·의무를 제공할 수 있다는 우려로 최근 NFT 규제에 관한 관심이 높아지고 있다. 규제토큰은 '금융서비스 및 시장법 명령 2001'에 따라 지정된 투자의 정의에 해당하는 토큰으로 증권토큰이 포함된다. 비규제토큰은 비트코인과 같은 암호화폐를 거래 수단으로 사용하는 것으로 '거래소 토큰(exchange tokens)'이 포함된다.

(5) 일본

일본 금융청은 자금결제법에 명시된 '결제기능'이 없으므로 NFT를 가상자산의 규제 대상에 포함하지 않고 있다. 하지만 최근 일본 사회 내에서는 다양한 단체들이 NFT 관련 가이드라인을 수립하고 있다. 예를 들어, 일본 암호자산 비즈니스협회에서는 NFT 거래가 법 제도상 어느 규제에 해당할 수 있는지를 연구하고 〈그림 29〉와 같이 표현하였다. 이익분배 기능이 있으면 유가증권으로 분류한다. 이익분배 기능은 없으나 통화표시자산에 해당하고 금전으로 환급 가능한 경우에는 외환거래에 해당하고, 외환거래가 아니면 선불식 결제 수단에 해당한다. 이익분배 기능이 없고 통화표시자산에도 해당하지 않으면 판매 가능한 경우에는 암호자산으로 분류한다.

<그림 29> NFT의 법 규제에 관한 검토 흐름도

※ 출처: 곽선호, "일본의 대체불가능한 토큰의 시장동향", 한국금융연구원, 2022.

6. NFT 거래 관련 과세 가능성

NFT 거래 관련 과세는 크게 소득세(법인세), 부가가치세, 상속세·증여세로 구분하여 살펴볼 수 있다. 법인세나 상속세·증여세는 과세 대상이 포괄적이기 때문에 자산의 성격은 크게 문제 되지 않는다. 하지만 소득세나 부가가치세는 자산의 성격을 무엇으로 보는지에 따라 과세 여부나 과세 방식이 달라진다.

NFT의 기능을 무시하고 일률적으로 법적 성격을 정의한 후, 과세를 할 수도 있다. 그러나 NFT 자체는 디지털 증명서 또는 인증서의 의미만 있을 뿐이고, NFT의 실제 가치는 NFT가 대표하는 기초자산(실물자산 또는 디지털 자산)에 달려있다고 할 수 있다. 토큰이 무엇을 표현하고 있는지에 따라 다양한 법적 성격이 가능하다. 크게 지불 수단형 토큰, 서비스나 상품을 구매하거나 접근할 수 있는 기능형 토큰, 기초자산에 대한 디지털 소유권을 증명하는 토큰, 기초자산의 수익권을 나타내는 증권형 토큰, 두 개 이상의 기능이 있는 혼합형(hybrid) 토큰 등으로 구분할 수 있다. 각각의 기능에 따라 법적 성격이 다르므로 실질적 기능에 따라 과세를 하는 것이 타당하다.

　NFT가 기초자산이나 권리에 대한 수익 분배의 성격을 갖고 있다면 자본시장법상 증권에 해당하는지를 먼저 검토하는 것이 타당하다.156) 자본시장법은 투자자 보호와 금융시장의 안정화를 위해 금융당국으로부터 많은 규제를 받고 있기 때문이다. 만약 투자계약증권에 해당하면 2025년부터 금융투자소득세로 과세될 것이다. 계속·반복적으로 NFT를 민팅하거나 거래한다면 사업성이 인정되고, NFT는 사업용자산으로 분류되고 사업소득으로 과세될 것이다. 사업소득의 과세 대상은 한정되어 있지 않고, 사업에서 발생한 모든 소득이므로 별도의 입법 없이 NFT 거래로 인한 수익도 당연히 포함된다. 만약 사업성이 인정되지 않는다면 소득세법상 기타소득으로 과세할 여지가 있다. 기타소득 중 가상자산에 해당하는지를 검토한다. NFT가 사행성(배팅이나 우연적인 방법으로 획득한 게임머니 및 아이템)이 없다면 가상자산에 해당할 수도 있다. 그렇다면 소득세법상 기타소득에 해당하여 2025년부터 과세할 수 있다. 그러나 바우처나 쿠폰과 같은 기능을 하는 NFT는 가상자산의 개념에 포섭이 안 될 수도 있다. 이런 경우 소득세법상 회원권 양도로 인한 소득에 해당하는지 검토할 수 있다. NFT 아트나 수집품 중에 기초자산이 예술품이라면 과세 목적상 기초자산과 같이 취급할 것인지도 검토해야 한다. 만약 기초자산과 같이 과세를 한다면 미술품 등에 대한 기타소득으로 과세하게 될 것이다. 이 경우 미술 등의 창작품으로 볼지, 서화·골동품에 해당하는 것으로 볼지에 따라 원천징수나 필요경비 등에 차이가 있다.

---

156) 정훈·김정명, "메타버스 경제활동 과세방법과 세원관리 방안-플랫폼 이용자를 중심으로-", 한국조세재정연구원, 2021, 22쪽.

〈그림 30〉 NFT 거래 관련 개인의 소득에 대한 과세 개요

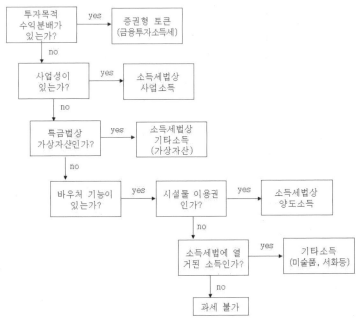

※ 출처: 정훈·김정명, 「메타버스 경제활동 과세방법과 세원관리 방안-플랫폼 이
용자를 중심으로-」, 한국조세재정연구원, 2021, 21쪽의 그림을 저자가 내용을
추가하고 수정·보완하였음.

(1) NFT 거래구조

NFT 거래와 관련하여 구체적인 과세 가능성을 검토하기 위해서는 먼저
NFT 거래구조를 단계별로 살펴볼 필요가 있다. 누구든지 크롬 브라우저를
통해 NFT 거래소에 접속하여 간단한 회원가입만 하면 쉽게 NFT를 만들
수 있다. 창작자는 NFT를 만들어 주는 사이트나 NFT 거래소에서 파일을
업로드하여 NFT를 만들 수 있다. 이를 화폐를 주조한다는 뜻의 '민팅
(Minting)'이라고 한다. 콘텐츠는 그림, 사진, 음악, 영상, 게임 아이템 등 디

지털화될 수 있는 것은 모두 가능하다. NFT 아트는 미술품으로 전문 작가가 아닌 일반인도 자기 작품을 만들 수 있다. NFT 수집품은 희귀한 컬렉션으로 크립토키티, 크립토펑크, NBA 선수들의 카드, 스티브 잡스의 입사지원서 등 종류가 다양하다. NFT 아이템은 주로 게임 속의 아이템과 개인 캐릭터 등이다. 민팅이 끝난 작품은 NFT가 되어 매매가 가능한 상태가 된다. 창작자는 경매를 진행할 수도 있고, 한정된 수량의 NFT를 발행하여 정가에 판매할 수도 있다. 창작자는 이렇게 해서 1차로 판매수익을 얻는다. 한편 NFT를 매수한 사람이 다시 제3자에게 판매할 때 원 창작자에게 판매가의 일정 비율이 지급되도록 할 수도 있다. 일종의 저작료를 받는 것이다.

NFT 거래는 암호화폐로만 결제한다. 예를 들어 오픈씨(OpenSea)에서 NFT를 판매하거나 구매하고 싶다면 암호화폐 지갑인 메타마스크(metamask)를 연결해야 한다. 그리고 메타마스크에서 이더리움이라는 암호화폐를 구입해야 한다. 클립드롭스에서 NFT를 거래할 때 암호화폐 '클레이'를 사용한다. 이 모든 활동은 거래소를 통해 이루어진다.

NFT 거래소는 창작자와 구매자를 연결하는 플랫폼의 역할을 한다. NFT 거래소는 누구나 최소한의 비용만 내고 등록하면 쉽게 사고팔 수 있는 오픈마켓형 거래소와 거래소에서 승인한 엄선된 작품만을 사고, 팔 수 있는 갤러리형 거래소, 특수한 작품만 거래하는 폐쇄형 거래소로 구분할 수 있다.[157) 오픈마켓형 거래소는 오픈씨(OpenSea)와 라리블(Rarible)이 대표적이다. 갤러리형 거래소는 니프티게이트웨이와 슈퍼레어, 국내의 클립드롭스, 메타갤럭시아, 업비트 NFT 등이 있다. 폐쇄형 거래소는 농구선수들의 카드가 거래되는 NBA 탑샷, 축구선수들의 카드가 거래되는 쏘레어 등이 있다. 국내거래소에는 업비트 NTF, NFT 매니아, 위믹스 옥션(Wemix Aution) 등이 있지만 거래가 활성화되어 있지는 않다. 거래소는 민팅이나 거래에서 수수료 수익을 얻는다.

---

157) 이임복, 앞의 책, 104쪽.

NFT 거래는 블록체인이라는 기술로 이루어진다. 블록체인 각 거래를 해시코드화해서 하나의 블록을 만들고 그 블록의 해시코드가 다음 블록의 헤드에 들어가 연결되는 구조이다. 블록을 생성하려면 PoW(Proof of Work)를 완료해야 하는데, 이 작업을 하는 사람을 채굴자라고 한다. 채굴자는 블록을 만든 것에 대한 보상으로 암호화폐를 받고, 거래를 요청한 사람들로부터 수수료를 받는다.

NFT의 구매자는 다시 NFT를 판매하여 이익을 얻을 수 있다. 주로 시세차익을 목적으로 하지만, 저작권을 활용한 사업을 할 수 있는 권한을 부여할 때는 저작권 사업으로 이익을 얻을 수도 있다. NFT의 매매를 디지털 자산에 대한 소유권의 양도라고 생각할 수 있다. 민법에서 소유권이라고 하면 자산을 보유, 이용, 처분할 수 있는 권리를 포함한다. 그런데 NFT는 블록체인 기술을 사용하므로 만들기와 읽기, 쓰기 기능은 가능하지만, 수정과 삭제 기능은 없다. NFT의 기초자산은 블록체인이 아닌 IPFS(Inter-planetary File System)등의 분산정보시스템에 보관되며, 이더리움 등의 블록체인에는 계약 식별정보, 기초자산 식별정보, 소유자 식별정보 등이 기록될 뿐이다. NFT는 디지털 파일에 대한 메타데이터만 갖고 있으므로 엄밀히 말하면 해당 주소에 배타적으로 접근할 수 있는 권한만 있다고 할 수 있다. 따라서 NFT를 소유하고 있다는 것은 소유권이라기보다는 배타적 접근권에 대한 권리로 보인다.

(2) 증권형(Security) NFT와 금융투자소득세

NFT는 자본시장법상 증권 중 투자계약증권에 해당할 수 있다. 자본시장법상 금융투자상품은 증권과 파생상품으로 구분된다. 증권은 내국인 또는 외국인이 발행한 금융투자상품으로 투자자가 취득과 동시에 지급한 금전, 그 밖의 재산적 가치가 있는 것 외에 어떠한 명목으로든지 추가로 지급의

무(투자자가 기초자산에 대한 매매를 성립시킬 수 있는 권리를 행사하게
됨으로써 부담하게 되는 지급 의무는 제외함)를 부담하지 않는 것을 말한
다(자본시장법 제4조 제1항). 증권의 종류로는 채무증권, 지분증권, 수익증
권, 투자계약증권, 파생결합증권, 증권예탁증권이 있다. 만약 토큰이 회사
의 지분을 표창하고 주주총회 등에서 의결권을 행사할 수 있는 지위를 부
여하고 있다면 지분증권으로 볼 수 있다. 토큰의 보유자가 발행자에게 토
큰을 되팔 수 있는 권리가 유보되어 있다면 채무증권의 형태로 볼 수 있다.
투자계약증권은 특정 투자자가 그 투자자와 타인 간의 공동사업에 금전 등
을 투자하고 주로 타인이 수행한 공동사업의 결과에 따른 손익을 귀속 받
는 계약상의 권리가 표시된 것을 말한다. 금융위원회의 유권해석에 따르면,
자본시장법상 투자계약증권이 적용되는 것은 주로 집합투자적 성격을 가
진 계약 가운데 자본시장법에 규정된 집합투자기구를 이용하지 않는 투자
구조라고 한다. ①투자자의 이익획득 목적이 있을 것 ②금전 등의 투자가
있을 것 ③주로 타인이 수행하는 공동사항에 투자할 것 ④원본까지만 손
실 발생 가능성이 있을 것 ⑤지분증권, 채무증권, 집합투자증권 등 정형적
인 증권에 해당하지 않는 비정형 증권일 것의 요건을 충족하면 투자계약증
권으로 본다.158)

최근 금융위원회는 '조각 투자'에 대해 투자계약증권성을 인정한 바가
있다.159) (주)뮤직카우는 특정 음원의 저작재산권 또는 저작인접권에서 발
생하는 수익을 분배받을 수 있는 권리를 '주' 단위로 분할한 '청구권'을 투
자자에게 판매하고, 이를 투자자 간에 매매할 수 있는 플랫폼을 운영하였

---

158) e금융민원센터, 2014. 3. 16. "투자계약증권의 성격에 대한 질의", https://www.
fcsc.kr/C/fu_c_01_02_02.jsp?answer_seq=3931
159) 금융위원회 2022. 4. 20.자 보도자료, "저작권료 참여청구권의 증권성 여부 판단 및
(주)뮤직카우에 대한 조치", 2022. 4. 28. 조각투자 사업과 관련한 자본시장법규 적용
가능성과 투자자 보호에 필요한 고려사항을 안내하기 위하여 '조각투자 등 신종증권
사업 관련 가이드라인'을 마련하였다.

다. 만약 뮤직카우 예에서 수익청구권을 표창하는 토큰을 NFT로 발행하여 이를 유통했다고 가정하면, 이런 NFT도 조각 투자에 해당하여 투자계약증권으로 분류할 수 있다. 디지털자산에 대한 저작권을 가진 사람이 이를 민팅하여 NFT로 만들어 배포한다면, 저작물에 대한 이용권160), 저작물로부터 발생하는 수익청구권을 분여하는 것이다. 뮤직카우 사건과 같이 저작권 자체를 양도한 것이 아니라, 저작권에서 발생하는 수익을 분배받을 수 있는 권리를 양도한 것으로 보는 것과 유사하다. 즉, NFT는 기초자산(실물자산 또는 디지털자산)에 대한 권리의 전부 또는 일부를 유동화시킨 투자계약증권으로 분류하는 것이 가능할 것이다.

예를 들어, 부동산을 기초자산으로 하여 발행된 NFT를 살펴보자. 부동산을 유동화한 증권은 기존에도 있었지만, 부동산신탁회사의 수익증서는 환금성이 없고 이를 담보로 한 대출도 활성화되어 있지 않았다. 그런데 투자자를 모집하여 NFT를 발행하고 그 자금으로 수익형 실물 부동산을 취득하게 되면, NFT 보유자는 수익을 분배받으면서 자유롭게 NFT를 처분하여 양도차익을 얻을 수 있다. 이런 종류의 NFT는 일종의 수익증권으로 NFT 거래소에서 주식처럼 자유롭게 거래를 할 수 있으며, 원본까지만 손실이 발생한다. 또한 고액의 NFT를 작은 단위로 쪼개어 NFT로 발행하면 소액 투자자들이 참여할 수 있으므로 유동화가 촉진된다. 블록체인 기술의 특성상 거래 내용이 투명하고, 신뢰할 수 있으며, 위·변조의 위험이 거의 없다. 미래의 현금흐름이 보장되므로 탈중앙화 금융(Decentralized Finance, DeFi)에서 NFT를 담보로 제공하고 돈을 빌릴 수도 있다. NFT, 탈중앙화된 자율조직(DAO), 조각 NFT가 함께 작동하게 된다. 최근에는 명품 시계나 와인 등 현물을 기반으로 하는 NFT도 발행되고 있다.161)

---

160) 주로 원본에 의한 전시권에 한정될 것이다. 배포권이나 이차적 저작물작성권은 저작권자로부터 별도의 승낙을 받아야 한다.
161) 코인데스크, 2022. 4. 27. "NFT·조각투자도 증권일까?"…"유틸리티성 등 따져봐야",

싱가포르에서는 ICO를 할 때 토큰이 자본시장상품이라고 판단되면 싱가 포르 통화청에 투자설명서를 제출해야 한다. 싱가포르 통화청은 이를 검토해 사업을 승인한다. 증권형 토큰을 발행(Security Token Offering, STO)할 때도 마찬가지이다. 이를 우회하기 위해 기능형 토큰이라고 해서 발행하기도 한다.162) 만약 토큰이 증권형에도 해당하고 기능형에도 해당하는 혼합형 성격이라면 자본시장법의 취지에 따라 증권형 토큰으로 구분할 수 있을 것이다.

개인 거주자의 금융투자상품(주식, 채권, 투자계약증권, 집합투자증권, 파생결합증권, 파생상품 등 원본 손실 가능성이 있는 금융상품)의 상환, 환매, 해지, 양도 등으로 인하여 발생한 소득 전부에 대하여 2025. 1. 1.부터 금융투자소득세로 과세된다(소득세법 제82조의2 이하). 증권형 NFT를 투자계약증권으로 본다면 금융투자소득세를 과세할 수 있다. 금융투자소득은 종합소득에 포함하지 않고 분류과세를 하며, 소득금액은 금융투자상품의 양도 등으로 발생하는 소득의 총수입금액에서 취득가액, 자본적 지출액, 양도비 등 필요경비를 공제하는 방식으로 계산한다. 금융투자소득은 결손금의 이월공제가 5년간 허용된다. 금융투자소득 과세표준이 3억 원 이하인 경우에는 20%(지방소득세 포함시 22%), 3억 원 초과인 경우에는 25%(지방소득세 포함시 27.5%)의 세율이 적용된다. 비거주자의 금융투자소득은 과세하지 않는다. 다만, 내국법인이 발행한 투자계약증권을 비거주자가 양도함으로써 발생하는 소득은 유가증권 '양도소득으로 보아 과세할 수 있다. 이 경우 조세조약에 비과세·면제 규정이 있으면 비과세받을 수 있다.

(https://www. coindeskkorea.com/news/articleView.html?idxno=79071). 예를 들어, 블링커스는 오래된 와인일수록 투자 가치가 높다는 점을 이용하여 와인 NFT가 발행한다. 와인 NFT 투자 거래소인 '뱅크오브와인'(Bank of Wine)에서 와인 NFT를 거래하며, 멤버십 서비스까지 제공하고 있다.
162) 코인데스크, 2019. 2. 13. "싱가포르에서 ICO를 하는 기업들이 명심해야 하는 것들", (http:// www.coindeskkorea.com/news/articleView.html?idxno=39284)

(3) 소득세법상 사업소득 과세

수집품이나 미술품 등 디지털 원본 증명의 NFT는 수집 목적뿐만 아니라 가치 상승이라는 투자 목적도 가지고 있다. 따라서 양도할 때 양도차익에 대한 과세를 고려할 수 있다. 이는 NFT의 창작이나 거래가 사업성이 있는지에 따라 달라진다. 개인의 경우 영리를 목적으로 자기의 계산과 책임하에 계속적·반복적으로 행하는 활동을 통하여 얻는 소득은 사업소득이다(소득세법 제19조 제1항). 개인의 사업소득은 총수입금액에서 필요경비를 공제하여 산출한다. NFT의 총수입금액은 NFT를 양도하여 얻은 금액이다. 필요경비는 NFT를 제작하는 데 드는 비용인 민팅 수수료,163) 가스비, 수수료 등이다. 간단해 보이지만, 실제 과세표준을 산정할 때 가치 평가에 어려움이 있을 수 있다. NFT는 암호화폐로만 결제를 하는데, 그 가치 등락이 크므로 귀속시기를 언제로 하는지에 따라 소득액이 크게 차이가 날 수 있기 때문이다.

많은 경우 개인사업(창작)자들이 장부를 작성하는 것을 기대하기 어려우므로 필요경비를 단순경비율이나 기준경비율로 계산하게 될 것이다. 단순경비율은 전체 매출 가운데 일정 비율만큼을 비용으로 공제하는 것이다. 기준경비율은 매출에서 매입비용, 사업장 임차료, 인건비 등 주요경비를 빼고 남은 금액 가운데 일부분만 비용으로 인정하는 것이다. 단순경비율이 기준경비율보다 계산이 더 간단하고 더 많은 경비를 인정받을 수 있어 유리하다. 국세청의 업종 코드 번호에 따라 단순경비율이나 기준경비율 등이 다르게 적용된다. NFT 창작업이 기존 코드 번호 중 어디에 해당하는지, 코드 번호를 새롭게 부여해야 하는지가 문제 된다. 부여 가능한 코드 번호는 940200 화가 및 관련 예술가, 940306나 921505의 미디어콘텐츠 창작자이

---

163) 이더리움에서 민팅한 작품은 민팅 수수료 없이 판매 시에만 2.5%의 수수료가 발생한다.

다. 이 중에서 미디어 창작자란 인터넷·모바일 기반의 미디어 플랫폼 환경에서 다양한 주제의 영상 콘텐츠를 제작하고 이를 다수의 시청자와 공유하여 수익을 창출하는 신종 직업을 말한다. 국세청은 그 예시로 유튜브, 아프리카TV, 트위터 등에 영상을 공유하는 유튜버, 크리에이터, BJ, 스트리머 등을 들고 있다.164) 인적 또는 물적 시설을 갖추었는지에 따라 경비율이 다르다.165) 영상 콘텐츠를 NFT로 민팅할 수도 있다. 그러나 미디어 창작자는 영상을 다수의 시청자와 공유하는 미디어의 성격을 갖고 있어야 하므로, NFT는 여기에 해당하지 않는다. 만약 회화, 서예가, 조각가, 만화가, 삽화가, 도예가에 해당한다면, 코드 번호 940200에 해당하여 단순경비율 중 기본율 72.3, 초과율 61.2, 기준경비율 17.8을 적용받을 수 있다. 이 코드 번호는 NFT 아트 이외에 다른 NFT를 포섭하기 힘들다. 앞으로 NFT의 활용은 무궁무진할 것으로 예상되므로 미디어콘텐츠 창작자에 포함하거나 새로운 업종 코드 번호를 부여할 필요가 있다.

(4) 가상자산으로 기타소득 과세

한국금융연구원은 게임 아이템 NFT, 결제 수단형 NFT는 가상자산에 해당할 가능성이 크지만, NFT 아트나 실물형 NFT는 가상자산에 해당하기 어렵다는 보고서를 발표한 바가 있다. 특정금융정보법상 '가상자산'의 개념은 상당히 넓게 규정되어 있다. 현재 암호화폐는 가상자산에 포함된다고 보지만, NFT가 이에 포함될지는 명확하지 않다. 결제 수단형 토큰은 암호

---

164) 국세청 신종업종 세무안내(https://www.nts.go.kr/nts/cm/cntnts/cntntsView.do?mi=2479&cntntsId=7801)

165) 인적 또는 물적 시설을 갖추지 않았다면, 코드 번호 940306에 해당하여 단순경비율 중 기본율 64.1, 초과율 49.7, 기준경비율은 16.8이다. 그러나 인적 또는 물적 시설을 갖추었다면 코드 번호 921505에 해당하여 단순경비율은 80.2%이고 기준경비율은 14.2%이다.

화폐와 다를 바가 없으므로 가상자산에 해당할 것이다. 현재 P2E 게임이 불법이므로 이를 통해 획득한 게임 아이템 NFT는 가상자산에서 제외될 것이다. 증권형 NFT도 금융투자상품으로 분류하게 되면 가상자산에서 제외하는 것이 타당하다. 이 부분은 비교적 명확하다.

그러나 다른 기능을 갖는 NFT에 대해서는 불명확하다. 특금법상 정의 규정에 따르면 '가상자산'은 경제적 가치를 갖고 전자적으로 거래될 수 있는 전자적 증표이다. NFT는 NFT 거래소에서 불특정 다수인 사이에 거래가 되므로 경제적 가치가 있고, 분장원장을 기반으로 한 블록체인 플랫폼에서 전자적으로 거래될 수 있으며, 증표로서 기능한다. 따라서 NFT는 가상자산의 개념 안에 포섭될 수 있다. 암호화폐가 가상자산이라면 NFT도 가상자산에 포함될 여지가 있다. NFT의 거래는 암호화폐로 이루어지기 때문이다. NFT의 양도가격이나 취득가격은 모두 암호화폐로 표시되고, 암호화폐의 등락에 따라 함께 움직인다. 물론 NFT의 과세표준 산정 시 암호화폐의 평가 방법과 같이 할 수 있다는 점이 NFT의 법적 성격을 암호화폐와 같게 보아야 한다는 논거는 아니라는 반론도 가능하다. 그러나 암호화폐와 NFT 모두 블록체인 기술을 사용하고 있고, 현행법 하에서 NFT 거래로 인한 소득에 대해 과세 공백이 발생할 수 있으므로 가상자산으로 해석하는 것도 생각할 수 있다. 해외의 동향을 살펴보면, 아직은 NFT를 수집품 정도로만 보기 때문에 구체적인 입법을 하지는 않지만 향후 암호자산에 포함하여 과세가 될 것으로 예상된다. 미국에서는 아직 NFT에 대한 규제 법안이 없지만, NFT도 암호화폐의 범주에 포함되므로 매매 시 투자이익이 실현되면 양도소득세로 과세가 될 것으로 해석하는 견해가 있다.[166] 2022년 3월 유럽의회 경제통화위원회에서 통과된 암호화 자산 규제 방안(Markets in Crypto-Asset, MiCA)에는 NFT에 규제가 언급되어 있지 않지만, 암호자산을

---

166) How Are Non-Fungible Tokens (NFTs) Taxed? (https://news.bloombergtax.com/daily-tax-report/how-are-non-fungible-tokens-nfts-taxed)

'분산원장 기술 또는 유사한 기술을 사용하여 전자적으로 이전되고 지장될 수 있는 가치 또는 권리의 디지털 표현'으로 정의하고 있어, 향후 NFT에 관한 내용도 추가될 수 있다고 본다.[167] 영국 국세청이 2021년 3월에 공개한 암호자산 매뉴얼은 NFT 거래에도 적용되며, NFT 거래는 (양도)소득세 부과 대상이 된다고 본다.[168]

만약 가상자산으로 보는 경우에는 거주자의 NFT 양도 또는 대여소득에 대해 기타소득으로 과세될 것이다(소득세법 제14조, 제21조 제37조, 제84조). 소득금액의 계산은 총수입금액(양도·대여의 대가)에서 필요경비(실제 취득가액과 거래 수수료 등 부대비용 등)을 차감한다. 가상자산을 여러 차례에 걸쳐 취득할 수 있으므로 이때 취득가액 평가방법은 가상자산 사업자를 통한 거래의 경우 이동평균법을, 그 외 경우에는 선입선출법을 사용한다. 2022년 소득세법 시행령을 개정하여 가상자산 주소별로 필요경비를 계산하도록 명확히 하였다. 가상자산 주소는 가상자산의 전송 기록 및 보관 내역을 관리하는 고유식별번호를 말한다(소득세법 시행령 제88조). 이미 보유하고 있는 가상자산의 경우에는 의제취득가액을 적용한다. 즉, 법 시행 전 보유한 가상자산의 취득가액은 국세청장이 고시한 가상자산 사업자가 취급하는 가상자산의 경우는 해당 사업자가 법 시행 당일 0시 현재 공시한 가격의 평균액으로 한다. 그 외의 가상자산의 경우는 가상자산 사업자 및 그에 준하는 사업자가 공시하는 시행일 당일 0시 현재 가상자산 가격으로 한다. 이는 법 시행일 전에 보유하던 가상자산은 사실상 취득가액 산정이 어려워 납세협력비용이 과도하게 들기 때문에 이를 보완하기 위해서이다. 거주자의 소득금액은 다른 소득과 종합합산하지 않고, 20%의 단일세율로

---

167) 성덕근, "NFT의 현황과 쟁점", 한국법학원 현안보고서 제2022-01호(2022. 4. 29.), 21.

168) Starbox, "Tax treatment of Non-Fungible Tokens", 2021. 10. 5. (https://starbox.co.uk/tax-treatment-of-non-fungible-tokens/)

분리과세한다. 원천징수 대상에서도 제외한다. 매년 5. 1.부터 5. 31.까지 연
1회 신고·납부해야 한다. 과세기간 내 손실이 발생했으면 손익통산이 허용
된다. 과세기간별 소득금액 250만 원 이하는 과세에서 제외한다. 시행시기
는 2025. 1. 1. 이후 양도 및 대여분부터 적용한다.169)

비거주자·외국법인이 가상자산을 양도·대여함으로써 발생한 소득에 대
해서도 기타소득으로 과세한다(법인세법 제92조, 제98조, 소득세법 제119
조, 제126조, 제156조). 거주자와 달리 비거주자는 자발적인 신고·납부를
기대하기 힘들어서 소득을 지급하는 자가 원천징수를 하는 방법으로 과세
를 한다. 가상자산 사업자를 통하여 양도·대여·인출할 때는 가상자산 사업
자가 원천징수의무자가 된다. 원천징수 금액은 양도가액의 10%와 양도차
익의 20% 중 적은 금액으로 한다. 한편 우리나라와 조세조약이 체결된 국
가의 거주자는 조세조약에 따라 비과세·면제를 적용받을 수 있다.

(5) 기능형(utility) NFT와 회원권 양도소득세

기능형 NFT는 특정 서비스나 재화에 배타적 혹은 유리한 조건으로 접근
할 수 있는 기회를 제공한다. 이는 이용권이나 회원권과 유사한 기능을 한
다. 예를 들어 BAYC(Bored Ape Yacht Club)의 NFT를 보유한 사람만 커뮤
니티 회원이 될 수 있고, 파티나 공연, VIP 경매 등 각종 행사에 참여할 수
있다. 뱅크오브와인 거래소는 와인 NFT를 보유한 사람에게만 멤버십을 운
영해 정기 프라이빗 시음회, 네트워크 구축, 오프라인 테마 공간 등 다양한
혜택을 제공한다.170)

---

169) 금융투자소득에 대한 과세와 마찬가지로 국회 논의에 따라 시행이 2년 더 유예될
수도 있다.
170) 스타트업투데이, "와인을 NFT로 소유" 블링커스, 와인 NFT 투자 거래소 '뱅크오브
와인' 운영", https://www.startuptoday.kr/news/articleView.html?idxno=45419 (2022.
10. 22. 확인)

만약 특정금융정보법상 가상자산에 해당하면 소득세법상 기타소득으로 과세할 수 있다. 그런데 특정금융정보법에서는 화폐·재화·용역 등으로 교환될 수 없는 전자적 증표 또는 그 증표에 관한 정보로서 발행인이 사용처와 그 용도를 제한한 것은 가상자산으로 보지 않는다. 기능형 NFT는 건물 등의 물적 시설을 이용할 수 있는 권리를 부여할 수도 있고, 특정한 사적 모임이나 공적 회의에 참여할 수 있는 입장권을 부여할 수도 있고, 특정 서비스를 받을 권리를 부여할 수도 있다. 교환가능성이 없고, 발행인이 사용처와 용도를 제한하고 있는 경우가 많으므로 가상자산에서 제외될 여지가 많다.

만약 가상자산이 아니라면 소득세법상 양도소득세의 과세 대상이 될 수 있는지를 검토해야 한다. 이용권·회원권, 그 밖에 그 명칭과 관계없이 시설물을 배타적으로 이용하거나 일반 이용자보다 유리한 조건으로 이용할 수 있도록 약정한 단체의 구성원이 된 자에게 부여되는 시설물 이용권은 양도소득세의 과세 대상이다(소득세법 제94조 제1항 제4호 나목). 그러나 시설물에 대한 이용권에 한정하고 있어, 특정 서비스에 대한 이용이나 입장권이 포함되는지는 불분명하다. 독일연방재정법원은 UEFA 챔피언스리그 최종 경기 입장권이 최초 판매 가격의 약 9배 이상의 값어치로 재판매된 사례에서 양도차익을 기타소득으로 과세하는 것이 정당하다고 판결하였다. 독일에서는 NFT 양도에 대한 과세도 이와 같을 것이라고 본다.[171] 그러나 우리 소득세법에서 이런 형태의 NFT 양도소득은 기타소득으로 열거되어 있지 않기 때문에 과세가 힘들다. 입법적 보완이 필요해 보인다.

지방세법상 취득세를 고려할 수도 있다. 취득세는 부동산, 차량, 기계장

---

171) German Federal Fiscal Court, 2019. 10. 29. IX R 10/18, BStBI II 2020, 258 (Martin Friedberg, Hendrik Arendt, "German income tax law and 'non-fungible tokens'", CMS Law-Now, 2021. 10. 6., https://www.cms-lawnow.com/ealerts/2021/06/german-income-tax-law-and-non-fungible-tokens?cc_lang=en)

비, 항공기, 선박, 입목, 광업권, 어업권, 양식업권, 골프회원권, 승마회원권, 콘도미니엄 회원권, 종합체육시설 이용회원권 또는 요트회원권을 취득한 자에게 부과한다(지방세법 제7조 제1항). NFT가 위 회원권을 표상한다면 취득세 부과가 가능할 것이다. 그러나 그 이외의 내용이라면 과세하기 힘들다.

(6) 미술품으로 소득세법상 기타소득

만약 사업성이 인정되지 않고, 특정금융정보법상 가상자산에도 해당하지 않는다면 소득세법상 기타소득의 대상이 되는지를 검토해야 한다. 현행 소득세법은 기타소득으로 과세대상에 열거되어 있지 않다면 과세할 수 없다.

서화(書畵)·골동품의 양도로 발생하는 소득은 기타소득으로 과세한다(소득세법 제21조 제2항). 회화, 데생, 파스텔(손으로 그린 것에 한정하며, 도안과 장식한 가공품은 제외한다) 및 콜라주와 이와 유사한 장식판, 오리지널 판화·인쇄화 및 석판화, 골동품(제작 후 100년을 넘은 것에 한정한다) 등이 이에 해당한다. 이 중에서 개당·점당 또는 조(2개 이상이 함께 사용되는 물품으로서 통상 짝을 이루어 거래되는 것을 말한다)당 양도가액이 6천만 원 이상인 것만 해당한다(소득세법 시행령 제41조 제14항). 다만, 양도일 현재 생존해 있는 국내 원작자의 작품은 과세대상에서 제외한다. 원저작자뿐만 아니라 매수인이 재매매를 할 때도 기타소득으로 과세하게 된다. 영리 목적으로 계속·반복적으로 행하여 사업성이 있더라도 사업소득으로 과세하지 않고 기타소득으로 과세하는 특별조항이다. 필요경비는 미술품 취득가액을 경비로 해도 되고, 양도가액의 90%(1억 원을 초과하는 경우 초과하는 부분은 10년 이상 보유 시 90%이고 나머지는 80%임)를 필요경비로 의제해주기도 한다. 세율은 22%이다.

미술품을 디지털화할 때 원본을 수정·증감하여 새로운 창작성을 부가한 다면 이차적 저작물로서 디지털 미술품 자체가 미술품이 된다(저작권법 제 5조 제1항). 그러나 창작성이 부가되지 않는다면 원본 미술품을 실크 스크 린으로 복제하는 것과 같은 복제행위이다. NFT 아트는 복제된 미술품의 원본 증명서이므로 그 자체로 가치가 있다기보다는 실제 미술품의 가치에 종속되어 있다. NFT에는 작품명, 작가명, 작품 및 계약의 세부 내용, 이미 지 저장 위치 URL 등 작품에 대한 메타데이터가 저장되어 있을 뿐이다. 즉, NFT는 그 자체로 미술품이 될 수 없고, 디지털화된 자산의 소유권 및 저작권을 표창하는 것이다. 미술품에 대한 과세제도는 미술산업을 육성하 기 위한 특별한 취지를 가지고 있다. 이런 취지와 NFT의 성질을 고려하면 이런 형태의 NFT는 물리적인 미술품에 대한 과세와 같게 설계하는 것이 타당하다. 즉, NFT 아트는 개인 컬렉터의 미술품 매매로 볼 수 있다.

한편, 미술품 매매가 사업장을 갖춘 경우에는 사업소득으로 과세할 수 있다(소득세법 시행령 제41조 제18항). 이런 경우는 ①서화·골동품의 거래 를 위하여 사업장 등 물적 시설(인터넷 등 정보통신망을 이용하여 서화·골 동품을 거래할 수 있도록 설정된 가상의 사업장을 포함한다)을 갖춘 경우, 또는 ②서화·골동품을 거래하기 위한 목적으로 사업자등록을 한 경우이다. NFT 거래는 오픈씨나 클립드롭스 등 온라인 NFT 거래소를 통해 이루어진 다. 만약 가상의 사업장을 확대하여 해석하면 모두 사업소득으로 과세해야 하는 경우가 생길 수 있다. 생각건대, 사업소득은 원래 오프라인에서의 사 업장을 둔 경우를 전제하고 있으며, 정보통신 기술의 발달에 따라 온라인 의 가상 사업장까지 포함하고 있다. 미술품 시장의 거래 활성화를 위해 기 타소득으로 분리과세한 취지를 고려하면 별도의 온라인 플랫폼이나 판매 사이트를 만들어 매매하지 않는 이상 온라인 사업장을 인정하기는 힘들다 고 본다.

원 창작자가 미술·음악 또는 사진에 속하는 창작품에 대하여 받는 대가
와 저작권사용료인 인세(印稅) 원고료는 위 서화 등의 양도에 따른 기타소
득과 다른 기타소득으로 과세된다(소득세법 제21조 제1항 제15호). 원 창작
자는 NFT가 재판매될 때 일정 비율의 금액을 저작권료 명목으로 자기 지
갑으로 직접 받을 수도 있다. 이 또한 저작권사용료에 포함된다. 필요경비
는 총수익 금액의 60%나 실제 지출한 경비 중 많은 금액을 공제한다. 소득
금액 합계액이 300만 원 이하이면 분리과세를 신청할 수 있지만 선택적이
다. 다만 독립된 자격으로 계속적이고 직업적으로 창작활동을 하고 얻는
소득은 사업소득으로 과세한다. 비거주자는 학술 또는 예술과 관련된 저작
물(영화필름을 포함한다)의 저작권 등을 국내에서 사용하거나 그 대가를
국내에서 지급하는 경우의 그 대가 및 그 권리 등의 양도로 발생하는 소득
을 국내원천 사용료 소득으로 과세한다(소득세법 제119조 제10호). 다만,
조세조약에서 비과세·면제하는 경우도 있다.

창작물에 대한 소유권과 저작권은 분리되어 있다. 소유권자라고 하더라
도 저작권자의 동의 없이 저작물을 복제하거나 이차적 저작물을 작성할 수
없다. 이런 법리는 미술품을 NFT로 민팅하는 경우에도 똑같이 적용된다.
실제 김환기나 박수근 등 유명 화가의 작품에 대한 복제권 침해 사례들이
발생한 바 있다.[172] 만약 저작권자의 동의를 받지 않고 NFT로 만들거나 이
차적 저작물을 만들었다면, 위법한 저작물이 된다. 위법 저작물을 배포하여
얻은 소득에 대해 과세할 수 있는지가 문제 된다. 법인소득이나 사업소득
과 달리 개인의 소득에 대해서는 논란이 있을 수 있다.[173] 그러나 위법소

---

172) 매일경제, 2021. 6. 1. "이중섭·박수근·김환기 그림 NFT, 위작논란·저작권 문제로
    '시끌'", (https:// www.mk.co.kr/news/culture/view/2021/06/528993/)
173) 대법원은 법인소득·사업소득·이자소득 등에서 위법 소득도 과세 대상이라고 보고
    있다. 이자제한법 소정의 제한이율을 초과하는 이자, 손해금이라도 현실로 지급된
    때에는 과세의 대상이 되는 이자소득을 구성하고(대법원 1985. 7. 23. 선고 85누323

득이라고 하더라도 담세력이 있으므로 과세하는 것이 타당하다.

(7) 부가가치세

부가가치세는 재화나 용역의 공급에 대해 부과된다. NFT를 판매할 때 부가가치세를 과세할 수 있는지는 NFT가 어떤 용도로 사용되는지에 따라 다르다. 만약 결제 수단으로 사용되면 암호화폐와 마찬가지로 부가가치세가 과세되지 않을 것이다. 최근 가상자산에 대한 세법의 개정이 있었지만, 부가가치세 부분은 개정 사항이 없어 예규에 따르고 있다. 기존 예규는 비트코인(Bitcoin)이 화폐로서 통용되는 경우에는 부가가치세 과세 대상에 포함되지 않으나, 재산적 가치가 있는 재화로서 거래되는 경우에는 부가가치세법 제4조에 따라 부가가치세 과세 대상에 해당한다고 보았다.[174] 그러나 최근 기획재정부와 국세청 예규는 가상자산의 공급은 부가가치세 과세대상에 해당하지 않는다고 해석한다.[175] NFT가 가상자산에 해당하면 부가가치세가 면제될 것이다. 그리고 NFT에 수익권 분배 등이 결합되어 있다면 부가가치세 법령에서 정하는 집합투자업에 해당할 여지가 있고 이런 경우 부가가치세가 면제될 수 있다(부가가치세법 제21조 제1항 제11호, 시행령 제40조 제1항 제2호).[176]

이 외의 경우에 NFT의 양도에 부가가치세를 부과할 수 있는지는 NFT가

판결), 사법상 유효한 매매계약에 기한 수입뿐 아니라 사법상 무효인 매매계약에 기한 수입도 사업소득에 포함된다(대법원 1979. 8. 28. 선고 79누188 판결).
174) 서면법규과-920, 2014. 08. 25.
175) 기획재정부 부가가치세제과-145, 2021. 03. 02.
176) 법규부가2013-125, 2013. 04. 22.(금융위원회에 등록한 투자신탁이 내국법인으로부터 지식재산권을 취득하면서 내국법인에게 지식재산권에 대한 전용실시권과 우선매수권을 부여하는 경우(이하 "지식재산권 유동화거래"라 함)로서 해당 지식재산권 양도에 따른 실질적인 통제권이 이전되지 아니한 경우 재화의 공급에 해당되지 아니하는 것)

부가가치세법상 재화에 해당하는지에 달려있다. 재화란 재산적 가치가 있는 물건 또는 권리이다. 재화에는 유체물과 무체물이 있는데, NFT가 무체물에 해당하는지 문제 된다. 무체물은 '동력·열과 기타 관리할 수 있는 자연력 및 권리 등으로서 재산적 가치가 있는 유체물 이외의 모든 것'을 포함한다(부가가치세법 제1조 제1항 제1호). 한편 '관리할 수 있다'라는 의미는 사람이 이를 지배할 수 있다는 의미로서, 배타적 지배 가능성 및 관리 가능성 범위는 기술 발전과 문화에 따라 달라진다. 대구고등법원은 온라인 게임인 '리니지'에 필요한 사이버 화폐인 게임머니에 대해 무체물에 해당한다고 판결하였고, 대법원에서 그대로 확정되었다.[177] 대가를 지급하고 매수한 게임머니를 지배·관리하면서, 또 다른 게임 이용자에게 더 높은 가격에 게임머니를 판매함으로써 이윤을 남긴 이상, 게임머니는 재산적 가치가 있는 거래의 객체로서 온라인 게임 서비스상의 게임 등을 이용할 수 있는 권리 내지 기타 재산적 가치가 있는 무체물로서 부가가치세법상 재화에 해당한다는 것이다. NFT는 디지털자산을 암호화한 것이므로 디지털자산을 재화로 본 대법원의 논리는 NFT에서도 타당하다고 본다. NFT는 고유의 인식 값을 갖고 있어 보유자는 배타적 지배 및 관리가 가능하다. 또한 매매를 통해 이윤을 남길 수 있고, 특정 서비스를 이용할 수 있는 접근권을 보장받기도 한다. 따라서 이런 경우에는 부가가치세법상 재화에 해당하여 부가가치세의 과세대상이 될 수 있을 것이다.

---

177) 대법원 2012. 4. 13. 선고 2011두30281 판결. 이 사건에서 원고는 수차례 게임 아이템 중개업체의 인터넷사이트를 통하여 온라인 게임인 '리니지'에 필요한 사이버 화폐인 게임머니를 게임 제공업체나 게임이용자로부터 매수한 후 이를 다시 다른 게임 이용자에게 매도하고, 그 대금을 게임이용자로부터 중개업체를 경유하여 받아 왔다. 대법원은 게임머니는 부가가치세법상 재화에 해당하고, 원고는 부가가치를 창출해 낼 수 있는 정도의 사업 형태를 갖추고 계속적이고 반복적인 의사로 재화인 게임머니를 게임 이용자에게 공급하였다고 봄이 상당하므로 원고에 대한 부가가치세 및 종합소득세(사업소득) 부과는 적법하다고 판단하였다.

다만, 예술창작품(미술, 음악, 사진, 연극 또는 무용에 속하는 창작품)에
대한 면세 규정이 적용될 여지가 있다(부가가치세법 제26조 제1항 제16호,
시행령 제43조). 예술창작품은 저작권법상 창작성이 있는 작품으로 예술가
가 순수한 창작활동을 통하여 완성한 미술품·음악 또는 사진에 속하는 것
을 말한다. NFT는 기초자산과 과세 취급을 같이하는 것이 타당하다. NFT
로 제작 가능한 콘텐츠는 미술, 사진, 음악 등 아트라고 할 수 있는 것뿐만
아니라 게임 아이템이나 캐릭터 등과 같은 수집품도 있다. 면세 여부를 판
단할 때 예술성보다는 창작성이 중요하므로 수집품 NFT도 창작성이 있다
면 예술창작품으로 인정할 수 있을 것이다. 하지만 부동산 NFT, 각종 증명
서 NFT 등은 창작성을 인정할 수 없으므로 예술창작품이라고 할 수 없다.
부가가치세법 기본통칙에서는 사업자가 미술품 등의 창작품을 모방하여
대량으로 제작하는 작품은 예술창작품으로 보지 않는다(통칙 12-35-6). 이
에 따라 작가가 승인만 하고 사업자가 작품을 민팅하여 대량으로 NFT를
제작하는 경우 예술창작품에 해당하지 않을 여지가 있다.

NFT 양도에 부가가치세를 부과할 수 있다고 하더라도 실제로 수많은 거
래에 대해 일일이 신고·납부를 기대하기는 쉽지 않다. 따라서 NFT 거래소
에 부가가치세 대리 징수 의무를 부과할지도 검토할 필요가 있다. 세컨드
라이프는 메타버스 가상세계에서의 거래와 관련하여 특정 국가의 거주자
에게 부가가치세를 대리 징수하고 있다. 개인 간의 멤버십 요금, 린든달러
구매 수수료, 토지매장의 가상토지 구매가격, 가상토지 사용료 및 유지보수
비 등에 대해 부가가치세를 징수하여 납부한다. EU가 2015년 VAT 지침을
통해 전자적으로 제공되는 서비스를 부가가치세 과세대상으로 지정했기
때문이다. 해당 국가는 EU 회원국과 영국, 노르웨이, 호주이다.[178] NFT 거

---

178) 정훈·김정명 (주20), 56.

래소를 비롯한 디지털 플랫폼 기업의 협력의무 범위와 관련하여 우리에게
도 중요한 시사점을 준다.

(8) 상속세 및 증여세

소득세법상 과세대상인지 아닌지와 달리 NFT는 현재에도 상속세 및 증
여세의 과세대상이 된다. 상속재산은 피상속인에게 귀속되는 모든 재산을
말하며, 금전으로 환산할 수 있는 경제적 가치가 있는 모든 물건, 재산적
가치가 있는 법률상 또는 사실상의 모든 권리를 포함한다(상증세법 제2조
제3호). 다만, 피상속인의 일신(一身)에 전속하는 것으로서 피상속인의 사
망으로 인하여 소멸하는 것은 제외한다. 증여재산은 증여로 인하여 수증자
에게 귀속되는 모든 재산 또는 이익을 말하며, 금전으로 환산할 수 있는 경
제적 가치가 있는 모든 물건, 재산적 가치가 있는 법률상 또는 사실상의 모
든 권리, 금전으로 환산할 수 있는 모든 경제적 이익을 포함한다(같은 조
제7호). NFT는 그 기능에 따라 무형자산 또는 재산적 가치가 있는 권리라
고 할 수 있으므로 상속세 또는 증여세를 부과할 수 있다. 다만, NFT의 재
산가치 평가 방법, NFT의 물납 허용 여부, 사이버 공간의 특성상 NFT의
소재지 결정 방안 등 세부 규정이 필요하다.

정부는 2020. 12. 22. 상증세법을 개정하여 가상자산의 평가 방법을 규정
하였다(상증세법 제65조 제2항, 시행령 제60조 제2항). 특정금융정보법 제7
조에 따라 신고가 수리된 가상자산 사업자 중 국세청장이 고시하는 가상자
산 사업자의 사업장에서 거래되는 가상자산은 평가 기준일 전·이후 각 1개
월 동안에 해당 가상자산 사업자가 공시하는 일 평균 가액의 평균액으로
한다.[179] 그 밖의 가상자산은 국세청장이 고시하는 가상자산 사업자 외의

---

179) 2021. 12. 28. 현재 가상자산 평가를 위한 가상자산사업자는 두나무 주식회사, 주식
   회사 빗썸코리아, 주식회사 코빗, 주식회사 코인원이다.

가상자산 사업자 및 이에 준하는 사업자의 사업장에서 공시하는 거래일의 일 평균 가액 또는 종료시각에 공시된 시세 가액 등 합리적으로 인정되는 가액으로 평가한다. NFT의 가치는 암호화폐에 연동되므로 위 규정을 준용하여 평가할 수 있을 것이다. 암호화폐의 가격은 등락이 심하므로 NFT를 물납으로 허용하기는 힘들 것으로 보인다.

(9) NFT 거래소에 대한 과세

NFT를 구매, 판매 또는 발행하고자 하는 사람은 온라인 플랫폼인 NFT 거래소를 이용한다. NFT 거래소에서는 판매 가격을 암호화폐로 표시하며, 이더리움이 가장 많이 사용된다. NFT를 거래할 때 은행 수수료와 유사한 '가스비(Gas Fee)'를 납부해야 한다. 이더리움 블록체인도 비트코인과 유사한 '작업증명(Proof of Work)'[180] 합의 알고리즘을 사용하고 있는데, 이 과정은 컴퓨터의 성능에 의존한다. 그만큼 에너지를 많이 사용해야 하므로 거래자들은 가스비를 지급하도록 설계되어 있다. 가스비는 네트워크 혼잡도에 따라 금액이 달라질 수 있다. 특히 특정 거래를 더 빨리 완료하기를 원한다면 가스비를 더 많이 지급해야 한다. 가스비는 세 종류가 있다. 민팅할 때 발생하는 민팅 수수료가 있다. 민팅 수수료는 암호화폐로 지급해야 한다. 보통 60~100달러 정도이고 일회성으로 지급한다. 거래소에 따라 수수료에 차등이 있으며, 첫 작품을 민팅할 때 수수료를 면제하거나, 하루에 몇 개까지 수수료를 면제하기도 한다. NFT를 구매, 판매, 취소할 때마다 가스비가 발생한다. 거래소마다 차이가 있지만 대략 거래대금의 2.5~3% 정도

---

180) 작업증명(PoW, Proof of Work)이란 목푯값 이하의 해시를 찾는 과정을 무수히 반복함으로써 해당 작업에 참여했음을 증명하는 방식의 합의 알고리즘이다. 채굴(mining)을 통해 작업증명을 한다(http://wiki.hash.kr/index.php/%EC%9E%91%EC%97%85%EC%A6%9D%EB%AA%85).

이다. 추가 수수료도 발생한다. NFT 창작자는 자기 작품을 판매한 후 구매자가 재판매를 할 때 자신에게 저작권료가 들어오게 설정할 수 있다. 추가 수수료를 판매대금의 일정 비율로 설정했다면 원저작자뿐만 아니라 거래소도 그 비율만큼 수수료를 받는다.[181]

NFT 거래소는 위 모든 소득에 대해 법인세와 부가가치세를 신고·납부해야 한다. NFT가 가상자산에 해당하게 되면 NFT 거래소는 각종 신고 의무와 과세자료 제출 의무까지 지게 된다(소득세법 제164의4). 그런데 실제로 2021년 글로벌 NFT 거래의 80% 이상은 오프씨에서 거래되는 등 대부분의 NFT 거래는 해외 거래소들을 통하고 있다.[182] 해외 거래소들은 외국법인으로 우리나라에 고정사업장[183]이 있는지에 따라 과세 여부와 과세대상이 달라진다. 고정사업장이 없다면 법인세를 과세할 수 없다. 다만, 기타소득으로 국내원천소득에 해당해야지만 과세할 수 있다. NFT 해외 거래소들은 디지털 플랫폼 기업에 해당한다. 디지털 플랫폼 기업은 전 세계 어디에서나 사업이 가능하므로 그만큼 국제적 조세회피도 쉽다. 서버가 있는 곳을 고정사업장으로 본다면 해외 NFT 거래소들은 외국법인이 되어, 국내원천소득에 해당하지 않는 한 우리나라가 과세하기는 어렵다. 이런 문제에 대해 OECD와 G20은 2012년부터 공동 대응에 나섰다. 첫 번째 결실은 OECD가 2017년 모델 조세조약을 개정하여 기존에 고정된 실체에만 인정

---

181) 오픈씨 홈페이지, "What are gas fees on OpenSea?" (https://support.opensea.io/hc/en-us/articles/1500006315941-What-are-gas-fees-)

182) 거래가 많이 일어나는 거래소에는 크립토닷컴, 코인베이스, 바이낸스, 오픈씨, 니프티 게이트웨이, 게임스톱, 드래프트킹, 라리블(Rarible), 왁스 등이 있다. 국내 거래소는 카카오의 계열사인 그라운드 X의 클립드롭스, 두나무의 업비트 NFT 등이고 현재 준비 중인 곳이 대부분이다.

183) 고장사업장(Permanent Establishment)이란 사업의 전부 또는 일부를 행하는 고정된 장소를 말한다. 일반적으로 물리적으로 고정된 장소지만, 종속대리인을 사용하는 경우에는 기능적으로 고정사업장이 있다고 판단한다. 국내법에서는 국내사업장이라는 용어를 사용하고 있다.

하던 고정사업장의 범위를 기능적으로 확대한 것이다. 고정사업장이 형성되는 것을 피하고자 인위적으로 계약을 분할하거나 사업 활동을 쪼개는 등의 행위가 있으면, 쪼개진 활동이나 분할된 계약을 전체적으로 합쳤을 때 예비적·보조적 활동 범위를 넘어서면 고정사업장으로 간주하는 것이다. 또한 대리인이 본인을 기속하는 계약체결권을 갖고 있지 않더라도, 계약을 체결하는 데 중요한 역할을 상시로 수행하고 본인에 의해 계약의 중요한 변경이 이루어지지 않는다면, 그 대리인은 종속대리인에 해당하여 고정사업장을 구성할 수 있다.184) 두 번째 결실은 OECD의 디지털세에 대한 합의이다. 2021. 10. 8. 141개국이 참여한 제13차 IF 총회에서 Pillar 1, Pillar 2 최종합의문 및 시행계획을 논의하고 이를 대외에 공개하였다. Pillar 1은 국가 간에 새로운 이익 배분 기준을 만들어 해결하는 방안이다. 글로벌 이익 중 통상이익률 10%를 초과하는 이익에 배분율(시장기여분) 25%를 적용하여 시장 소재지국에 과세권을 배분하는 방식이다. Pillar 2는 세원 잠식을 방지하기 위해 글로벌 최저한세를 도입하는 방안이다. 최저한세율은 15%로 합의되었다.185) 2021. 12. 20. Pillar 2 글로벌 최저한세(GloBE규칙) 모델규정을 공개하였다. 각국의 국내 입법까지 마무리하여 2023년부터 시행하려고 준비하고 있다. 우리나라는 2022년 세법 개정안에 Pillar 2의 내용을 구체화하고 있다. 국내입법과 조세조약의 개정이 이루어지면 다국적 디지털 플랫폼 기업에 대해서도 법인세 형태의 디지털세를 부과할 수 있게 될 것이다.

부가가치세도 법인세법상 고정사업장과 같이 공급장소가 국내여야 과세할 수 있다. 이에 대해 디지털 플랫폼 기업이 해외에서 용역을 제공한다고

---

184) 국세청은 이런 논리를 전제로 하여 구글과 아마존, 넷플릭스에 대한 법인세를 과세하였다. 현재 조세심판원에 불복사건이 계류 중이다.

185) 기획재정부 2021. 2. 20. 보도 참고자료, "디지털세 필라2 모델규정 공개 - 글로벌 최저한세 도입을 위한 입법 지침 합의 -".

하더라도 국내 소비자가 국내에서 이를 소비한다면 소비지국에서 부가가
치세를 부과할 수 있다는 것이 국제적으로 승인되고 있다.[186) 우리 정부도
2014. 12. 부가가치세법 제53조의2를 신설하여 2015. 7. 1. 공급분부터 국외
사업자가 전자적 용역을 공급하는 경우 국내에서 용역을 공급한 것으로 보
아 부가가치세를 신고·납부하도록 하였다. 국외 사업자가 정보통신망을 통
하여 이동통신 단말장치 또는 컴퓨터 등으로 공급하는 용역으로서 전자적
용역을 국내에 제공하는 경우에는 사업의 개시일부터 20일 이내에 간편사
업자등록을 해야 한다. 전자적 용역이란 정보통신망을 통하여 이동통신 단
말장치 또는 컴퓨터 등으로 국내에 제공하는 용역으로, 게임·음성·동영상
파일 또는 소프트웨어 등 대통령령으로 정하는 용역,[187) 재화 또는 용역을
중개하는 용역으로서 대통령령으로 정하는 용역,[188) 「클라우드컴퓨팅 발전
및 이용자 보호에 관한 법률」 제2조 제3호에 따른 클라우드컴퓨팅 서비스,
광고를 게재하는 용역을 말한다(부가가치세법 제53조의2, 부가가치세법 시
행령 제96조의2). 국외 사업자가 전자적 용역을 국내에 제공하는 경우 전
자적 용역에 대한 거래명세를 그 거래 사실이 속하는 과세기간에 대한 확
정신고 기한 후 5년간 보관하도록 하고, 국세청장의 제출 요구가 있는 경

---

186) European Commission, "Guide to the VAT mini One Stop Shop", 2013.10. OECD
    CFA Report 'Electronic Commerce: Taxation Framework Conditions', 1998.
187) 이동통신 단말장치 또는 컴퓨터 등에 저장되어 구동되거나, 저장되지 아니하고 실시
    간으로 사용할 수 있는 것으로서 다음 각 호의 어느 하나에 해당하는 것을 말한다.
    1. 게임·음성·동영상 파일, 전자 문서 또는 소프트웨어와 같은 저작물 등으로서 광
       (光) 또는 전자적 방식으로 처리하여 부호·문자·음성·음향 및 영상 등의 형태로
       제작 또는 가공된 것
    2. 제1호에 따른 전자적 용역을 개선시키는 것
188) "대통령령으로 정하는 용역"이란 다음 각 호의 어느 하나에 해당하는 것을 말한다.
    다만, 재화 또는 용역의 공급에 대한 대가에 중개 용역의 대가가 포함되어 법 제3조
    에 따른 납세의무자가 부가가치세를 신고하고 납부하는 경우는 제외한다.
    1. 국내에서 물품 또는 장소 등을 대여하거나 사용·소비할 수 있도록 중개하는 것
    2. 국내에서 재화 또는 용역을 공급하거나 공급받을 수 있도록 중개하는 것

우 60일 이내에 제출하여야 한다. NFT 거래소는 NFT 민팅 서비스나 거래를 중개하는 전자적 용역을 제공하므로 간편사업자등록을 하고 부가가치세를 신고·납부하여야 한다.

7. 앞으로의 과제

4차 산업혁명과 관련하여 인공지능, 빅데이터 등 여러 혁신 기술이 있는데, 이를 뒷받침하는 기반 기술이 블록체인 기술이다. 블록체인 기술은 공개시스템뿐만 아니라 비공개시스템까지 확대될 것으로 보인다. 공개시스템은 암호화폐를 거래하는 업비트나 이더리움같이 네트워크에 접속하면 누구나 참여할 수 있다. 반면, 비공개시스템은 회사 내부 또는 정부 기관 내부에서 인증받은 회원들만 참여한다. 일부 금융기관 및 해외의 정부부처 중에 이미 블록체인 기술을 업무에 활용하는 사례도 나타나고 있다. NFT는 블록체인 기술을 이용하여 디지털 원본임을 증명하고 위·변조를 방지하는 거래를 할 수 있기에 그 시장이 계속 확대될 것으로 보인다. NFT 거래에 따라 창작자나 투자자, 거래소 등에 수익이 발생할 것이고 소득이 있는 곳에 과세하는 것이 조세 형평을 위해 타당하다.

(1) 조세 중립성 제고

위에서 살펴본 바와 같이 NFT의 법적 성격은 일률적으로 말할 수 없다. 그 용도에 따라 법적 성격이 투자계약증권, 가상자산, 기타자산(예술품 등), 회원권 등으로 구분하는 것이 가능하다. 그런데 법적 성격을 무엇으로 보느냐에 따라 과세대상 해당 여부, 기본공제나 세율, 손실 이월공제 여부 등에 차이가 있다. 만약 투자계약증권에 해당하면, 투자소득에서 5천만 원의 기본공제를 적용한 뒤 과세표준 3억 원 이하인 경우 20%, 3억 원 초과인 경우 25%의 누진세율을 부과한다. 한편 가상자산에 해당하면, 기타소득으로 보고 소득금액에서 250만 원을 공제한 뒤 20% 세율로 분리 과세한다. 소득세법상 열거된 기타자산에 해당하는 경우에도 서화나 골동품에 해당하는지, 아니면 예술품 등에 해당하는지에 따라 과세상 차이가 있다.

납세자는 같은 NFT를 구매하더라도 법적 성격에 따라 세액이 달라지는 것을 감수해야 한다. 이는 납세자의 예측 가능성을 저해하고 법적 안정성이 침해될 수 있다. 따라서 과세 방식과 정도의 차이를 최소화하고, 납세자가 예측할 수 있도록 상세한 세무안내 등을 하여야 할 것이다.

(2) 증권형 토큰 식별지침 마련

만약 투자계약증권으로 인정된다면 이에 따른 과세가 먼저 이루어져야 하므로, 금융위원회에서 증권형 토큰 식별지침을 조속히 마련할 필요가 있다. 금융위원회에서는 이에 대한 노력의 하나로 2022. 9. 6. '증권형 토큰 발행·유통 규율체계 정비 방향' 세미나를 개최하였다.[189] 여기서는 토큰의 증권성 판단과 발행·유통 시장에서 규제 방안 등이 논의되었다. 증권성 판단 기준은 권리는 표시하는 방법과 형식, 특정 기술 채택 여부와 관계없이 그 권리의 실질 내용을 기준으로 한다. NFT는 기본적으로 조각투자 가이드라인에서 제시한 증권성 판단원칙을 같이 적용하여 증권성을 판단한다. 이에 따르면 공동으로 사업을 영위하고, 약관 등에서 금원의 정산·분배 등 일체의 업무를 회사가 전적으로 수행하기로 정하고, 투자자가 수익 또는 매매차익을 목적으로 투자를 해야 한다. 실질 내용을 판단할 때는 명시적 계약 내용 외에도 묵시적 계약, 사업의 구조, 수수료·보수 등 비용 징수와 수익배분의 내용, 투자받기 위해 제시한 광고·권유의 내용 등 제반 사항을

---

189) 금융위원회 2022. 9. 6. 보도자료, "「증권형 토큰 발행·유통 규율체계 정비방향」의 견수렴을 위한 정책세미나 개최 - 자본시장 분야 국정과제 의견수렴 -"

〈그림 31〉 증권형 토큰의 자본시장법상 규제 내용

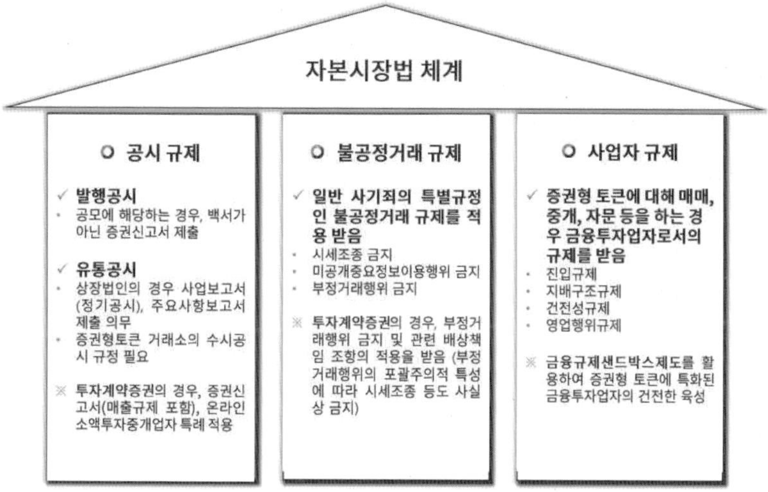

자본시장법 체계

○ **공시 규제**

✓ 발행공시
- 공모에 해당하는 경우, 백서가 아닌 증권신고서 제출

✓ 유통공시
- 상장법인의 경우 사업보고서(정기공시), 주요사항보고서 제출 의무
- 증권형토큰 거래소의 수시공시 규정 필요

※ 투자계약증권의 경우, 증권신고서(매출규제 포함), 온라인 소액투자중개업자 특례 적용

○ **불공정거래 규제**

✓ 일반 사기죄의 특별규정인 불공정거래 규제를 적용 받음
- 시세조종 금지
- 미공개중요정보이용행위 금지
- 부정거래행위 금지

※ 투자계약증권의 경우, 부정거래행위 금지 및 관련 배상책임 조항의 적용을 받음 (부정거래행위의 포괄주의적 특성에 따라 시세조종 등도 사실상 금지)

○ **사업자 규제**

✓ 증권형 토큰에 대해 매매, 중개, 자문 등을 하는 경우 금융투자업자로서의 규제를 받음
- 진입규제
- 지배구조규제
- 건전성규제
- 영업행위규제

※ 금융규제샌드박스제도를 활용하여 증권형 토큰에 특화된 금융투자업자의 건전한 육성

※ 출처: 금융위원회의 2022. 9. 6.자 보도자료 중 [별첨2], 김갑래, "증권형 토큰 규율 체계 정비 방향", 자본시장연구원.

종합적으로 고려하여 사안별로 판단한다. 예를 들어, 투자자가 사업의 손익에 대한 권리를 갖는 경우로서 투자자 모집 과정에서 사업자의 노력·경험과 능력을 통한 해당 사업의 성과와 연계된 수익, 가치·가격 상승 또는 투자손실 방지에 대해 합리적 기대가 있는 경우에는 증권에 해당할 가능성이 크다. 하지만 발행인이 없거나, 발행인에게 행사할 수 있는 투자자의 권리(순수한 서비스이용권 제외)가 없는 경우에는 증권에 해당할 가능성이 작다.

금융위원회는 조만간 '증권형 토큰 가이드라인'을 마련하여 발표할 예정이라고 한다. 가이드라인 제시 이후 2023년부터 전자증권법·자본시장법령 개정 등을 통해 증권형 토큰 규율체계를 확립해 나간다는 계획이다. 법적 기반 완비 전에도 금융규제 샌드박스 등을 통해 우선 시범 시장을 조성해 나가면서 그 결과도 함께 고려하여 정식 제도화를 추진한다고 한다. 납세자의 법적 안정성을 위해서는 증권형 토큰의 식별지침과 규제 및 과세 가이드라인이 조속히 확정될 필요가 있다.

또한 증권형 토큰의 큰 매력 중 하나는 주식과 같이 담보대출이 가능하다는 점이다. 블록체인 기술이 금융 업무에 적용되면서 대출, 적금, 송금 등의 업무가 은행을 통하지 않고 P2P 방식으로 이루어지고 있다. 스마트 계약을 활용하는 블록체인 기반의 금융을 탈 중앙금융서비스(Defi)라고 한다. 기획재정부는 2021년 10월 P2P 방식 디파이 서비스의 가상자산 담보대출 이자에 대해 25% 세율로 원천징수하며, 이자·배당소득이 연 2,000만 원을 넘으면 6~45%가 기본세율이라고 밝힌 바 있다. 가상자산 담보대출 이자수익이 '비영업대금 이익'에 해당하기 때문에 이자소득으로 과세한다는 뜻이다. 다만, 계속·반복적으로 대출행위를 하는 경우엔 사업소득으로 과세한다. 증권형 토큰의 이익을 금융투자소득세로 과세한다면 굳이 이자소득만 따로 이자소득세로 과세할 필요없이 모두 금융투자소득세로 과세하면 될 것이다.

(3) P2E 게임 소득의 양성화 방안

현재 P2E 게임은 불법으로 보기 때문에 해외 사이트로 우회하여 게임 아이템 거래가 이루어지고 있다. 게임 아이템을 제3의 아이템 거래 플랫폼에서 거래하기 때문에 세원 포착이 더 어렵다. 아이템 거래 시장 규모가 20년 사이 크게 늘었다. 국내 1위 플랫폼인 아이템매니아에서는 월평균 24만 건 이상의 거래가 이루어지고 있다. 국내 게임 아이템 거래 시장 규모는 연간 1조 4,000~1조 5,000억 원 수준으로 예상된다. 불법 아이템 거래는 음성화되어 있거나 해외 사이트를 통하기 때문에 정확한 통계를 내기가 힘들다.

P2E 게임 자체가 불법이라고 하더라도 아이템 거래가 사업성이 있다면 위법소득도 사업소득으로 과세할 수 있다. 그러나 사업성이 없다면 소득세법상 과세대상으로 열거되어 있지 않아 과세하기 힘들다. 하루빨리 과세 근거를 마련하여 담세력 있는 곳에 과세하는 것이 필요하다.

(4) 부가가치세 지침의 명확화

가상자산에 대해서는 부가가치세를 과세할 수 없다는 예규가 나왔다. 그러나 NFT는 가상자산에 해당할 수도 있고 그렇지 않을 수도 있다. 결제나 지급수단으로 사용되면 부가가치세를 과세할 수 없다. 그러나 재화로 거래되는 경우에는 부가가치세를 과세할 수 있을 것이다. 법령으로 과세 여부를 명확하게 규정할 필요가 있다.

더불어 NFT 거래 중개소에 대한 부가가치세 대리 징수 의무를 검토할 필요가 있다.

Ⅲ. 로봇세(Robot Tax)

1. 로봇 산업의 동향 및 노동시장과 관계

4차 산업혁명의 핵심기술 중 하나가 인공지능(AI)이다. 인공지능 개념은 2차 세계대전 중에 독일 잠수함 U-boat의 암호를 풀기 위한 영국의 Turing 작업에서 시작되었다고 한다. Turing은 1950년에 "Computing Machinery and Inteligence"라는 논문에서 기계도 경험에서 배울 수 있도록 프로그램을 할 수 있는 가능성을 제기했다.[190] 우리나라에서는 이세돌 9단과 구글의 인공지능 알파고(AlphaGo)간의 바둑 대결로 대중의 주목을 받게 되었다. 2022년 7월에는 인공지능 체스 로봇이 같이 대결하던 7세 소년의 손가락을 다치게 하여 언론에 회자되기도 했다. 인공지능은 빅데이터와 사물인터넷 등 다른 기술과 융·결합하여 눈부시게 발전하고 있다.

---

190) 홍범교, 「기술발전과 미래 조세체계-로봇세를 중심으로」, 한국조세재정연구원, 2018, 18쪽.

(1) 로봇 산업의 동향

국제로봇연맹(International Federation of Robotics, IFR)에 따르면 한국은 2018년 기준으로 가동 중인 산업용 로봇이 30만 대에 달했다. 10년 전에 비해 4배로 증가하여 일본과 중국에 이어 세계 3위이다. 로봇 밀도는 종업원 수에 비례해 운영 중인 산업용 로봇의 대수를 의미한다. IFR에 따르면 2019년 전 세계 제조업 로봇 밀도 평균은 종업원 1만 명당 113대를 기록했다. 그런데 한국의 로봇 밀도는 종업원 1만 명당 868대로 싱가포르에 이어 세계에서 두 번째로 높다. 제조 선진국인 독일(338대)이나 일본(327대)을 앞지른 것이다. 경영 컨설팅 업체 보스턴컨설팅그룹은 2025년까지 한국에서 제조업 노동력의 40%가량이 로봇으로 대체될 것으로 내다봤다. 한국이 로봇세 논쟁에서 무관할 수 없는 이유다.

〈그림 32〉 2019년 국가별 제조업 로봇 밀도

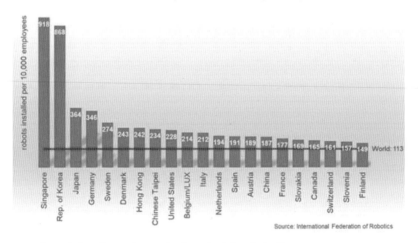

Robot density in the manufacturing industry 2019

Source: International Federation of Robotics

※ 출처: 로봇신문, "IFR, 한국 로봇 밀도 전 세계 2위 유지", 2021. 1. 29.

〈표 26〉 세계 로봇 시장 매출액 (단위: 백만 달러)

구분	2015년	2016년	2017년	2018년	2019년	2020년	전년 대비	연평균
전체	15,584	16,949	24,086	27,018	23,559	24,257	3%	6%
제조용 로봇	8,758	10,598	13,918	13,854	13,753	13,168	-4%	8%
서비스용 로봇	6,826	6,351	10,164	13,164	9,806	11,089	13%	10%

※ 출처: World Robotics 2021(2021. 10. IFR) (산업통상자원부, "2022년 지능형 로봇 실행계획 공고문"에서 재인용).

세계 로봇 시장 매출액은 〈표 26〉에서 보는 바와 같이 서비스용 로봇의 증가세가 두드러진다. 서비스용 로봇은 의료 로봇(+174%), 소독 로봇 등 전문 청소 로봇(+95%), 실내 배송 등 물류 로봇(+33%) 분야의 증가로 전년 대비 13% 성장한 111억 달러에 이른다.

국내 로봇 시장 매출액 또한 2020년 기준 5.5조 원으로 연평균 5.4%로 성장 추세이다. 서비스용 로봇 시장의 급성장으로 전체시장은 2019년 대비 2.6% 증가하였다. 특히 2020년에 서비스용 로봇은 고성능·고가격 수술 로봇의 상품화 확대 및 가사노동 경감을 위한 청소 로봇 매출 증가로 전년 대비 34.9% 증가한 0.8조 원을 기록했다.

〈표 27〉 국내 로봇 시장 매출액 (단위: 억 원)

구분	2015년	2016년	2017년	2018년	2019년	2020년	전년 대비	연평균
전체	42,169	45,972	55,255	58,019	53,351	54,736	2.6	5.4
제조용 로봇	25,831	27,009	34,017	34,202	29,443	28,658	-2.7	0.6
서비스용 로봇	6,277	7,464	6,459	6,650	6,358	8,577	34.9	6.4
로봇 부품	10,061	11,499	14,779	17,167	17,550	17,501	-0.3	11.7

※출처: 한국로봇산업진흥원, "2020 로봇 산업 실태조사", 2021. 12.

우리 정부는 로봇 산업 발전을 제도적으로 지원하기 위해 2008년에 지능형로봇법을 제정하였다. 지능형로봇법 제5조는 로봇 산업 진흥을 위해 5년마다 기본계획을 수립하고, 매년 실행계획을 마련하도록 규정하고 있다. 실행계획 중에는 특히 지능정보·로봇 융합 서비스 및 클라우드 로봇 복합 인공지능 기술개발이 포함되어 있다. 5G(5세대 이동통신기술)의 '실시간', '초연결' 특성을 활용하여 다수 로봇을 원격제어하고, 평생 학습을 통해 지능을 고도화하는 클라우드 기반 로봇 복합 인공지능 핵심 기술을 개발하는 것이다. 2021년에는 서울 강남구 코엑스 일원에서 '자율주행 이동로봇'의 실제 주행 테스트를 진행하기도 했다. 정부는 휴먼케어 로봇, 무인 경비 로봇, 로봇 손 조작, 물품조립 로봇 등에 필요한 인공지능 기술, 이미 개발 중인 로봇지능(촉각 지능, 공간지능, 소셜 지능 등)과 범용 인공지능(언어 지능, 시각 지능, 청각 지능)을 클라우드 기반의 복합 인공지능 기술 및 개인 맞춤형 서비스로 제공하는 것을 목표로 하고 있다.

(2) 로봇 산업 발전과 인간의 노동

역사적으로 로봇 개발의 추동력 중의 하나는 인간 노동의 대체였다. 로봇이라는 단어 자체는 노동을 뜻하는 체코어 '로보타(robota)'에서 유래되었다.[191] 기술 발전은 인간의 단순 노동을 대체하고 여러 분야에서 생활에 편리함을 가져올 것이다. 하지만 윤리적인 문제, 소득격차의 확대 문제, 인간성에 대한 본질적인 질문 등 여러 면에서 우리 사회에 화두를 던지고 있다. 특히 경제적인 부분에서 인공지능 로봇이 가져올 노동환경 변화에 주목할 필요가 있다. 기술이 발전하면서 새로운 산업과 일자리 창출이 예상된다. 지난 산업혁명 때에도 처음에는 기계가 인간의 일자리를 빼앗아 간

---

191) 박상준, "로봇, 인간 욕망의 거울", 「로봇 스케이프」, 케포이북스, 2016.

다는 우려가 커서 반대 시위도 많았지만, 결과적으로 기계를 관리하고 유
지하기 위해 더 많은 일자리가 창출되었다.

〈그림 33〉 기술 발전으로 인한 국내 노동시장 미래

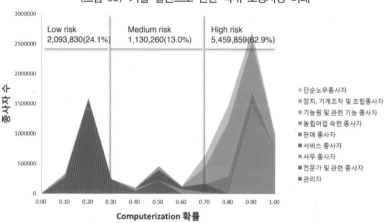

※ 출처: 김석원, "Changes in future jobs", 2016 SPRI Spring Conference, 소프트웨어정
책연구소, 2016.

기술의 진보와 노동시장은 상호 복합적으로 영향을 미쳐왔다. 연구마다
차이는 있지만 대체로 기술 발전으로 자본이 노동을 대체하면 생산성 향상
및 자본에 대한 수익은 증가하지만, 일자리 감소로 고용률이 하락하고 노동에
대한 보수는 하락할 것으로 전망한다. Frey and Osborne은 전체 일자리 중
약 47%가 자동화 로봇으로 대체될 확률이 70% 이상인 고위험군에 속한다고
한다.[192] Frey and Osborne의 연구 방법을 이용하여 국내 노동시장을 분석하
면, 〈그림 33〉에서 보는 바와 같이 한국의 직업 중 약 63%가 고위험군이라고
한다.[193] 한편 다른 국내 연구에 따르면 우리나라 전체 일자리의 43~57%가

192) Carl Frey, Michael. Osborne, "The Future of Employment: How Susceptible Are Jobs
to Computerisation?", Oxford Martin School Working Paper, 2013.

고용 대체 가능성이 큰 고위험군에 속하는 것으로 분석하기도 한다.[194]

반면, 낙관적인 견해도 존재한다. McKinsey Global Institute에 따르면 60%의 직종이 적어도 30% 이상 자동화할 수 있는 직무들로 구성되어 있지만, 완전히 자동화될 수 있는 직종은 5% 미만이라고 한다. 한 연구에 따르면 기술변화는 직무 형태를 변화시킬 뿐이지, 일자리를 빼앗아 가는 것은 아니라고 한다. 30~40년 전과 비교하면 거의 모든 직업이 컴퓨터의 영향을 받았지만, 사라진 직업은 1% 미만이라는 근거를 제시한다.[195]

아직은 단언하기 어려운 단계인 것 같다. 그러나 확실한 것은 앞으로 등장하는 인공지능 로봇은 인간을 능가하는 능력을 지닌 로봇일 수 있다는 점이다. 그러면 직무 형태는 필연적으로 변할 것이고, 일자리를 잃는 사람도 생길 것이다. 인공지능 로봇 기술이 인간의 노동을 대체함으로써 저숙련·단순 반복 일자리는 당연히 줄어들 것이다. 그런데 과거와 다른 점은 인공지능 기술이 과거의 기술과 달리 인간의 판단과 결정을 대신하므로 사무·행정 및 전문직의 일자리까지 위태로워질 수 있다는 점이다. 따라서 정부의 복지 정책이나 조세정책에도 변화가 필요하다.

2. 기본소득과 로봇세 논의

로봇 산업은 상당히 자본 집약적인 산업이다. 자본으로 기술을 개발해서 상용화해야지만 수익이 발생하기 때문이다. 그런데 자동화 기계의 사용으

---

193) 김석원, "Changes in future jobs", 2016 SPRI Spring Conference, 소프트웨어정책연구소, 2016. 3. 8.
194) 김세움, 「기술진보에 따른 노동시장 변화와 대응」, 한국노동연구원, 2015.
195) 허재준, "4차 산업혁명이 일자리에 미치는 변화와 대응", 월간 노동리뷰, 2017. 3월, 62~71쪽.

로 인한 수익률이 인간을 고용하여 발생하는 수익률보다 훨씬 크기 때문에 결국 자본이 있는 곳에 더 많은 자본이 축적될 수밖에 없다. 한편 로봇 산업의 발달로 일자리가 줄어들면서 실업과 전업이 촉진되어 임금이 줄어들게 된다. 로봇으로 대체되는 직업군은 단순 노무자가 많을 것이므로 이들은 경제적으로 더 힘들어질 수밖에 없다. 이처럼 기술 발전이 인간의 일자리를 대체하고 소득을 양극화시킬 것이라는 예측이 가능하다. Autor는 빠른 기술 발전으로 자본이 노동을 효과적으로 대체함에 따라 생산성이 높아지고 사회 전체적으로는 과거보다 부유한 사회가 되지만, 자본이 아닌 노동력만을 생산수단으로 보유하고 있는 개개인은 풍요 속에 빈곤을 맞게 된다고 말한다.[196]

사회적 변화에 대응하기 위해 몇몇 국가는 기본소득 제도를 실험하고 있다. 기본소득은 모든 국민이 최소한의 인간다운 생활을 할 수 있도록 재산이나 소득, 근로 여부에 상관없이 정부가 국민 모두에게 똑같이 지급하는 돈이다. 기본소득은 다섯 가지 특징을 가지고 있다. ①정기성(periodic, 매달 정기적으로 지급) ②현금 지급(cash payment, 서비스나 바우처가 아닌 수령자의 마음대로 사용할 수 있는 통용력 있고 교환가치 있는 것으로 지급) ③개인 단위(individual, 가구 단위가 아닌 개인 단위) ④보편적(universal, 요건 없이 모두에게 지급) ⑤무조건성(unconditional, 노동을 하거나 노동할 의사를 표시하지 않아도 무조건 지급)이다.[197] 기본소득을 반대하는 견해는 노동에 상관없이 금전으로 지급하게 되면 일하려는 유인을 저해할 것이라고 비판한다.

핀란드와 네덜란드는 2017년부터 기본소득 제도를 실험하였다. 예를 들어,

---

196) Autor, David, "Paradox of Abundance", Oxford Scholarship Online (www.oxfordscholarship.com), 2105
197) https://basicincome.org/about-basic-income/

핀란드는 2017. 1. 1.부터 2018. 12. 31.까지 2년간 실업수당을 받는 사람 중 무작위로 2천 명을 선발해서 매달 560유로의 기본소득을 지급하고 이들의 행동을 관찰하는 실험을 하였다. 네덜란드도 2017년 250명을 선정하여 매달 960유로의 기본소득을 지급하고 있다. 이 실험은 여섯 개의 실험군으로 나눠서 기본소득이 노동 의욕과 복지 요구 등에 어떤 영향을 미치는지를 검증할 계획이다.[198] 2019년 핀란드 사회보험기구(Finland's Social Insurance Institution)는 연구결과를 발표하였다. 이에 따르면 만족도와 행복감은 상승했지만, 취업률은 크게 상승하지 않다고 한다.[199] 다른 나라의 결과도 기본소득을 찬성하는 견해와 반대하는 견해 어느 쪽에도 확고한 논거를 제시하지 못하고 있다.

지능형 로봇으로 인해 대량실업이 발생하면 근로자의 최저생활을 보장하고 실직자의 취업 준비가 가능하도록 적극적인 재정 지원이 필요해진다. 국가의 재정 지출을 위해 재원 확보가 필요하다. 기본소득 제도로 인하여 발생하는 재정 지출을 감당하기 위한 새로운 세원으로 로봇세 논의가 시작되었다. 2015년 EU 보고서 초안에서는 자동화로 인한 실업에 대한 대책으로 로봇세와 기본소득 제도가 동시에 제안되었다. 비록 최종결의안에는 채택되지 못했지만 공식적으로 주의를 환기시키게 되었다. 이어 빌 게이츠가 로봇 때문에 일자리를 잃게 되는 노동자를 위하여 로봇의 사용에 대하여 로봇세를 부과하자는 인터뷰를 하면서 로봇세에 관한 관심이 고조되기 시작했다.[200]

---

198) 홍범교, 앞의 책, 26쪽.
199) https://phys.org/news/2019-02-universal-basic-income-people-happier.html
200) Kevin Delany, "The robot that takes our job should pay taxes, says Bill Gates", Quantz, Feb 17, 2017.

3. 로봇의 개념 및 분류

로봇의 개념 정의를 어떻게 하고, 어떤 기준으로 분류할 것인가는 로봇세를 부과하기 위한 전제조건이다. 그러나 아직 이에 대해 통일적인 규범이 확립되어 있지 않다. 전통적인 기계에서부터 현재 인공지능 로봇까지 포괄하여 어느 범위까지 로봇으로 보아야 하는지가 문제 된다. 산업현장의 자동화시설 등의 기계설비에 대한 과세는 현행 세법으로도 특별한 것이 없다. 대체로 로봇세에서 논의하는 로봇은 지능형 로봇을 의미한다고 보아야 한다.

유럽의회 결의문에서 정의하는 지능형 로봇(smart robot)은 ①센서를 통하거나 주변 환경과 자료 교환 및 분석을 통한 자율성의 확보 ②경험이나 상호 작용을 통한 자기 학습(self-learning) 능력 보유(선택적 기준) ③최소한의 물리적인 형태 ④주변 환경에 대한 적응 행동 가능 ⑤생물학적 의미에서의 무생명이라는 요소를 가지고 있어야 한다. 우리나라도 지능형 로봇법에서 "지능형 로봇"이란 외부환경을 스스로 인식하고 상황을 판단하여 자율적으로 동작하는 기계장치(기계장치의 작동에 필요한 소프트웨어를 포함한다)라고 정의하고 있다(제2조 제1호).

즉, 지능형 로봇은 인공지능에 기반한 충분한 자율성을 가진 기계로서 상호반응이 가능하고 자가 학습 능력을 보유하였으며 독자적인 판단과 결정을 내릴 수 있는 기계라고 할 수 있다.[201]

지능형 로봇을 용도에 따라 분류하면, 협의로는 제조 로봇과 서비스로봇이 있다. 제조 로봇은 흔히 공장자동화 로봇을 예로 들 수 있다. 서비스 로봇은 서비스 내용에 따라 의료 로봇, 물류 로봇, 소셜 로봇, 청소 로봇, 군사 로봇, 안내 로봇, 자율주행 로봇으로 구분할 수 있다. 자율 주행차·드

---

201) 홍범교, 앞의 논문, 한국조세재정연구원, 2018, 61쪽.

론·개인형 이동 수단·인공지능 스피커도 기술적으로는 로봇의 일종이지만 시장에서 로봇과 별도로 구분하여 집계하는 것이 일반적이다.[202]

<그림 34> 로봇의 정의와 분류기준

※ 출처: IITP 정보통신기술진흥센터, 2017.

의료서비스 로봇은 수술, 재활, 각종 서비스에 이르기까지 다양하며 현재 많은 부분이 상용화되어 있다. 국내 동향만 살펴보아도, 인공지능이 적용된 진단 보조 소프트웨어(의료 영상 검출 보조 소프트웨어, 의료 영상진단 보조 소프트웨어 등) 및 재활용 로봇(로봇 보조정형 용운동 장치) 임상시험의 경우 2017년에 3건이었지만, 2018년에는 6건으로 2배 증가하였다.

---

202) 김용균, "The Next Big Thing, 서비스 로봇 동향과 시사점", ICT SPOT ISSUE S17
-06, 정보통신기술진흥센터, 2017.

〈표 28〉 의료서비스 로봇 기술의 범위

행위목적	수혜자	운영자	장소	범위	정의
수술	환자	의사	의료시설	수술/수술보조 로봇	침습*/비침습 수술의 전 과정 또는 일부를 의사 대신 또는 함께 작업 (영상가이드, 정밀 시술 등)
				신체삽입형 로봇	혈관, 경구 등을 통해 병소에 직접 다가가는 미소 크기의 로봇
재활	노약자, 장애인	간호/ 간병인/ 환자	복지시설, 가정	재활치료로봇	상/하지 재활치료 (웨어러블 기기)
				재활보조로봇	이동, 파지 등 일상 생활보조용 휠체어로봇, 웨어러블 보행기 등
				간병로봇	간호/간병/돌봄, 의료 목적의 정서적/사회적 기능 및 다양한 피드백 행위를 제공
보조 서비스	사물, 환자, 의사, 약사	의사, 약사, 간호/ 간병인	의료/복지/ 연구시설	물류로봇	지능형 배송 및 운반
				약재처리	클린 멸균, 항암약조제 등
				원격진료	원격으로 의사의 진료/상담 및 처방 등 행위를 대신 수행하는 로봇
				연습/평가	가상 그래픽, 햅틱** 장치 등을 활용한 훈련 또는 안전/호환성/성능/표준화 평가

※ 위 분류에 개인 맞춤형 진단시스템, 스마트 워치 및 지능형 재활보조기기 등은 로봇으로 분류할 수 없기 때문에 본고에서는 제외함
* 기구가 피부를 뚫고 들어가며 발생하는 생체에 대한 상해
** 가상공간에서 촉감을 느낄 수 있게 하는 것
※ 출처: 유형정·도지훈, "의료서비스 로봇", KISTEP 기술동향브리프, 한국과학기술기획평가원, 2019. 9.

물류 로봇은 물류센터, 공장 등에서 사물인터넷 기술과 자율주행 등 로봇 기술 및 학습을 통한 환경·상황인식, 스케줄링 등 인공지능을 가진 로봇이다.[203] 첨단 ICT 기업인 구글, 아마존, DHL 등 세계적 기업들이 물류혁신을 위해 로봇 기술을 도입하고 있다. 물류 로봇이 적용되는 분야는 물

---

203) 김경훈·김재홍·최영호, "물류 로봇 기술동향 및 향후 전망", KEIT-PD17-7-이슈2, 2017.

류센터, 공장 물류, 병원·요양원·호텔 등 대형 건물에서의 물류 이송, 재고 관리 등 다양하다. 물류 로봇시스템을 활용 분야 중심으로 구분하면, ①공장 물류용 ②물류창고용 ③일반 옥내용 ④옥외 배달용으로 나눌 수 있다. 공장 물류용은 원료·재공품·최종 제품 등의 공장 내 이동 또는 차량 등에의 적재, 생산 공정상 공구·소모품 등의 공급 등을 담당하며, 물류창고용은 주로 오더 패킹(order picking)을 목적으로 상품 등의 상·하역, 이송, 핸들링, 분류, 포장, 출고 및 재고관리 등을 담당한다. 일반 옥내용은 병원 및 호텔, 사무실, 공공장소 등 대형 건물에서 물품의 운반에 활용된다. 옥외 배달용은 드론 등을 이용한 택배 서비스 또는 운송용 AMR(Autonomous Mobile Robot, 트럭, 밴 등)을 이용한 화물 운송 등에 활용된다.[204]

4. 로봇세에 대한 찬반 논쟁

로봇세에 대한 찬반 논쟁은 몇 가지 쟁점에서 다투어진다. 지능형 로봇의 도입으로 대량 실직자가 발생할 것이 예상되므로 이들에 대해 국가가 적극적으로 재정 지원을 하기 위한 재원의 마련, 근로자들이 납부하던 소득세 및 부가가치세 감소로 인한 국가 재정의 감소, 노동과 자본에 대한 조세 중립성, 실직자를 발생시킨 원인 제공자에 대한 과세 등이다.

(1) 찬성하는 견해

찬성하는 견해는 기술 발전이 실업을 초래하게 될 것이고, 이로 인해 국가의 재정 지출이 확대될 것이라고 예측한다. 일자리 감소는 자동화 설비나 인공지능 로봇이 일으키게 되므로 원인자에게 세금을 부과해서 문제를 해

---

204) 한국로봇산업진흥원, 「물류 로봇 시장동향과 수요환경」, 2018. 8.

결해야 한다. 로봇이 일자리를 대체하게 되므로 로봇세로 거두어들인 세수를 실직자 교육이나 기본소득의 재원으로 활용할 수 있다. 같은 맥락에서 기업이 인간을 고용하지 않음으로써 근로자의 소득세에 해당하는 세수가 줄어들기 때문에 이를 보전하기 위해서도 로봇세가 필요하다고 주장한다.

기업으로서는 인간 노동자보다 로봇을 사용할 때 여러 비용(예를 들어, 4대 보험료, 퇴직금, 임금 교섭 등)을 줄이면서 생산성을 향상시킬 수 있으므로 로봇을 선호하게 된다. 세제 측면에서 로봇은 자본으로 분류되어 세제 혜택을 받는다. 기업은 인간 노동자보다 로봇을 더 선호하게 된다. 이상적인 조세는 납세자의 의사결정을 왜곡시키지 않고 중립적이어야 한다. 따라서 조세 중립성 측면에서도 로봇세를 부과하는 것이 필요하다.

다만, 로봇세를 부과하기 위해서는 로봇의 개념이나 분류가 선행되어야 한다. 그리고 로봇의 소유자나 사용자에게 조세를 부과할지 아니면 로봇의 법인격을 인정하여 로봇에게 조세를 부과할지 등도 결정해야 한다. 찬성하는 견해는 로봇도 인간처럼 법적 인격을 가질 수 있고 경제적 가치를 창출할 수 있으므로 가능하다고 본다.

(2) 반대하는 견해

반대하는 견해는 근본적으로 로봇 활용으로 인해 대량의 실업이 발생할지에 대해 의문을 제기한다. Summers는 일자리를 없애는 주범으로 로봇만을 생각할 수 없다고 한다. 또한 노동의 효율을 높이는 기계들은 모두 단순노동 일자리를 없앨 뿐이므로 그 충격이 미미할 것으로 예측한다.

로봇세를 부과하면 로봇 산업에 대한 투자를 많이 하지 않게 되어 오히려 산업이 위축될 수 있다. 로봇세를 부과했을 때 조세가 소비자나 근로자에게 전가되면 고용이 위축되고 소비자의 후생이 떨어질 수 있다. 따라서 세금보다는 재교육 및 훈련 프로그램을 도입하는 것이 필요하다. 특별히 실업률이 높은 그룹에 대해서는 임금 보조, 인프라에 대한 대대적인 투자, 공공채용 프로그램을 대안으로 제시한다.[205]

만약 로봇세를 부과한다고 할 때, 단순히 기계장비에 세금을 적용할지, 인공지능을 탑재한 로봇에만 적용할지, 이 경우 인공지능이 어느 수준에 이르러야 하는지 등에 대한 기준도 아직 정립되어 있지 않다. 로봇을 어떻게 정의할지, 과세대상을 무엇으로 할지 등에 대한 국제적 합의가 이루어지지 않는다면 실질적으로 로봇세를 집행하기는 불가능하다. 국제사회의 합의가 없는 상황에서 만약 로봇세를 도입한 국가가 있다면 그 국가의 로봇 산업은 국제경쟁력을 상실하게 될 것이다. 만약 로봇세를 도입한다고 해도 세수가 기대에 크게 미치지 못할 것이라는 전망도 있다.

5. 해외 논의 현황

2015년 EU는 기술 발전을 저해하지 않는 로봇과 인공지능의 법적·윤리적 함의와 영향에 대하여 검토하여 그 결과를 보고서로 제출하였다. 보고서 초안에서는 로봇의 사용으로 인한 실업의 가능성을 언급하면서 세금 및 사회보장 부담금의 도입과 함께 기본소득 제도가 심도 있게 고려되어야 한다고 제안하였다.[206] 이 보고서를 기초로 2017년 유럽의회에서 결의문이

---

205) Lawrence Summers, "Robots are wealth creators and taxing them is illogical", Financial Times, March 6, 2017.
206) European Parliament, Committee on Legal Affairs: DRAFT REPORT with recommendations to the Commission on Civil Law Rules on Robotics(2015/2103(INL)) (https://www.europarl.europa.eu/doceo/document/JURI-PR-582443_EN.pdf) "Bearing in mind the effects that the development and deployment of robotics and AI might have on employment and, consequently, on the viability of the social security systems of the Member States, consideration should be given to the possible need to introduce corporate reporting requirements on the extent and proportion of the contribution of robotics and AI to the economic results of a company for the purpose of taxation and social security contributions; takes the view that in the light

채택되었다. 결의문에서는 로봇을 행위에 대한 책임자로서 장기적으로 '전자 인격(electonic person)'의 지위를 부여할 것을 제안하였다. 그러나 경쟁과 고용에 부정적인 영향을 미칠 것이라는 우려 때문에 최종결의문에는 로봇세를 포함하지 않았다.207)

미국은 연방 차원에서 로봇세 도입을 말하고 있지 않다. 다만, 2016년 미국 대통령위원회 보고서에서 연방정부는 인공지능의 발전을 지원하면서 동시에 그 위험으로부터 대중을 보호할 방안을 지속해서 모색할 것을 채택하고 있다.208) 한편 주 차원에서는 약간의 논의가 이루어지고 있다. 예를 들어, 2017년 8월 샌프란시스코의 한 행정의원은 '일자리 미래 기금(JFF)'을 설립해 로봇세를 도입할 것을 주 의회에 요청했다. 자동화 설비를 이용해 근로자들의 일자리를 뺏는 회사들에 세금을 부과하는 것을 골자로 한다. 이를 통해 거둔 세금은 근로자의 이직과 직업훈련 등에 쓰고 기본소득의 재원으로도 이용할 수 있다.209)

6. 로봇세의 단계별 도입 방안

로봇과 인공지능은 계속 발전하고 있으므로 현 단계에서 로봇세의 명확한 정의를 내리기는 어렵다. 로봇세 또는 자동화세로 논의되고 있는 내용은 세제 혜택의 축소(연구개발 공제 축소, 감가상각 축소 등), 고용증진 혜택, 법인세 추가 과세, 감소한 근로소득만큼 로봇세 부과, 로봇 자체에 세

---

of the possible effects on the labour market of robotics and AI a general basic income should be seriously considered, and invites all Member States to do so;"
207) Reuters, "European parliament calls for robot laws, rejects robot tax", 2017. 2. 17.(https://www.reuters.com/article/us-europe-robots-lawmaking-idUSKBN15V2KM)
208) 홍범교, 앞의 책, 49쪽.
209) 조선비즈, 2017. 9. 7. ""일자리 빼앗는 로봇에 과세"… 美 '로봇세' 논의 확산", (https://biz.chosun.com/site/data/html_dir/2017/09/07/2017090702020.html)

금 부과 등으로 다양하다.

로봇세를 논의할 때 로봇 기술의 발전 단계에 따라 구체적인 세금 형태가 어떻게 될지를 논의하는 것이 실천적이다. Kurzweil은 로봇 기술의 단계를 세 단계로 구분하고 있다.[210] Kurzweil의 이론에서는 두 개의 전환점이 있다.

첫 번째 전환점은 튜링 테스트(Turing Test)를 통과한 시점이다. 인간과 인공지능 컴퓨터를 각각 다른 방에 두고 피실험자가 두 방의 응답자와 대화를 통해서 어느 쪽이 인간이고 어느 쪽이 컴퓨터인지를 구분할 수 없을 때 튜링 테스트를 통과한 것으로 본다. 그는 이 시점을 2029년 정도로 예상한다. 이 시기는 약한 인공지능에서 강한 인공지능으로 도약하는 시점이다. 약한 인공지능은 주어진 조건 아래에서 작동 가능하지만, 강한 인공지능은 인간과 같은 사고가 가능하다.

두 번째 전환점은 특이점(singularity)이다. 수학가속적으로 발전하던 과학이 폭발적 성장의 단계로 도약함으로써 인간 본연의 조건을 뛰어넘는 초월의 시점을 의미한다. 2045년 무렵으로 예상한다. 이때의 인공지능은 초인공지능으로 모든 영역에서 인간을 뛰어 넘는다.

〈그림 35〉 인공지능의 발달 단계

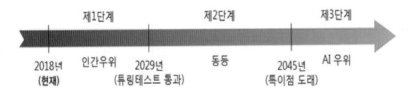

※ 출처: 홍범교, 「기술발전과 미래 조세체계-로봇세를 중심으로-」, 한국조세재정연구원, 2018, 54쪽.

---

210) 이하의 논의는 두 권을 참조하였음. Ray Kurzweil, 「The Singularity Is Near: When Humans Transcend Biology」, 2005. 김명남·장시영 옮김, 「특이점이 온다: 기술이 인간을 초월하는 순간」, 김영사, 2007. 홍범교, 앞의 책, 52쪽 이하.

(1) 1단계-약한 인공지능

1단계는 아직 인간우위시대이다. 로봇은 현재와 같이 생산성 향상을 위한 기계설비의 일종이다. 이 단계에서의 로봇은 인공지능 로봇에 한정하지 않는다. 좀 더 폭넓게 산업용 자동화 기계까지 포함해서 논의한다. 인공지능 로봇은 약한 인공지능이다. 특정 문제를 해결하기 위해 고안되었고 인간의 지능적 행동을 흉내내는 정도이다.

이 단계에서는 자본에 대한 세 부담과 노동에 대한 세 부담의 형평성을 고려해야 한다. 즉, 세제상의 차이로 인해 기계에 의한 노동과 인간에 의한 노동 간에 사용자의 의사결정에 왜곡이 있는지를 검토하는 것이다. 산업용 기계는 생산 효율성을 증대시키므로 정책적으로 장려하기 위해 여러 가지 세제상의 혜택을 부여하고 있다. 예를 들어, 기계에 대한 감가상각이나 세액공제 등을 들 수 있다. 기계설비를 도입하면 감가상각비를 비용으로 처리할 수 있고 사회보장비(4대 보험료 등)가 지출되지 않는다. 반면, 인간 노동자는 급여를 비용으로 처리할 수 있지만 대신 사업자 부담분 사회보장비가 추가로 지출된다.211) 단순 반복적 업무 영역에서 생산 효율성이 기계가 더 높으므로 사업자는 기계에 의한 노동을 더 선호하게 된다. 조세 중립성을 확보하기 위해 기계에 추가적인 세금을 부담시킬 수 있다. 즉, 노동자에게 지출하지 않아도 되는 급여만큼 기존의 법인세에 추가로 과세하는 방안이다. 그러나 사용자가 근로자보다 더 우월한 상황에 있으므로 사용자에 대한 로봇세 부과는 근로자에게 전가되어 경제적 귀착이 발생할 우려도 있다. 또한 추가로 부과된 세금만큼 제품 및 서비스 가격을 올리면 소비자에게 세금이 전가되는 효과도 나올 수 있으므로 주의할 필요가 있다.

이 단계에서 로봇세의 구체적인 형태는 감가상각 제도 개선 측면에서 기

---

211) 김주성, "로봇세 연구-인간과 기계 노동의 조세 중립성 관점에서-", LAW & TECHNOLOGY, 제16권 제5호, 서울대학교 기술과법센터, 2020, 85쪽.

계장치 별로 감가상각 방법을 달리하거나, 개별 기업의 자동화 수준에 근거하여 감가상각 비율을 달리하거나, 감가상각 비율을 전제적으로 낮게 설정하는 방안 등이 있다.[212] 또한 연구개발, 신기술, 기계 도입 등에 대한 세액공제를 줄이거나 세액공제를 폐지하는 방안도 있을 수 있다. 그러나 현시점은 기술 혁신을 촉진하기 위해 더 많은 조세지출을 해야 하는 때이다. 이것이 정부의 정책 방향이기도 한다. 따라서 현시점에서 신기술 개발에 대한 세제혜택을 줄이는 것은 쉽지 않아 보인다.

자동화로 인해 노동자를 해고하는 경우 사업자는 인건비 및 사회보장비로 지출했던 기존 금액을 더 이상 지출하지 않으면서도 높은 생산성을 얻을 수 있다. 이런 경우 노동자의 해고에 상응하는 자동화세(automation tax)를 도입하는 방안이 제기된다. 미국의 경우 많은 주에서는 해고가 있으면 그 기업에 등급을 매기고, 등급에 따라 실업 보험료를 납부하고 있는데, 이를 로봇세의 한 예로 볼 수 있다. 구체적인 형태로는 법인 소득에서 기업이 로봇의 사용으로 회피하게 되는 임금에 대한 비율만큼 법인세액을 추가로 부과하는 것이다. 급여로 간주하여 세금을 부과하는 것이므로 간주 임금 산정을 어떻게 할지가 문제 된다.

다른 한편으로는 노동자의 채용을 촉진하거나 노동자의 직무 재교육을 할 수 있도록 세제 지원을 하는 방안도 고려할 수 있다. 실업에 대한 대책으로 실업수당을 지급하는 것만으로는 한계가 있다. 재취업교육을 통해 직업훈련을 마친 노동자를 실제로 고용하는 기업체에 인센티브를 지급하는 것이 중요한 유인책이 될 수 있다.

---

212) 김주성, 위 논문, 90쪽.

(2) 2단계-강한 인공지능

2단계는 로봇이 인간과 동등한 시대이다. 대량실업이 현실화하고 로봇에게 전자적 인격을 부여할 수 있는 시점이다. 이 단계에서 로봇은 인공지능과 자기 학습 능력을 갖추고 독자적으로 판단과 결정을 할 수 있는 존재일 것이다. 인간처럼 사고하고 판단할 뿐만 아니라 감정적 교류까지도 가능할 수 있다.

로봇을 납세의무자로 지정할 수 있는지, 로봇에게 담세력을 인정할 수 있는지가 본격적으로 문제 될 것이다. 이를 위해서는 먼저 로봇에게 법인격을 부여할 수 있는지에 대한 법 이론적 틀이 정립되어야 한다. 법인격(法人格)은 권리·의무의 주체가 될 수 있는 자격이다. 현대 사회에서는 사람이 모두 법인격을 가지는 것이 당연하게 여겨지지만, 역사적으로 보면 노예와 여성은 오랫동안 법인격을 인정받지 못했다. 한편 법인(法人)은 태생적으로 법인격이 없지만, 정책적 필요로 법인격을 부여받게 되었다. 100여 년 전에 영국에서 유한책임을 가진 기업이 도산할 때 도산한 기업의 주주와 법적 책임을 분리하기 위해 독립된 법적 자격이 필요했던 것이다. 법에서 인격은 인간과 다른 개념이다. 법에서 인격을 부여하는 것은 권리 주체 보호, 책임 귀속의 명확화, 법적 관계의 명확화 등을 위한 것이다.213) 그리고 법인격은 역사적으로 확대되어 왔다. 즉, 법인격 부여 여부는 정책적인 결정이다. EU는 로봇에게 전자 인격(electronic person)을 부여할 것을 권고한 바 있다. 로봇에게 법인격을 부여하는 것에 대해서 학계에서도 활발하게 논의하고 있다. 정책적으로 필요하다는 합의가 이루어진다면 법인격 부여도 가능할 것이다.

법인격이 인정된다는 전제에서, 로봇에게 담세력을 인정할 수 있는지를

---

213) 양천수, 「인공지능 혁명과 법」, 박영사, 2021, 126쪽.

검토해야 한다. 로봇에게 귀속되는 소득이 있는지, 로봇이 지분이나 자산 등을 소유하며 경제 활동을 할 수 있는지의 문제이다. 로봇이 어디까지나 소유자의 물건으로 취급되는 한에서는 인정하기 힘들 것이다. 이런 경우까지 굳이 로봇의 담세력을 논의할 실익은 없다. 하지만 소유자와 법적으로 독립적인 존재로 경제활동을 하게 되는 경우는 논의할 필요가 있다. 로봇에게 독자적인 담세력을 인정할 수 있을까? 로봇에게 금융 수용 능력 (finacial capacity)이 있으면 담세력을 인정할 여지가 있다. 금융 수용 능력은 자신의 행위로 인해 발생할 수 있는 모든 재정적·법적 결과를 염두에 두고 자신의 금전·재정 문제를 관리하고 관련 결정을 내릴 수 있는 능력을 말한다. 인공지능 로봇은 충분히 이런 능력을 가질 수 있을 것이다. 여기까지는 규범적 판단이다. 그렇다면 정책적으로 소유자와 별도로 로봇에게 과세할 필요가 있을까? 이상적인 조세는 담세력에 따라 평등하게 부과되어야 한다. 로봇이 수익 활동을 위한 단순한 수단이나 도구라면 로봇 자체에 담세력을 인정할 필요가 없다. 그러나 로봇이 독립된 법인격을 갖고 마치 법인이 거래 관계를 형성하는 것처럼 로봇도 법률관계를 형성한다면 문제가 달라진다. 이런 경우 로봇에게 금융 수용 능력이 인정되어 소득이 귀속될 가능성이 있다. 만약 로봇의 소유자가 로봇에게 귀속된 소득을 회수하지 않고 계속 로봇에 유보시키고, 재투자를 한다면 로봇 소유자에게 과세할 수 없다. 법인격이 다르기 때문이다. 따라서 이런 경우라면 로봇에게 독립적인 담세력과 납세의무를 인정할 수 있을 것이다.

기업과 로봇이 소득을 공유할 때 로봇 차원에서 소득세를, 기업 차원에서 개인이나 법인이 소득세나 법인세를 납부하게 된다. 그리고 로봇 차원의 소득세는 이중과세 조정을 위해 법인세 계산 시 비용으로 공제할 수 있다. 자율성을 가지고 소비할 수 있는 로봇의 활동도 부가가치세의 과세대상이 될 수 있다.

7. 우리나라의 대응

해외 저널에서 우리나라의 2017. 12. 19.자 조특법 제24조 개정을 두고
로봇세를 도입한 것으로 평가하기도 하였다.[214] 조특법 제24조는 생산성
향상시설 투자 등에 대한 세액공제 규정이다. 로봇 자동화 시스템 도입을
적극적으로 장려하기 위해 투자액의 일정 비율을 세액공제해 주는 제도이
다. 1998년에 2년간 일몰 규정으로 처음 도입하였다. 이후 일몰 규정이 계
속 연장되다가 2019년까지만 한시적으로 적용되었다. 그런데 2014. 12. 31.
개정되면서 세액공제 비율이 축소되었다(중소기업은 종전과 같은 7%, 중
견기업은 5%에서 3%로, 대기업은 3%에서 1%로 축소). 이를 두고 해외 저
널과 외신에서 로봇세를 도입한 것으로 보도한 것이다. 심지어 이와 같은
정부 방침에 대해 기획재정부 고위 관계자는 한국형 로봇세의 첫발을 뗐다
는 평가까지 하였다.[215] 그러나 이는 어디까지나 대기업이나 중견기업에
대한 과도한 세액공제 혜택을 축소해나가는 과정으로 볼 수밖에 없다. 국
회예산정책처의 보고서에 따르면 총 조세지출은 2,437억 원 규모로 추정된
다. 그러나 줄어든 조세지출을 특별히 자동공정으로 인하여 실직한 근로자
를 위해 사용하겠다는 구체적인 계획이 없으므로 한국형 로봇세라고 하기
에는 미흡하다.

우리나라는 2008. 3. 28. 지능형 로봇법을 제정하였다. 제정이유를 살펴
보면, 차세대 성장 동력산업인 지능형 로봇을 미래 국가 핵심 전략산업으
로 육성하기 위한 제도적 기반을 구축함으로써 국가 경제의 발전과 국민

---

214) Ryan Abbott, Bret Bogeenschneider, "Should Robots Pay Taxes?", tax policy in the
    age of automation, 12 Harv.L. & Pol'y Rev. 145, 2018.
215) 시사저널, 2017. 8. 11. "'한국형 로봇세 도입'은 정말일까", (https://www.sisajournal.
    com/news/articleView.html?idxno=170862)

삶의 질 향상에 이바지하려는 것이라고 한다. 첨단기술의 융합체인 지능형 로봇에 대하여 국가가 체계적으로 연구·개발하고, 초기 시장의 창출과 보급 확대를 위한 정책으로 로봇랜드를 조성하며, 로봇 품질의 인증에 필요한 근거를 마련하고, 로봇 윤리 헌장의 제정과 보급을 통하여 로봇이 반사회적으로 개발·이용되는 것을 방지하는 등을 내용으로 한다.

이 법에서 조세와 관련된 규정은 제29조의2(조세 감면)로서, 국가 및 지방자치단체는 지능형 로봇 사업에 대한 민간투자를 촉진하기 위하여 조특법과 지특법에서 정하는 바에 따라 조세를 감면할 수 있다는 선언적 규정이다.

로봇세 도입에 대해 정부는 신중한 반응이다. 2019. 12. 17. 제53회 국무회의에서 '인공지능 국가전략'을 발표하고 2030년까지 디지털 경쟁력 세계 3위 달성, AI를 통한 지능화 경제가치 최대 455조 원어치 창출 등을 목표로 세웠다. 그러나 "경제에서 AI 활용이 늘어남에 따라 활력이 제고되면 기계세나 로봇세, 디지털세를 도입하자는 이야기가 나올 수 있으나 차차 고려해나갈 사안", "정부에서 (현재) 검토하고 있진 않다. 4차 산업혁명이 급속하게 진행되면 다양한 옵션으로 검토할 수 있는 가능성이 있다"고 밝혔다.[216] 윤석열 대통령은 후보자 시절인 2021년 12월 경에 "로봇을 쓰는 기업에는, 사람을 덜 쓰니까 세금을 받겠다? 말도 안 되는 얘기"라며 일축하였다.[217]

---

216) 월간중앙, 2020. 1. 13. "[로봇세 도입 현실화될까] "사회 환원 필요" VS "산업·기술 발전 저해"

217) KBS new, 2021. 12. 30. "윤석열 "'로봇세'? 말도 안돼…소년병의 마음으로 정치 입문", (https://news.kbs.co.kr/news/view.do?ncd=5361053)

(1) 설비투자에 대한 세제 우대 정책

우리나라뿐만 아니라 선진국들은 미래 성장 동력의 일환을 인공지능 로봇으로 보고 있으므로 로봇 기술 투자에 대한 각종 세제지원을 통해 로봇산업을 육성하고 있다. 우리나라도 조특법에 각종 설비투자 및 기술 투자에 대한 세제 혜택을 많이 규정하고 있다. 때로는 일몰 규정으로 정하고 있지만, 일몰 시한이 계속 연장되기도 한다.

제조업 등을 영위하는 중소기업에 대해서는 소득에 대해 5~30%를 세액 감면한다(제7조) 또한 중소기업의 경우 설비투자 지원 방안으로 사업용자산 등 투자금액의 3%를 세액공제하고(제5조), 기술이전 및 기술 취득 등에 대한 과세특례를 인정한다(제12조).

중소기업을 포함한 모든 기업에 대해서도 신성장·원천기술을 위한 연구개발비에 대한 세액공제를 인정한다(제10조 제1항). 신성장·원천기술이란 연구·인력개발비 중 미래 유망성 및 산업 경쟁력 등을 고려하여 지원할 필요성이 있다고 인정되는 기술로서 대통령령으로 정하는 기술을 말한다. 중소기업은 30%, 중견기업 중 코스닥 상장기업은 25%, 그 밖의 기업은 20% 세액공제한다. 신성장·원천기술에 대한 시설투자에 대해서도 투자금액의 2%를 추가공제로 허용한다(24조). 연구개발특구 입주 기업 중 첨단기술 및 연구소 기업에 대하여 3년간 법인세 100% 감면, 이후 2년간 50% 법인세를 감면한다(제12조의2).

2021. 12. 31.까지 취득한 설비투자자산에 대한 감가상각비를 내용연수 75%(대기업은 50%) 범위에서 가속상각할 수 있는 특례를 인정하고 있다(제28조의3). 중소기업 및 중견기업은 사업용 고정자산에 대하여, 그 외 기업은 신성장사업화시설 등 혁신성장 투자자산에 대해서이다. 조특법 시행령 제9조 제2항 제1호 가목의 [별표7]에 신성장동력·원천기술 분야별 대상 기술 중에 로봇을 다루고 있다.

〈표 29〉 신성장동력·원천기술 분야별 대상 기술 중 로봇 부분

가. 첨단제조 및 산업로봇	1) 고청정 환경 대응 반도체 생산 로봇 기술: 청정환경에서 450mm 대형 웨이퍼, 일반 반도체를 핸들링하며 5Port 이상 대응 가능(수평 이송범위 2,100mm 이상 및 수직 이송범위 900mm 이상)한 청정환경용 반도체 로봇 기술과 10나노급 초정밀 공정용 초정밀 매니퓰레이션 기술, 대형 웨이퍼 핸들링을 위한 진동 억제 기술
	2) 차세대 태양전지(Solar cell) 제조 로봇 기술: 고진공/고청정 환경의 태양전지 생산 현장에서 대면적·고중량 기판을 핸들링할 수 있는 로봇의 설계·제조 기술
	3) 실내외 자율 이동·작업수행 로봇 기술: 광범위 거리측정센서, GPS 등을 활용하여 실내외 환경에서 경로를 계획하여 이동하고(미리 정해진 경로를 따라 이동하는 방식은 제외한다), 자율적으로 작업을 수행하는 지능형 로봇 및 기계 기술
	4) FPD(Flat panel display) 이송로봇 기술: 일반 대기압 또는 진공 환경 하에서 고중량(400kg 이상)의 FPD 및 마스크를 이송하는 로봇 설계·제조 기술
	5) 협동기반 차세대 제조로봇 기술: 사용자와 같은 공간에서 협업이 가능한 초소형(가반하중 1kg 미만) 및 중대형(가반하중 25kg 이상) 로봇 기술
	6) 용접로봇 기술: 생산과정 내 용접 공정의 자동화 및 용접 품질관리를 위한 6축 이상의 용접용 수직다관절로봇, 용접전원장치, 용접용 센서 설계·제조 기술
나. 안전로봇	1) 감시경계용 서비스로봇을 위한 주변환경 센싱 기술, 실내외 전천후 위치인식 및 주행 기술: 실내외에서 외부 환경을 인식하고 이를 바탕으로 감시 경계 업무를 수행하기 위해 외부 환경에 강인한 센서융합, 위치인식, 환경인식 및 주행기술 등 기술의 선택적 적용이 유연한 개방형 자율 아키텍처 기술
	2) 내단열 기능이 구비된 험지 돌파형 소형 구조로봇 플랫폼 기술: 고온 및 화염에 강하고 협소구역 돌파가 우수한 고속주행 소형이동 로봇 기술로서 장비 내외부 내화 설계 기술, 강제 내화시스템 설계 기술 및 험지 이동형 고속주행 메카니즘 설계 기술
다. 의료 및 생활 로봇	1) 수술, 진단 및 재활 로봇기술: 로봇기술을 이용한 진단 보조, 시술·수술보조와 이에 따른 환자의 조기 치유·재활이 목적인 의료로봇 기술
	2) 간병 및 케어 로봇 기술: 간호사의 단순반복 업무 지원 및 환자의 정서케어 서비스 지원이 가능한 로봇 서비스 시스템 기술

	3) 안내, 통역, 매장서비스, 홈서비스 등의 안내로봇 기술: 공공접객 장소 내에서 다양한 멀티미디어 콘텐츠를 활용한 제품 및 서비스 등을 효과적으로 안내하고 홍보하는 로봇 기술
	4) Tele-presence 로봇 기술: 자율이동기능, 진단·지시용 매니퓰레이 터 및 얼굴모션 동기화 등의 기술구현을 통한 원격진료·진료자문 및 교육 등이 가능한 Tele-presence 로봇 기술
	5) 생활도우미 응용 서비스 기술: 가정 및 사회 환경 내에서 인간과 교감하며 정보의 취득, 일상생활 및 가사노동을 지원하는 지능형 로봇 및 서비스 기술로서 심부름, 가사작업 및 이동 보조형 로봇 기술
	6) 유치원, 초등학교에서 교사를 보조하는 교육로봇 기술: 유치원이나 초등학교에서 교과과정에 적합한 교육 컨텐츠 및 로봇플랫폼을 활 용하여 교사를 보조하여 학습하는 교육로봇 기술
라. 로봇공통	1) 실내외 소음환경에서의 대화신호 추출 기술: 잔향과 소음이 뒤섞 인 실내외 환경에서 원거리에서도 고신뢰도의 음성인식이 가능하 게 하고, 음성으로부터 사람의 언어를 문자형태로 인식하고, 인식 된 문자정보를 바탕으로 사람과 자연스럽게 대화하면서 다양한 태 스크를 수행할 수 있는 기술
	2) 모터, 엔코더, 드라이버 일체형의 구동 기술: 로봇용 관절구성에 필요한 모터, 엔코더, 감속기, 드라이버를 모두 하나의 몸체에 넣 어서 만든 관절구동형 액츄에이터(Actuator) 기술
	3) 웨어러블 로봇 기술: 인체에 착용하여 인체 동작의도를 인식하고 추종제어 알고리즘을 통해 착용자의 신체능력 증강 및 운동을 지 원하는 착용형 로봇 기술

우리 정부는 기술 혁신과 자동화를 지원하기 위해 조세지출을 확대하고 있다. 그러나 이와 같은 소득공제 및 세액공제가 자동화 시설 및 로봇을 산 업현장에 도입하여 생산성을 얼마나 향상하는 효과가 있는지를 검증하는 것이 필요하다. 그리고 로봇 시설 등이 인간 노동자의 고용을 촉진하는지 감소하는지, 기업의 필요경비를 어느 정도로 줄이고 있는지도 살펴보아야 한다. 조세지출이 사회 전체적으로 부를 증가시키는지, 노동자들에게도 부 가 분배되는지를 검증해야 한다. 만약 대량으로 실직이 발생하거나 소득의 격차가 심해진다면, 점진적 축소 또는 폐지가 고려되어야 할 것이다.

(2) 고용증진 세제

지능형 로봇의 사용으로 노동자들의 해고가 예상되므로 고용 증진 세제의 확대도 로봇세 논의의 한 부분을 차지한다. 조특법에는 고용 유지 및 신규 고용을 촉진하기 위한 세제 지원이 있다. 고용을 유지한 중소기업 및 중견기업에 대해서 연간 임금 감소 총액 × 10% + 시간당 임금 상승에 따른 임금 보전액 × 15%를 세액공제한다(제30조의3). 또한 고용 증가 인원의 사회보험료 상당액의 50%(75%, 100%)를 세액공제한다(제30조의4). 중소기업 또는 중견기업이 경력단절 여성과 2022. 12. 31.까지 1년 이상의 근로계약을 체결하는 경우에는 고용한 날부터 2년이 되는 날이 속하는 달까지 해당 경력단절 여성에게 지급한 인건비의 100분의 30(중견기업의 경우에는 100분의 15)에 상당하는 금액을 해당 과세연도의 소득세(사업소득에 대한 소득세만 해당한다) 또는 법인세에서 공제한다(조특법 제29조의3). 경력단절 여성은 동일한 업종의 기업에서 1년 이상 근무한 후 결혼·임신·출산·육아 및 자녀교육의 사유로 퇴직하고, 퇴직한 날부터 2년 이상 15년 미만의 기간이 지나 종전 기업 또는 종전 기업과 동일한 업종 기업에 재취업한 여성을 말한다.

중소기업을 포함한 모든 기업에 대하여도 근로소득을 증대시키면 세액공제를 한다. 직전 3년 평균 초과 임금증가분 × 5%(중견 10%, 중소 20%) 세액공제 + 정규직 전환근로자의 전년대비 임금증가액 합계 × 5%(중견 10%, 중소 20%)를 추가공제한다(조특법 제29조의4).

산업 현장의 자동화가 더 가속화되고 실직이 대량으로 발생한다면 기업의 고용 촉진에 대한 세제 혜택을 확대하는 방안이 고려되어야 할 것이다.

8. 앞으로의 과제

로봇의 정의부터 로봇세의 의미까지 아직 국제적으로 합의된 바가 없고, 학계에서만 논의되고 있다. 엄밀히 말하자면 로봇에게 담세력이 있는 것이 아니라, 기계에 의한 노동 대체로 소득 분배의 불균형이 심해지기 때문에 논의가 되는 측면이 있다. 로봇세 논의는 아직 초기 단계이다. 계속된 논의를 거쳐 사회적 합의가 이루어진 후에 구체적인 과세 방안이 마련되어야 한다. 학계에서는 로봇세에 대한 찬성론이 대체로 많은 편이지만, 산업계에서는 반대가 많은 편이다. 앞으로 기본소득 논의 및 사회보장체계의 개편과 맞물리면서 로봇세의 논의는 계속될 것으로 보인다. 우리나라는 제조업 비중이 높은 국가로 외국에 비해 높은 로봇 활용을 통해 국제경쟁력을 유지하고 있다. 로봇세 도입에 따른 경제적 충격이 다른 국가에 비해 크게 나타날 수 있다는 점을 고려해야 한다.218) 특히 국제적으로 조세 경쟁이 나타나는 상황에서는 우리나라의 국제 경쟁력이 떨어질 수 있으므로 주의를 할 필요가 있다. 우리나라만 로봇세를 부과한다면 로봇세가 없는 국가에서 연구개발이나 시설투자를 할 수 있고, 국내기업도 로봇세가 없는 해외로 시설을 이전할 위험이 있다.

로봇의 발전 단계별로 검토 가능한 로봇세는 조세지출을 줄이는 소극적인 방식과 추가 과세라는 적극적 방식으로 구분할 수 있다.

소극적인 방식은 로봇의 도입에 따른 세액공제를 줄이거나 관련 비용을 손금불산입하는 방식이다. 로봇은 기업의 고정자산이므로 시간이 지나면서 당연히 감가상각이 될 것이다. 그러나 가속상각을 허용하지 않고, 상각기간을 길게 하는 등 감가상각비를 최소한도로만 인정할 수도 있다. 고용 창출 및 고용 유지에 대한 세액공제, 노동자의 재교육을 위해 지출하는 경비의

---

218) 한국조세재정연구원, 앞의 보고서, 2020, 218쪽.

비용 인정 확대 등도 한 방안이다.

　적극적 방식은 로봇을 이용하여 사업을 하는 개인사업자나 법인의 소득
에 대해 직접 과세를 하는 것과 로봇 자체를 납세의무자로 하여 로봇에게
과세하는 방법이 있을 수 있다. 개인사업자나 법인은 현재에도 소득에 대
해 소득세 또는 법인세를 납부하므로 특별히 다른 세목을 설계할 필요는
없다. 다만, 이 부분에서 논의되는 로봇세는 노동자를 대체하고 그 자리에
로봇을 투입하여 소득이 증가하였다면 추가적인 세금을 납부하는 것이 정
당하다는 사고에서 나온다. 이런 경우 고용을 줄인 만큼 과세소득을 계산
할 것인지, 아니면 다른 방법으로 과세소득을 계산할 것인지 문제 된다.
2021년 9월 네덜란드 암스테르담에서 열린 그린테크에서 네덜란드의 하이
테크 기업인 프리바(Priva)는, 자신의 판단하에 토마토를 재배할 수 있는
AI 로봇을 선보였다. 콤파노(Kompano) 로봇은 토마토의 잎사귀를 제거할
수 있는 로봇으로 직원과 함께 온실을 독립적으로 이동할 수 있으며, 24시
간 작업하도록 설계되었다. 이런 로봇이 보편화되면 더 이상 상시 또는 일
용 근로자를 고용할 필요가 없어진다. 로봇이 근로자를 대체하게 되고 생
산성도 더 높아지면서 당연히 소득이 증가하고, 이는 납부할 세금의 증가
로 이어진다. 이런 경우 로봇 한 대가 대체하는 근로자의 인원수와 근로시
간 등을 계산할 수 있을 것이다. 이 부분만큼을 추가 세금으로 납부하게 하
고, 그 재원으로 근로자에게 재교육 기회를 제공하거나 기본소득을 지급하
는 등의 방법을 생각할 수 있다.

　한편, 로봇 자체를 납세의무자로 하여 로봇세를 부과하는 것은 로봇에게
법인격을 부여할 수 있다는 점이 전제되어야 한다. 법인(corporation)은 인
격이 없지만, 법에서 인격을 부여하듯이 로봇에게도 불가능한 것은 아니다.
만약 로봇에게 로봇세를 부과하게 된다면 로봇의 소유자에게 소득세를 부

과하는 것이 경제적 이중과세가 될 수 있다. 법인에 법인세를 부과하고 법인이 이익을 주주에게 배당할 때 주주에게 다시 배당소득에 대해 과세를 하는 것은 경제적 이중과세가 되는 것과 같은 이치이다. 경제적으로 보면 같은 법인의 소득에 대해 법인에 한 번, 주주에게 또 한 번 과세하는 것이기 때문이다. 마찬가지로 로봇이 창출한 이익에 대해 로봇세를 부과하고, 로봇의 소유자에게 로봇을 이용하여 발생한 소득에 대해 소득세를 부과한다면 같은 경제적 이익에 대해 두 번 과세하는 것이 된다. 이중과세를 적절히 조정하는 장치가 필요하다.

제7장

이미 온 미래

우리는 언론을 통해 인공지능과 빅데이터, 사물인터넷, 인공지능 로봇, 5G, 3D 프린팅, 클라우드 등과 같은 단어를 거의 매일 접한다. 정확한 작동 원리는 알지 못해도 대략 어떤 기술이 어디에 적용되는지는 알고 있을 정도이다. 식당에서 로봇이 가져다주는 접시를 꺼내어 식탁에 옮기면서, 집에 있는 로봇 강아지를 충전하고 왔는지 잠시 생각해본다. 퇴근하기 전에 집 안의 보일러 전원을 켜고, 자율주행차를 타고 컴퓨터 모니터를 바라보며 퇴근한다. 우리가 미처 깨닫지 못하는 사이에 혁신 기술은 우리 생활 깊숙이 이미 들어오기 시작했다. 기술의 발전은 거래 구조와 경제 생활을 바꾸어 놓는다. 산업혁명이라고 과언이 아닐 정도로 그 발전 속도는 기하급수적이고, 사회 변화의 양상도 현재로서는 정확히 예측할 수 없다.

인공지능과 로봇 기술은 인간의 사고체계를 모방한 것으로써 단순 노동뿐만 아니라 전문적인 노동까지도 대체할 것이라고 예상한다. 장기적으로 기술 발전에 대응하여 새로운 직업군이 나타나면서 실직자를 흡수할 수 있을 것이다. 그러나 과도기적 단계에서는 대량 실직이 발생할 가능성이 상당히 높다. 그렇게 되면 빈부의 격차가 더 커질 것이다. 사회를 유지하기 위해서는 국가가 시장에 적극적으로 개입할 수밖에 없다. 적극적인 재정 지원을 하는 방식과 정책적인 목적을 위한 조세지출(소득공제, 세액공제, 비과세, 감면 등)을 하는 방식이 있다. 적극적으로 재정 지원을 하기 위해서는 어디선가 재원을 조달해야 한다.

4차 산업혁명 시대에 조세제도는 이와 같은 두 가지 역할을 모두 담당해야 한다. 재원 조달을 위해서 디지털 경제에서 가장 큰 이익을 얻는 자에게 세금을 부과해야 한다. 국제적으로 디지털세, 디지털 서비스세, 데이터세,

국외 사업자에 대한 부가가치세 등이 논의되고 있다. 그러나 어느 한 국가에서만 과세하고 다른 국가에서 과세하지 않으면, 국제적 조세회피가 발생할 가능성이 크므로 국제 합의에 따라 과세하는 것이 필요하다. 또 다른 예로 새롭게 등장한 세원에 대한 과세를 정립하는 것이다. 암호화폐와 NFT 거래에 대한 과세, 로봇세 등이 그 예이다.

 정책적인 목적을 위한 조세지출은 상반된 방향을 가지고 있다. 4차 산업혁명 시대에 생존을 위해서는 혁신기술 개발을 촉진해야 한다. 따라서 이를 위한 세제지원이 절대적으로 필요하다. 특히 무형자산에 대한 혜택과 연구인력개발비, 연구인력에 대한 세제 지원을 통해 국가 경쟁력을 확보해야 한다. 한편으로는 과도한 세제지원은 다른 산업과 형평을 저해할 수 있다. 또 다른 우려는 인공지능 로봇의 도입에 대한 과도한 세제 혜택은 인간 노동자를 고용하는 것보다 생산성을 높이기 때문에, 조세 중립성을 저해할 수도 있다는 점이다. 특히 후자에 대한 우려로 인해 로봇세를 도입해야 한다는 논의가 있다.

 4차 산업혁명 시대에는 세금에 대한 인식도 바뀌어야 한다. 국가가 보편적 복지정책을 실행하기 위해서는 재원이 필수적이다. 따라서 세금을 낸다는 것은 국가가 개인의 호주머니를 털어가는 것이 아니라, 개인을 위한 적극적인 복지를 하기 위함이라는 것을 인식해야 한다. 국세청도 강제징수기관에서 성실납세 지원기관으로 패러다임이 바뀌어야 한다. 이를 위해 국세청은 빅데이터와 인공지능 등 혁신 기술을 세정에 적극적으로 반영하여 세무검증을 과학화하고, 맞춤형 서비스를 제공해야 한다.

 4차 산업혁명 시대는 이미 우리 앞에 와 있는 미래이다.

참 고 문 헌

곽선호, "일본의 대체불가능한 토큰의 시장동향", 한국금융연구원, 2022.

국가인권위원회, 「플랫폼노동종사자 인권상황 실태조사」, 2019.

국세청, 「국세청 50년사」, 2016.

국세청, 「APA 연차보고서」, 2019.

국회예산정책처, 「4차 산업혁명에 따른 조세환경 변화와 정책 과제」, 2020.

권남호, "넛지의 정책설계 시 활용사례 및 시사점", 「재정포럼」, 한국조세재정연구
    원, 2018. 8.

권성오, "성실신고 확인비용에 대한 세액공제", 한국조세재정연구원, 2020.

권성오, "성실신고확인제도와 개인사업자의 납세행태", 「재정포럼」, 한국조세재정
    연구원, 2021.

금민, "기본소득과 빅데이터 공동소유권", 기본소득 한국네트워크 쟁점토론, 2020.

김경훈·김재홍·최영호, "물류로봇 기술동향 및 향후 전망", KEIT-PD17-7-이슈2-,
    2017.

김민지, "주요국의 연구개발 조세지원제도 현황 및 시사점", KIET 산업경제, 2016.

김봉래·홍정화, "세법해석 사전답변제도의 도입 효과", 「회계·세무와 감사연구」
    제58권 제1호(통권 제66호), 2016.

김빛마로·이경근, 디지털 플랫폼 경제의 조세쟁점과 과세방안 연구, 한국조세재정
    연구원, 2019.

김석원, "Changes in future jobs", 2016 SPRI Spring Conference, 소프트웨어정책연
    구소, 2016. 3. 8.

김세움, 「기술진보에 따른 노동시장 변화와 대응」, 한국노동연구원, 2015.

김신언, "기본소득 재원으로서 데이터세 도입방안", 세무화 회계연구 통권23호(제9
    권 제4호), 한국세무사회, 2020.

김완석 외 3, 「주석 국세기본법」, 삼일인포마인, 2020.

김용균, The Next Big Thing, 서비스 로봇 동향과 시사점(ICT SPOT ISSUE S17-06),
    IITP(정보통신기술진흥센터), 2017.

김영순, 「국제조세 트렌드」, 지평, 2021.

김영순, "디지털경제에서 납세자의 성실신고 지원을 위한 세무행정 방향", 법학연

구 제24집 제4호, 인하대학교 법학연구소, 2021.

김영순, "4차 산업혁명이 조세에 미치는 영향", 법학연구 제25집 제4호, 인하대학교 법학연구소, 2022.

김영순, "대체불가능토큰(NFTs) 거래에 대한 과세 가능성 연구", 사법 62호, 사법발전재단, 2022.

김재진·유현영·홍민옥, 「공유경제에 대한 과세체계 연구」, 한국조세재정연구원, 2018.

김종업·임상규, "빅데이터의 활용과 개인정보보호", 한국지방정부학회 하계학술대회, 2013.

김주성, "로봇세 연구-인간과 기계 노동의 조세중립성 관점에서-", LAW & TECHNOLOGY, 제16권 제5호, 서울대학교 기술과법센터, 2020.

김현경, "데이터주권과 개인정보 국외이전 규범 합리화 방안 연구", 성균관법학 제31권 제4호, 2019. 12.

클라우스 슈밥, 「클라우스 슈밥의 제4차 산업혁명」, 새로운 현재, 2016.

류덕현, "4차 산업혁명에 따른 조세환경 변화에 대비한 조세정책 방향", 경제추격연구소, 2019.

류지민, "진화하는 핀테크에서의 과세논점-크라우드펀딩, P2P, 대출, 그리고 블록체인을 중심으로-", 조세법연구 25(3), 한국세법학회, 2019.

리처드 탈러·캐스 선스타인, 「넛지」, 리더스북, 2009.

마틴 포드, 「로봇의 부상」, 세종서적, 2016.

문은희, "특허박스제도 도입 관련 입법과제", 현안분석 vol.17, 국회입법조사처, 2018.

박균성, 「행정법론(상)」, 박영사, 2014.

박인목·홍정화, "수평적 성실납세제도의 성공적 도입에 영향을 미치는 요인", 「세무학연구」 제29권 제1호, 한국세무사회, 2012.

박상준 외, 「로봇 스케이프」, 케포이북스, 2016.

박훈, "4차 산업혁명을 고려한 세정 및 세제의 개선방안-인공지능 및 빅데이터를 중심으로-", 조세와 법 제13권 제1호, 서울시립대학교 법학연구소, 2020.

봉기환, "4차 산업혁명 시대 신기술 서비스의 개인정보 처리 실태 및 침해요인", Review of KIISC (정보보호학회지) Volume 30 Issue 5, 한국정보보호학회, 2020.

서희열·조연엽, "우리나라 소득세 행정의 역사적 변천과정 연구", 경영사학 제32집 제3호, 한국경영사학회, 2017.

성덕근, "NFT의 현황과 쟁점", 한국법학원 현안보고서 제2022-01호, 2022. 4. 29.

세계경제포럼, 「거대한 변화-기술의 티핑 포인트와 사회적 영향」, 2015.

심수연, "글로벌 디지털자산 시장 동향", 자본시장포커스 2021-9호, 자본시장연구
소, 2021. 5. 3.

안종석, "디지털 경제와 법인세 정책-국제 논의와 정책 시사점", 재정포럼, 한국조
세재정연구원, 2019. 3.

양천수, 「인공지능 혁명과 법」, 박영사, 2021.

오문균·유대승, "4차 산업혁명에 대한 소고", 한국통신학회 학술대회논문집, 2022.
11.

유경상 외 2, "빅데이터와 교통정책의 연계방향", 서울연구원, 2017.

이경근, "가상자산에 대한 정부 세법 개정안의 평가 및 개선방안", 세무와 회계 연
구 통권 23호(제9권 제4호), 2020.

이상엽 외, 「빅데이터와 조세행정-최근 해외 트렌드를 중심으로」, 한국조세재정연
구원, 2017.

이임복, 「NFT 디지털 자산의 미래」, 천그루숲, 2022.

일본 국세청, 税務行政のデジタル·トランスフォーメーション − 税務行政の
將來像2.0 −, 2021. 6. 11.

일본 국세청, 仮想通貨に關する税務上の取扱いについて, 令和元年12月20日.

전병목·김빛마로·안종석·정재현, 「4차 산업혁명과 조세정책」, 한국조세재정연구원,
2020.

정승영, "ICO의 소득과제 쟁점에 대한 고찰", 조세학술논집 제35집 제1호, 한국국
제조세협회, 2019.

정승영, "가상화폐에 대한 부가가치세 과세 문제", 조세학술논집 제32집 제1호, 한
국국제조세협회, 2016.

정창륜·박주문, "탈세와 징세비 간의 상관분석을 통한 최적 징세비 모형 도출에
관한 연구 - 고소득 개인사업자의 적출소득을 중심으로 -", 「도시과학」 제
6권 제2호, 2017.

정해상, "블록체인 게임(Dapp Game) 아이템 거래와 사행성의 관계", 서강법률논총
제9권 제3호, 2020. 10.

정훈·김정명, "메타버스 경제활동 과세방법과 세원관리 방안-플랫폼 이용자를 중
심으로-", 한국조세재정연구원, 2021.

하온누리, "대체불가능토큰 시장 동향과 규제 논의", 자본시장포커스 2021-23호,
자본시장연구원, 2021. 11.

한국고용정보원, 「플랫폼 경제종사자 규모 추정과 특성 분석」, 2018.

한국데이터산업진흥원, 「데이터산업백서」, 통권 25호, 2022.

한국로봇산업진흥원, 「물류로봇 시장동향과 수요환경」, 2018. 8.

한국인터넷진흥원, "유럽사법재판소의 프라이버시 쉴드 무효 판결 분석", 2020. 7.

한원진, "블록체인을 활용한 이전가격세제 개선방안에 대한 연구", 법학연구 제19
권 제2호, 연세대학교 법학연구원, 2019.

허재준, "4차 산업혁명이 일자리에 미치는 변화와 대응", 월간 노동리뷰, 2017. 3.

한국지방세연구원, 「디지털세 도입 논의 동향과 지방세 시사점 -데이터세 도입논
의를 포함하여-」, 2021.

홍범교, 「기술발전과 미래 조세체계-로봇세를 중심으로」, 한국조세재정연구원, 2018.

Asquith, "The Gig and Sharing Economies: Millions of New Entrepreneurs; Billions
in lost VAT", 2020.

Aggarwal, Anil, "Managing Big Data Integration in the Public Sector", 2015.

Aquib Aslam and Alpa Shah, "Taxation and the Peer-to-Peer Economy", IMF
Working Paper, IMF, 2017.

Bhasker Chakravorti et al., "Which countries are leading the data economy?", Harvard
Business Review, 2019. 1. 24.

Carl Frey, Michael. Osborne, "The Future of Employment: How Susceptible Are Jobs
to Computerisation?", Oxford Martin School Working Paper, 2013.

European Commission, "Guide to the VAT mini One Stop Shop", 2013. 10.

European Parliament, Committee on Legal Affairs: DRAFT REPORT with recommendations
to the Commission on Civil Law Rules on Robotics, 2015.

FATF, Updated Guidance for a Risk-Based Approach to Virtual Assets and Virtual
Asset Service Providers, 2021.

Frey, C.B. and Osborne, M.A. "The Future of Employment: How susceptible are jobs
to computerization?", Technologycal Forecasting & Social Change, 114,
2017.

HMRC, "HMRC makes significant progress in its 10-year transformation to become
a tax authority fit for the future", 2019.

HMRC, "Cryptoassets manual", 2014(update 2022).

IRS, Internal Revenue Manuals 4.51.8 Compliance Assurance Process(CAP) Examination.

IRS, Notice 2014-21, "IRS Virtual Currency Guidance", 2014. 3.

Lawrence Summers, "Robots are wealth creators and taxing them is illogical",

Financial Times, March 6, 2017.

Marian, Omri, "Taxing Dada", Brigham Young University Law Review. 511, 2022.

Nathan W., Carl R. Erdmann, David Berke, Martin de Jong, "Proliferation of NFT Transactions Raises Numerous U.S. Tax Questions", The Contemporary Tax Journal Vol.10: Iss.2, Article 6., 2021).

OECD, Harmful Tax Competition Report, 1998.

OECD, Employment Outlook 2019: The Future of Work, 2019.

OECD, Behavioural Insights and Public Policy: Lessons from Around the World, OECD Publishing, Paris, 2017.

OECD, "The role of Digital Platform in the Collection of VAT/GST on Online Sales", 2019.

OECD, Behavioural Insights and Public Policy: Lessons from Around the World, OECD Publishing, Paris, 2017.

OECD, Tax Challenges Arising from Digitalization-Interim Report, 2018.

OECD, "The role of Digital Platform in the Collection of VAT/GST on Online Sales", 2019.

Petr Jansky, "International Corporate Tax Avoidance", 2017.

Ray Kurzweil, 「The Singularity Is Near: When Humans Transcend Biology」, 2005.

Ryan Abbott, Bret Bogeenschneider, "Should Robots Pay Taxes?", tax policy in the age of automation, 12 Harv.L. & Pol'y Rev. 145, 2018.

Rosenthal, Elizabeth King, "Taxing Platform Business with Highly Digitalized Business Models", Tax Notes International, June 11, 2018.

Reuters, "European parliament calls for robot laws, rejects robot tax", 2017. 2. 17.

Starbox, "Tax treatment of Non-Fungible Tokens", 2021. 10. 5.

유민총서 21

4차 산업혁명과 조세

초판 1쇄 인쇄 2023년 04월 21일
초판 1쇄 발행 2023년 05월 01일

지 은 이 김영순
편   찬 홍진기법률연구재단
주   소 서울특별시 종로구 동숭3길 26-12 2층
전   화 02-747-8112 **팩   스** 02-747-8110
홈페이지 http://yuminlaw.or.kr

발 행 인 한정희
발 행 처 경인문화사
편 집 부 유지혜 김지선 한주연 이다빈 김윤진
마 케 팅 전병관 하재일 유인순
출판번호 제406-1973-000003호
주   소 경기도 파주시 회동길 445-1 경인빌딩 B동 4층
전   화 031-955-9300 **팩   스** 031-955-9310
홈페이지 www.kyunginp.co.kr
이 메 일 kyungin@kyunginp.co.kr

ISBN 978-89-499-6702-8 93360
값 20,000원